那一方土地，
那祖祖辈辈讲给我们的故事，
我们不该忘记。

放缓脚步，
去故事里闻一闻乡土气息，
重拾遗失的美好记忆。

中国民间文艺家协会 组织编写
总主编/罗杨 本卷主编/丁秀发

江苏 南通
海门卷

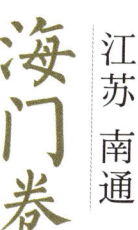

《中国民间故事丛书》总编委会

总 顾 问 | 冯骥才
总 主 编 | 罗 杨
副 总 主 编 | 周燕屏
执 行 总 主 编 | 王润贵　刘德伟

《中国民间故事丛书》江苏省编委会

总 顾 问 | 杨承志
顾 问 | 高以俭
主 编 | 陶思炎
编 委 | 蔡 焜　金恩渠　康新民　曹永森　张建华
　　　　吴海燕　冯 立　徐艺乙　吉维明　韦中权
　　　　吴林森　殷召义　崔月明　刘跃进　王宇明
　　　　金宜祥　裴艺元　程芳银

《中国民间故事丛书》南通市编委会

主　　任｜羌怡芳
副 主 任｜陈建华　高龙民　王　法
主　　编｜王宇明
副 主 编｜黄步千　严金凤
编　　委｜（以姓氏笔画为序）
　　　　　王　平　王兆林　王晓晴　包云冲　李　峰
　　　　　吴元新　吴培军　杨　洁　杨问春　沈志冲
　　　　　陆志秋　陈楼中　季忠新　赵云舞　赵志毅
　　　　　罗企曾　金福林　张　军　张自强　张延生
　　　　　张洪华　张宣武　郭　华　郭鉴生　贾佩峰
　　　　　谢　骏　蒯本佑　缪永涛

《中国民间故事丛书》海门县编委会

主　　任｜王一鸣
副 主 任｜王　平　陈忠新
编　　委｜张卫星　茅敏勇　朱慧玮　包云冲
名誉主编｜杨　柳
主　　编｜丁秀发
摄　　影｜赵蓓莉

↗ 百年桂花树
→ 百年柿树
↓ 明代古刹——法光寺

中国民间故事丛书 江苏南通 海门卷

← 百年银杏树
↓ 百年三星桥

↗ 海门旧时衣着
→ 海门民居雕饰
↓ 旧时海门民居

← "圣旨"石碑
↓ 张謇纪念馆

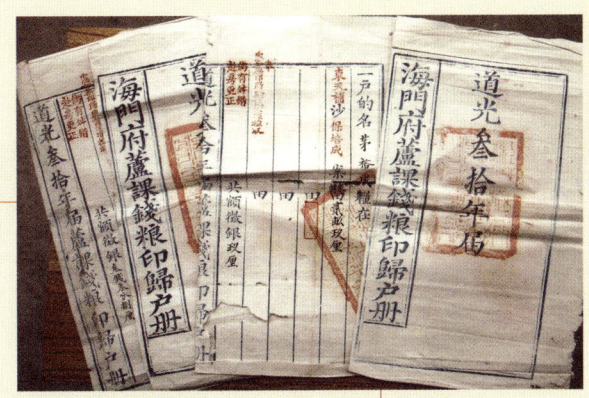

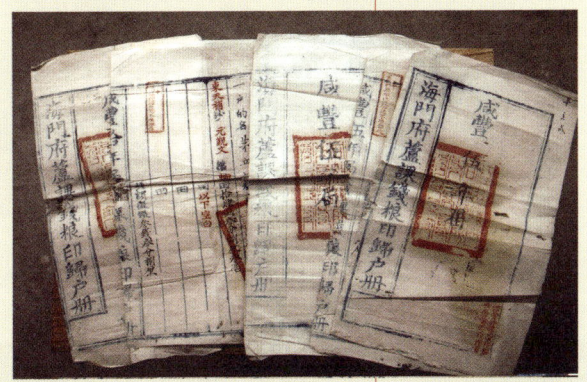

↗ 道光年间海门粮印归户册
→ 咸丰年间海门粮印归户册
↘ 解放初期海门土地证

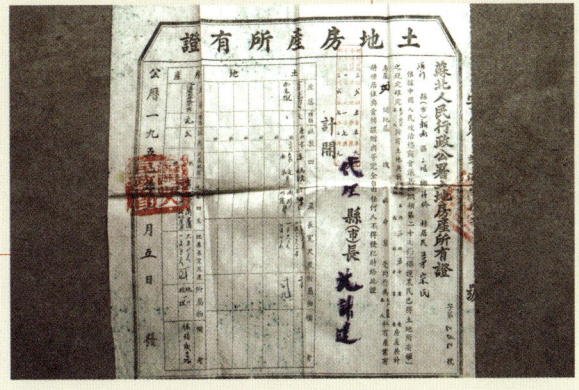

← 三厂钟楼主机"心脏"
↓ 三厂钟楼顶楼上的大钟

↗ 水车
→ 独轮车
↓ 石磨

← 牌坊
↓ 牌坊

↗ 踩高跷
→ 山歌《淘米记》
↓ 山歌对唱

中国民间故事丛书 江苏南通 海门卷

↖ 金龙飞舞
← 自制兔子灯
↓ 乡民自制的奥运大鼓

人类不能没有故事（代序）
罗 杨

故事，是人类对历史的记忆，它记叙和传播着社会的文化传统与价值观念，引导着社会性格的形成，构建着社会的文化形态。具有五千年文明底蕴的古老中国，是一个充满故事的国度，有着悠久的讲故事的传统。那些"夸父逐日""嫦娥奔月""精卫填海""愚公移山"等神奇的故事，至今仍散发着迷人的魅力，澎湃着感人的生命张力。作为先人创造和遗留下来的宝贵文化财富，民间故事中充满了民族的智慧和生命的记忆，它传承了朴素的文化血脉，是民族文化得以认同的载体。

我们每个人都是听着故事长大的。那些爷爷奶奶、爸爸妈妈讲给孩子们的故事，对于生命尊严的守护和价值观的养成，甚至比上学读书带来的影响力还要绵久和强大。民间故事中蕴含着的历史文化、理想信仰、价值观念、情感道德、生活知识等丰富内容，具有精神娱乐、知识传播和教化启蒙三重作用，不仅给人以知识和智慧，也给人以启迪和力量；不仅传播着社会价值理念，也构建着美好的精神家园。

纵观中华民族的文明文化史，我们的祖先讲着"女娲补天"的故事，开创了华夏民族的创世纪元；伟大领袖毛泽东讲着脍炙人口的故事"愚公移山"，带领中国人民推翻了三座大山；改革开放大潮中，我们又讲着春天的故事，跨入了豪迈的新时代。一个有故事的人生是辉煌的人生，一个有故事的民族是充满希望的民族。故事，始终伴随着我们的民族走向成熟，也伴随着我们的国家走向强大。

伟大的民族不能没有故事，强大的国家不能没有故事，复兴的时代不能没有故事。那些美妙动人的民间故事，在世代的传承中，已经内化为我们的民族精神，融入中华儿女的品格中。然而，在文明更迭、社会转型的年代，很多优秀的民间故事正面临着失传的危险。把祖先留下的精神遗产抢救下来、保存下来，完整地交给后人，是几代民间文艺工作者的责任和使命。为此，中国民间文艺家协会把对民间故事的抢救和传承作为一项长期工作延续了半个多世纪，并将《中国民间故事丛书》列入中国民间文化遗产抢救工程重点项目，常抓不懈。

除了中国，哪个国家还能有如此丰富的故事，并有如此众多的故事传承人和听众！作为一种民间文学样式和娱乐方式，民间故事或许会被人们冷落，但我相信，作为中华文明的血脉，民间文化的基因始终流淌在亿万人民的血液里，它的根不会断。

人类没有故事将会平淡无奇，世界没有故事将会索然无味。随着社会发展和文明进步，我们越来越需要倾听那些本真的、自然的，充满着文化多样性魅力的故事。让我们把祖祖辈辈流传下来的美好故事世世代代地讲下去，让中国的崭新故事向人类倾诉更多的精彩。

2014年4月

（作者系中国民间文艺家协会分党组书记，驻会副主席）

中国民间故事丛书
江苏南通·海门卷 | 目录 |

传 说

人物传说

- 003　彭祖是怎样死的
- 004　孔子拜师
- 005　半夜二更半
- 005　古庙琴声
- 008　元帅菩萨
- 008　诸葛亮隆中得道
- 010　黑面孔包拯和白面孔狄青
- 012　包公出对招驸马
- 012　扒灰的故事
- 013　送泥贺寿
- 014　顺治当皇帝的传说
- 015　乾隆叹服牧牛娃
- 016　乾隆皇帝考秀才
- 016　县官跪门外
- 017　胡长龄改休书
- 018　看人说话
- 019　短命对联
- 020　胡状元少时做寿联
- 021　小张謇咏烛
- 021　九百九十九
- 022　狗咬状元衣
- 023　做官先做人
- 023　寿礼
- 024　聘请账房
- 024　张謇与袁世凯
- 025　状元肚里好撑船
- 026　张謇巧排分家事
- 027　张謇与黄包车夫
- 028　重奖捕蛇人
- 029　状元寻酒仙
- 031　郑板桥护树
- 032　徐方九治病
- 032　起死回生一银针
- 033　姜夏基藏石碌
- 033　胭脂虎愤除秃金刚
- 036　鲁班的墨斗
- 036　木屐的来历
- 037　张龙赵虎见陈王
- 039　失节
- 040　曹秀珍记
- 041　曹秀珍打官司——认输
- 041　智断夺妻案

042	买蛋	050	巧打官司
044	曹秀珍写状	051	杨圣岩教训和尚
044	老爷打爷爷	052	"心"字缺一点
045	曹秀珍痛惩村霸	052	四个铜钱买"得时"
049	曹秀珍戏弄徐文长		

风物传说

054	银河边上的星	076	母鸡生蛋"咯咯咯"
055	五郎子	077	蛏姑娘
056	十八尊罗汉	078	官赐"翻钱地"
057	孙悟空盗葱蒜	078	龙游沟
058	雷不打天	080	弥陀山
059	五财神	081	石大郎奇遇
061	仙女与乌龟	082	海神庙
062	文蛤与玉斧	083	"奶奶庙"和"百子堂"
063	蚌姑姑	084	青龙港
065	凤仙姑娘	085	青龙港不开老虎灶
066	长生果的来历	086	曹公河
067	鸡冠花	091	凤城的传说
067	猫儿和老鼠	092	黄海的来历
068	癞蛤蟆想吃天鹅肉	093	木桩港的传说
069	懒黄牛	093	歇御港
070	石狮子为啥笑	095	狼山烧香的传说
071	石狮子面孔为啥歪	095	狼山庙里爆皮鼓
072	蟋蟀的来历	096	狼山大圣
073	面鱼烧香	097	牧童山
073	"咯鸪"和"花好稻好"	098	筑皇岸
074	江山鸭	099	鱼干龙王庙
075	蚊子的来历	099	言龙桥

101	石头观音潮水氽	111	磨子为啥有阴阳面
101	寿丰桥	111	腰布裙
102	孝子牌楼	112	贴"福"字
103	天上挂白龙	112	六月初六吃面饼
104	龙王斩将	113	活在狗身上
105	白娘娘又一说	114	开金口
106	吕洞宾打酒井	116	巧降水牛精
107	狗咬吕洞宾	117	百鸟衣
108	糊涂的土地菩萨	120	阎王判案
109	清明节插柳	121	醋的来历
110	麦肚皮上有条缝	121	蛇酒治病
110	大米为啥缺角		

故 事

生 活 故 事

125	逃走李焕文	137	三连襟
126	墙倒众人搡	138	秀才与长工
128	眼看还有三分假	139	老两口儿叹苦经
128	死里逃生	139	四兄弟对"对子"
129	小尼姑巧讽李鸿章	140	聪明帮工难财主
130	夜宿十佛寺	141	谈谈厅
133	穷监生贴对联	142	酉秀才巧赚宰相酒
134	巧对"对子"	144	千里镜
135	穷秀才撰联戏财主	145	聪明的三弟
136	三女婿对诗	146	勿识字先生
137	出题考婿	147	秀才妙诗改伙食

148	刘半仙	166	秀才碰壁
151	县官受骗	167	石二买桶
151	真本事	167	挖风根
152	大盗比本事	168	卖布
152	两亲家	169	小阿姨难倒姐夫
154	麸皮煮大肠	170	聪明媳妇胜秀才
155	一句勿漏	171	巧妇妙胜恶和尚
155	巧语破海话	172	罚银五两
156	张才斋招子	172	洪三姑
157	王小二过年	174	韩翠英与县知事
158	公馆先生难做	175	拔亲
159	"外孙八岁"的由来	175	尼姑排醉汉
160	叫尸	176	巧养媳盛圆子
161	偷牛贼骑虎	176	忌口
162	钝女婿	177	穷丫头巧嘴得财
163	粮户脱地皮	179	寡妇择偶
163	假尼姑	179	巧嘴媒婆说亲
164	上楼顶吃面	180	清和桥
165	用计得金盆		

幻想故事

182	仙鹤图	190	攀鱼人遇龙王
183	孝子成仙	192	公鸡和蜈蚣
184	阿弥陀佛	193	老鼠鹰衔脱帽子
185	两把稻	194	神奇小铜锣
186	心黑不过海	195	西瓜皮丢瘌痢
188	宝磨	196	李黑心
189	奇鼓	197	卖香屁
190	金畚箕	198	兄弟分家

199	家传珍宝	206	争做"孝子"
199	风吹抖抖	208	家有活菩萨
200	小财星	208	以画代字
201	学样子	209	丈母娘平风波
201	自拣夫妻最为好	210	瞎师徒借宿
202	解冤结义	211	黑心阿嫂做寡妇
203	雷打张饥饱	212	好心有好报
204	一封家信	212	清官断案
205	走马看花	213	县太爷劝贼
206	一笑姻缘	215	死也放心

笑 话

219	吃白食	230	戆婿闹寿
219	一毛勿拔	231	呆女婿拜寿
221	说文言的先生	232	三个女婿赞快马
221	同镬子一起买的	233	三个女婿
222	"吉利"话	233	呆女婿学话
222	两糊涂	235	秀才买鱼
223	瘟官审案	235	"斯文"话
224	"呆虫"卖药	236	进士之家
224	为难陪娘	237	半个"鲁"字
225	放屁媳妇	237	买大饶小
226	怕老婆	238	老实人
227	端了就跑	239	一场虚惊
227	为了多吃一只圆子	239	狗肚皮里的事情
228	皮匠与和尚	240	馋先生看帖
229	乌女婿拜寿	240	牛皮王与马屁精

241	一字之差	253	白痴学字
242	三句不离本行	254	不要性命
242	说大话的亲家	254	观棋不语
243	它在听笑话	255	呆子擀面
244	偷了"七两七"	256	原来这样算
244	瞎财主买盆子	256	省得麻烦
245	秃子住店	257	剥刀汤
247	脸值多少钱	258	连襟四个吃肉
248	哥儿仨争烟	259	万千一
249	赎驴的	260	一人打杀百条牛
250	牧童得妻	261	样样加个"寿"字
251	说酒令	262	呆子寻娘子
252	白字县官	264	瞎子管娘子
252	懒汉	265	染布店里的小姐

中国民间故事丛书

江苏 南通

海门卷 传说

人物传说

彭祖是怎样死的

讲述：彭寿祥 65岁 职工 初中
记录：顾振虞 66岁 退休干部 初中
1986年8月采录于常乐乡

彭祖活了八百多岁。为啥活得这么长呢？原来是阎罗王生死簿上漏了他的名字。后来阎罗王派了两个勾魂鬼来阳世间捉彭祖，因为生死簿上没有彭祖，勿晓得彭祖家住在哪里。两个勾魂鬼来到阳世间明察暗访，最后虽说查到了彭祖住的村庄，可彭祖身体健康，鹤发童颜，一年到头呒得①伤病络痛，所以他俩找来找去还是找勿到。

怎么办？两个勾魂鬼想了个办法，他们在村外河滩头上各人手里拿仔一块煤炭，在河里拼命洗。也是命该如此，彭祖正好从这里经过看到这情景，忍不住问："你们两人洗煤炭干什么？"勾魂鬼说："煤炭太黑了，洗洗白。"彭祖一听哈哈大笑，说："我彭祖活了八百岁，勿曾看见煤炭能够洗白！"两个勾魂鬼说："原来你就是彭祖！"说完，一抖铁链，把彭祖锁住，带到阴间去向阎罗王交差了。

彭祖就是这样死的。

---

① 呒得：吴方言，没有。

孔子拜师

讲述：忠才 80 岁 小学 农民
记录：顾少丹 62 岁 初中 农民　　陈新 55 岁 农民 初中
1986 年采录于悦来乡

孔子有很高的学问，有三千多弟子，大家都称伊①为"圣人"，辰光一长，伊就骄傲起来了。这件事惊动了天上的玉皇大帝，派了太白金星来难难这个孔圣人，让伊晓得山外有山，楼外有楼。

太白金星投胎在一个姓超的人家，出生后取名叫超圣。一天，超圣正在路上白相②，用砖块砌成城墙，阻塞了道路。碰巧孔子坐车经过，孔子下车责怪超圣说："无教养顽童，为何阻塞道路？"超圣笑笑说："我同你勿相勿识，为啥开口训人？"孔子更加生气，指指自己说："你可晓得，我就是孔圣人呀！"超圣说："既是孔圣人，交关有学问，我问你，是城逢车而拆，还是车逢城而转？"孔子无话可答，便假装转怒为喜，说："哦，原来是小神童在此，孔某失礼，后会有期。"

孔子回府后闷闷不乐，心想：一个小孩竟如此厉害，三天后一定要教训这个顽童。第四天，孔子上门要见超圣，超圣恭候门外。孔子下马时一脚着地，另一脚仍在马镫上，问超圣："你知道我是下马还是上马？"超圣一脚在门里，一脚在门外，指着自己说："你知道我是迎客还是送客？"孔子答："你定是迎客。"超圣也答："你定是下马。"门前一个回合，超圣给孔子来了个下马威。

超圣按礼待客，坐下后同孔子吃茶谈心。这时，正巧一群白鹤从窗前飞过，发出"嘎嘎"的叫声。超圣请教孔子："白鹤为何能发出洪钟般的声音？"孔子道："是因它的颈长。"超圣又问："后屋池塘里无颈青蛙声音勿小是何原因？"孔子答勿出来。超圣又问："屋前松柏为何常青？"孔子说："其心坚实。"超圣接着问："后园青竹怎么空心？"孔子答勿出。这时，孔子已是面红耳赤，坐立不安了，只好拜七岁孩子超圣为师。

后来，孔子接受了教训，他说："真是山外有山，天外有天啊！"

---

① 伊：吴方言，他。
② 白相：吴方言，玩；游戏。

半夜二更半

讲述：彭寿祥
记录：顾振虞
1986年8月采录于常乐乡

古代文学大评论家金圣叹评点过许多书，《三国演义》《水浒传》《西厢记》等都被他评过。后来他想评点《金刚经》，佛经是圣书，怎么好胡乱评点呢？庙里一个和尚，是个半仙之体，能知过去未来，他知道金圣叹马上要犯死罪，在中秋节上刑场砍脑壳，就对他说："你要评点《金刚经》可以，但要先对出一副对联，我再把《金刚经》给你评点。"金圣叹请和尚出上联，和尚念道："半夜二更半。"金叹圣暗想：一夜五更天，半夜二更半，不错。可怎么对呢？横想竖想对勿出，所以《金刚经》始终没有评点得成。

后来，金圣叹果真犯了死罪，判了死刑，在中秋节这天要被砍脑壳。金圣叹跪在法场上，只等午时三刻开刀问斩。就在这时，他忽然想起老和尚出的"半夜二更半"的上联，马上高喊一声："中秋八月中。"喊罢高兴得真想手舞足蹈，一动手，这才发觉自己的手已被捆在背后。

古庙琴声

讲述：周锡桃
记录：周士林
1986年3月采录于树勋乡红旗村周宅

古时候有个人叫俞伯牙，琴弹得特别好，他心里想到啥，就能在琴上弹出啥来。他想到高山，琴声一响，听的人就像真的登上了高山，他想到大海，琴弦一拨，听的人就像真的到了大海。俞伯牙怎么会有如此高超的琴技呢？这里边还有一段有趣的传说哩。

据说俞伯牙在十六岁时，通过刻苦自学，弹琴的技艺已十分高超，方圆几十里没有对手，被大家誉为弹琴神童。他自己也自命不凡，心高气盛，想去群英荟萃的京城会会天下弹琴高手，好名扬四海。于是，俞伯牙便整理行装，携琴佩剑，动身上路。

那时正是隆冬季节。俞伯牙一路上跋山涉水，晓行夜宿。一天因为贪赶了一程路，错过了宿处，弄得前不巴村，后不靠店，眼看天色渐暗，偏偏天公又不作美，纷纷扬扬下起大雪来。俞伯牙顶风冒雪，急急赶路，心中不免有些惊慌，转过一个山冈，前面不远处是一片松林，林中隐隐透出一线光亮，顺风还传来一阵钟声。这不是古刹钟声吗？俞仲牙心中大喜，三步并作两步行，准备就在那深山古刹中借宿一夜。

敲开寺门，里面走出一位老和尚。问清来意，便把俞伯牙迎了进去，引入西厢僧房。灯下，俞伯牙见这老和尚虽然年逾古稀，却是鹤发童颜，银须过腹，声如洪钟，很有精神。那老和尚见俞伯牙年纪不过十五六岁，长得眉清目秀，倒有几分欢喜，便问道："不敢动问小官人贵姓？天寒地冻，欲往何处？"俞伯牙赶紧躬身施礼说道："小生姓俞，贱名伯牙，此行欲往京城。"老和尚又问道："去京城有何贵干？"俞伯牙随手指了指携带的琴说："不瞒老师父说，小生琴艺上略知一二，此去京城想会会天下弹琴高手，意在讨教。"老和尚一听俞伯牙会弹琴，心中十分高兴，但看到俞伯牙眉宇间微露傲色，不由皱了皱眉，随即笑道："原来小官人是位弹琴高手，失敬了，老僧身居荒山古刹，不闻琴曲久矣，不知小官人能否为老僧弹上一曲？"俞伯牙一听，口里连说"不敢不敢"，其实早已手痒难熬，略略推辞一番，便调音拨弦，大显身手。俞伯牙弹的琴果然非比一般，那琴声忽而高昂，如铁骑奔驰，风雨骤至；忽而低婉，如儿女情长，灯前私语；忽而清脆圆润，如无数颗珠子滚落在玉盘之中；忽而活泼流畅，如汩汩小溪泻出于碎石滩头。真说得上是"此曲只应天上有，人间能得几回闻"。一曲弹罢，俞伯牙口里说着见笑见笑，心里却在想，老和尚一定会赞不绝口，大大恭维他一番。没料到老和尚只是神情淡漠地说："虽然老僧不精此技，但听了小官人刚才一曲，也还算可以。"一句话，差点没把俞伯牙气得七窍生烟。本以为这老和尚一派仙风道骨，不是个等闲之辈，这才打起精神弹了一曲。谁知却说出"还算可以"这样的话来！心想，这老和尚分明是"描金箱子白铜锁，里厢头塞的是裹脚布"，实实在在是外头好看里头空。我刚才之举，分明是对牛弹琴。俗话说，酒逢知己千杯少，话不投机半句多。俞伯牙认定老和尚虚有其表，俗不可耐，便默默无语，不再开口。老和尚见俞伯牙面露不快之色，心中有数，装作不知，说道："时间不早了，小官人行路辛苦，请早安歇，老僧不再打扰了。"说完，径自走了。

有道是：人逢喜事精神爽，闷上心来瞌睡多。老和尚一走，俞伯牙闷闷不乐,倒头便睡。蒙眬之中,忽听远处传来几声马嘶,接着便是一阵蹄声由远而近。又听"咚"的一声,庙门被踢开了。随后,一阵杂乱的脚步声涌到了庭院。俞伯牙这一惊非同小可,急忙翻身坐起,支起耳朵一听,人群直扑斜对门老和尚住的僧房,接着便是"乒乒乓乓"的刀剑撞击声。俞伯牙一下子跳下床,心中大为诧异:强盗怎么会深更半夜来到这荒山古刹中打劫?看来老和尚定然性命难保,我岂能袖手旁观,见死不救?这俞伯牙自幼习武,练就一手好剑法,舞动起来,十几个人近不得他身。特别是他那把防身的青锋宝剑,锋利无比,削铁如泥。只见俞伯牙"嗖"的一声抽出宝剑,寒光四射。他轻轻拉开房门,一个箭步蹿了出来,才立定脚跟,不由大吃一惊。为啥?原来俞伯牙抬头一望,雪光映照,看得分明:两扇庙门仍然好好地关着,低头一看,地上白雪平铺,粉妆玉琢,根本就没有一个脚印儿。再看斜对门老和尚住的僧房,也是双扉紧闭,仿佛根本就没有什么人来过。可是那房中却仍是不断传出阵阵厮杀声、刀剑的碰击声、搏斗的喘气声、沉重而凌乱的脚步声。俞伯牙大感不解,哪有闭门厮杀的道理?况且里面的灯光明亮,而窗纸上却映不出半个晃动的人影。真是活见鬼!俞伯牙不敢鲁莽,连忙挨近房门,屏住呼吸,从门缝中往里一瞧,啊呀!这一看,把个俞伯牙惊得伸出的舌头半天缩不回去。原来僧房里连半个强盗也没有,只见靠墙一张禅床,床下放着一个盛水的脚盆,里面还微微冒着热气,显然是老和尚刚刚洗过脚。再看那老和尚,安然地闭着眼睛,歪着身子斜躺在禅床上。禅床的另一端摆着一张琴,老和尚正光着脚板,叉着脚丫子在琴弦上拨弄哩。那一阵阵惊心动魄的厮杀声正是从琴弦上扬起的。哎哟!俞伯牙一看不由大惊失色,此情此景不要说听过见过,连做梦也想不到能用脚丫子弹琴,而且模仿出如此复杂、如此逼真的厮杀声!俞伯牙看着,听着,渐渐地由惊异变成惭愧,面孔一阵阵发烧。自己满以为琴技高超,天下无敌,要到京城去会天下高手,不料这深山古刹之中的无名老和尚,就有如此高超的弹琴绝技!可见艺无止境,真是山外有山,天外有天,强中更有强中手啊。我俞伯牙不过是个区区井底之蛙,实在是可悲、可笑、可叹!于是俞伯牙便轻轻敲了敲房门,低低地唤了声:"老师父,请开门,弟子俞伯牙拜见老师。"只听"咚"的一声,琴声止了。俞伯牙又喊了一声,不料老和尚连哼也不哼一声,一个翻身,面向里床,呼呼睡去。俞伯牙不敢再喊,只是恭恭敬敬地立在门外,静候老和尚醒来。此时,空山寂寂,古庙沉沉,那漫天大雪仍是纷纷扬扬、飘飘洒洒地下个不停。俞伯牙身上落满了雪花,冻得浑身瑟瑟发抖,但他全然不顾,还是照样恭恭敬敬地立在门前雪地里。

不知过了多久,门"吱呀"一声开了。老和尚双手搀起了俞伯牙,笑着说:"徒儿请进。"

从此,俞伯牙就在深山古刹中跟老和尚学弹琴,后来终于成了有名的琴师。

元帅菩萨

讲述:保秀兰 70 岁 家庭妇女 高小
记录:张建华 45 岁 营业员 初中
1986 年 8 月采录于正余乡

几百年前,当时倭寇常来侵扰余东,残害百姓。

当地有一个人叫袁才,是武举出身,他组织了一批精壮青年,打退了倭寇的多次进攻。

有一次,倭寇出动了很多人马,直扑余东镇。袁才马上带领老百姓和倭寇决战,经过一天恶战,倭寇仓皇逃命。袁才认准了一个倭寇头目,拼命去追,追到东皇庙里头,就在庙里打起来了。倭寇头目见不是袁才的对手,就从衣裳里摸出一包东西投到了井里,然后剖腹自杀了。

袁才见倭寇头目向井里投东西,猜想这一定是毒药。他知道当地人一直把庙中这口井称为圣井,来烧香的人总要弄一点水回去吃吃。现在井里下了毒,怎么能吃呢?袁才这时已身负重伤,他挣扎到井边,跳入井中。

第二天,百姓们从井中捞出了袁才的尸首。袁才的尸首被井里的毒水一浸,全身发了黑,大家这才猜到了袁才投井的原因。为了纪念袁才,就为袁才塑了像,供在东皇庙里。因"袁才"与"元帅"两字音近,天长日久,人家就把"袁才菩萨"叫做"元帅菩萨"了。

诸葛亮隆中得道

讲述:周锡桃
记录:周士林
1986 年 3 月采录于树勋乡红旗村周宅

传说,蜀汉时刘备的军师诸葛亮上知天文,下识地理,能前算一千年,后算八百年，茅庐未出，已知三分天下。他哪来的这么大本领呢？这里有这么一个有趣的传说。

诸葛亮本来是山东沂水县人。出生后，正逢乱世，各路军阀连年混战，老百姓生活在水深火热之中。他决心学好本领，将来有机会辅助有道明君统一天下，救国救民。因此，他从山东沂水县老家出走，云游天下。后来来到湖北省襄阳县隆中山，他看到这里山清水秀，环境清幽，就在山中盖了几间茅屋，过着清静的日子，不轻易出门，早夜读书。

在诸葛亮草堂西南一箭之地，有座古庙。庙中香火冷落，只有一个德行高深的老和尚住在那里。他常常在月白风清之夜和诸葛亮一起读书论政，纵谈天下大事，十分投机。

一天，诸葛亮吃过晚饭，红烛高烧，准备彻夜读书。谁知到了二更时分，忽觉一阵困意袭来，不知不觉中，已沉沉入睡。待到一觉醒来，已是红日当窗了。

第二夜、第三夜全是如此。诸葛亮好生纳闷，以前可不是这么想睡觉的呀。后来他把这情况向老和尚说了，不料老和尚好像深知其中的奥妙，只是笑而不答。在诸葛亮的一再催问下，他才严肃地说："我看你一片至诚救国之心，才告诉你其中奥妙。"说着从怀中摸出一炷香来，送给诸葛亮，嘱咐他今夜如此如此。诸葛亮听了大喜。

晚上，他早早吃过晚饭，灭烛上床。约莫二更时分，同往常一样，一阵困意袭来。他赶紧把老和尚送的香点了起来。只觉一阵异香扑鼻，顿感神清气爽，睡意全无。他悄悄披衣起床，在黑暗中尽力睁大眼睛，盯着屋梁。只见银光一闪，屋梁上垂下一根银丝，一只拳头大的蜘蛛顺着银丝爬到了他窗前的书桌上。眨眼间变得足足有脸盆大。只见它的口一张一合，一颗有小圆子那么大的鲜红透亮的珠子从它口里一会儿吐出来，一会儿吞进去，一吞一吐，咕咕有声。诸葛亮知道这就是老和尚告诉他的：新近从四川峨眉山上下来的一只千年蜘蛛精在"练功"哩。那颗珠子叫做"智慧珠"，谁要是吃到了这颗"智慧珠"，谁的智慧可就大啦！

诸葛亮此时不敢怠慢，就按老和尚告诉他的办法，一个箭步冲过去，伸手就抢珠子。那蜘蛛一开口，喷出一团烈火，那火紧紧裹住了诸葛亮的手，手上的皮肤被烧得"吱吱"直响。俗话说，十指连心，他痛得恰似万箭穿心，周身冷汗直流。但他咬紧牙关忍受着。一会儿，火势小了，诸葛亮手一缩，把智慧珠往口里一丢，骨碌一下子咽进了肚里。再一看，蜘蛛不见了。

看看手，奇怪，皮肤好好的，一点儿伤也没有。

第二天，老和尚来了，他看了看诸葛亮说："恭喜你吃到了智慧珠，但你要成就大事，头顶上还缺个智慧孔，我索性成全了你吧。你不要怕，实话告诉你，我也不是凡人，是峨眉山上修炼了千年的仙鹤精，今天晚上你把我如此如此……"诸葛亮开始不答应，在老和尚的一再坚持下，最后诸葛亮才含泪答应了。

夜里，诸葛亮就按老和尚告诉他的办法把头发剃得精光，悄悄来到古庙。只见老和尚坐在蒲团上已经两手合掌，双目紧闭，"入定"去了。诸葛亮悄悄待在一旁，一会儿就见老和尚头上白光一闪，一只小白仙鹤透顶而出，穿窗而去。诸葛亮赶紧上前，把老和尚抱到禅床上，剥下和尚衣，自己穿了，然后学老和尚"入定"的样子坐在蒲团上。过了半个时辰，小白仙鹤又从窗外"嗖"地飞了进来，停在诸葛亮的光头上。"笃、笃、笃"一连三啄，痛得诸葛亮眼冒金星，几乎坐不稳蒲团，随后"笃、笃、笃"又是三啄，他感到头顶被啄开了一个孔。接着白光一闪，那只小白仙鹤便一头扎了进去。诸葛亮只感到一阵剧痛，便昏了过去……等他醒来时，天已大亮，老和尚也不知到哪儿去了。

这样，诸葛亮既吞吃了智慧珠，头上又有了智慧孔，他就变得智慧无穷、格外聪明能干啦。

后来诸葛亮给自己取了个名字叫"孔明"。意思就是说，头上有了智慧"孔"什么事情全"明"啦。人们又说，诸葛亮出阵打仗时，手里总拿着一把雪白的羽毛扇子，就是为了纪念那个白仙鹤精。

黑面孔包拯和白面孔狄青

讲述：周锡桃
记录：周士林
1986年3月采录于树勋乡红旗村周宅

宋朝有两个著名人物，一个是包拯，一个是狄青。奇怪的是，文官包拯生就一副黑如锅底的武将面孔，武将狄青却是一副白净的文官面孔。这是怎么回事呢？相传有这样一段故事。

一天，玉皇大帝在灵霄宝殿上朝。太白金星奏道："下界中原大宋朝，朝中缺乏能人。内则民不聊生，外则边患迭起，愿陛下早遣能人下界，扶大厦于将倾，救百姓于水火。"玉帝准奏，即传旨文曲星和武曲星下凡去中原投胎，以保宋室江山。

这文曲星生得一表人才，白净面孔。武曲星面如锅底，丑陋可怕。两位仙官领了玉帝金旨，不敢怠慢，驾起祥云，出了南天门。

两位仙官，眨眼间来到天河边。那时天上也正值阳春三月，春风和煦，景物迷人。两位仙官心中大喜，按落云头，欣赏起这天河美景来。欣赏之余，不免闲扯起来。这武曲星心高气盛，性如烈火，开言道："我熟读兵书，能征惯战。玉帝差我下界，定能大展宏图，振兴宋室。你有何能，也敢下界？"文曲星道："我胸怀韬略，腹有良谋，明治国之至理，有安天下之妙策，振兴宋室，非我不可也。"武曲星道："我能决胜千里之外。"文曲星道："我能运筹帷幄之中。"武曲星道："你不过是个酸秀才。"文曲星道："你不过是个莽匹夫。"两位仙官唇枪舌剑，各不相让，争得面红耳赤，不可开交。最后武曲星道："口说无凭，你敢和我比试吗？"文曲星不甘示弱道："愿意奉陪。"文曲星虽然习文，但毕竟是仙官，也有硬本事。武曲星道："我身怀绝技，砍下脑袋，还能安上。"说毕，抽出宝剑往颈上一抹，那颗斗大的脑袋"扑通"一声掉在地上，好似西瓜一般骨碌碌滚出老远。那颈项中却一点血花也没有。接着他又抓起脑袋，往空中一掷，那头竟然在半空中滴溜溜转个不停。文曲星一见，微微一笑："区区小技，何足道哉！"也抽出宝剑，往颈上一抹，把头砍下，掷到空中，也一样在空中滴溜溜转个不停。武曲星见难不倒文曲星，心中大怒，把手一招，自己的那颗脑袋落将下来，又伸手接住，往文曲星劈面打去，肚腹里喊了一声："着打！"文曲星将身子一侧，一手接过打来的头，一手也招落自己的头，拎着往武曲星打去。只见两位仙官，抛头相打、你来我往，黑白两颗脑袋飞来飞去，快如流星，疾似闪电。

再说太白金星奉王母娘娘之命到天河边织女那里取万匹云锦，正好看到文曲星和武曲星两位仙官在天河边拎着脑袋互相掷打。太白金星大吃一惊，厉声高叫："两位仙官还不住手！你们各自的人间母亲正在临盆分娩，已经一天，专候两位前去投胎，若再迟延，你们的母亲性命难保，那是罪犯天条！"两位仙官一听此言，不由大吃一惊。也不管三七二十一，各自手忙脚乱地把接到手中的脑袋往颈上一装，驾起祥云，匆忙投胎去了。谁知忙中出了差错：文曲星的白面孔和武曲星的黑面孔恰好对调了。

文曲星下凡投胎，就是包拯，武曲星下凡投胎，就是狄青。所以文官包拯有了一副黑面孔，武将狄青有了一副白面孔。

包公出对招驸马

讲述：许玉廷 74岁 农民 初小
记录：郭建人 38岁 教师 高中
1986年8月采录于瑞祥乡许宅

传说有一年，皇帝要招头名状元做驸马，请包公当主考官。

考试这天，包大人端坐中堂，对考生说："诸位，这次我受皇上重托，要招头名状元做驸马，请大家认真对待。"考生们一听，个个心里热脱脱，巴不得今晚就把皇上的美貌公主弄到手。

包公出题分三步：第一步是考考生的文才笔力。他叫包兴把准备好的纸笔发下去，要考生自己出题写诗赋词。

第二步是要考生对对联。他随口出了一个上联："我包大人受皇命坐北朝南面顾左右监考生，人人不马虎。"这个对子把考生难住了，他俫你看我，我看你，抓头摸耳朵，哪里对得出来。这时有一个考生站起来答道："咱穷秀才赴考场思前想后卷案上下答试题，全不费功夫。"包公一听，乐得叫出声来，再一看，原来是穷书生穆峰，连说："对得好！对得好！"

包公又出第三道试题了。只见包公手拿一根半尺长的金针，向对面的一根雕龙画柱上掷去，金针直插木柱。包公叫考生答出这是啥意思。又是穆峰站起来说："包大人在上，这叫针到木开，木里取金。"包公走下座位，拍拍穆峰的肩膀，说："好一个木里取金，这不正是穆老弟娶了金枝玉叶吗！穆老弟，你文茂口俐，状元是你的了。"包公一边笑着，一边拉着穆峰见万岁爷去了。

扒灰的故事

讲述：陆士冲
记录：沈裕辉
1986年3月采录于新海乡陆宅

青年男女结婚，海门民间常有闹新房的风俗，所谓"三天呒老小"把新房闹得笑声不断，其中最有趣的是强逼老公公身背扒灰榔头，闯进新房，使闹新房推向高潮。

那么这扒灰的来历出于何处呢？

相传宋朝有个宰相，名唤王安石，生有一个儿子，可是寿命不长，婚后没有几时，便一命呜呼，留下了年轻的寡妇。在封建社会里，"守节"是第一要紧的事，官宦人家，更要作出榜样，因此妙龄寡妇益发哀悼丈夫，每天早晚在丈夫灵位前，上香点烛，哭哭啼啼。王安石也因媳妇年少守寡，心生爱怜，说实在话，也很喜爱她的姿色，心想如有这样的年轻女人陪伴，也不枉来世间一趟，但再想想自己身为长辈，又是朝廷当朝一品大员，难以启齿。于是心生一计，用一张纸条写道："人死无复生，悲哀徒伤身，知道否？"意思是公公怜惜你，爱你又想你。把纸条塞进香炉的香灰中，晚上媳妇上香，扒开香灰得纸条一张，细看过后，记在心里。媳妇也算定，再隔几天，是公公的亡父忌日，公公必备祭物上香祭祀，便也写纸条一张："庭桂夭折，惟托寿松。"意思是，你儿子死了，我媳妇只能托付你公公了，公公爱媳妇，媳妇爱公公。把纸条也塞进香炉的香灰里。王安石上香时发现纸条，打开一看，喜上眉梢，后来公媳恩爱。所以后世闹新房时，叫公公背扒灰榔头就是从这里开始的。

送泥贺寿

讲述：许玉廷
记录：郭建人
1986年8月采录于瑞祥乡许宅

有个人请人相面，这个人有个独养仔丫头，勿宁拨人家。相面人话："今年你五十岁要吃吃面，等你吃面辰光，你女婿要送面来。"这个人说："唔丫头还勿宁拨脱，哪里来的女婿？""你奥响①个，吃面时会得有女婿来送面。"

生日到了，有个亲眷挑仔面篮来送面祝寿，路上碰着一个小倌。那小倌话："你是去吃面吗？我跟你一道去勒"。"好呀。"两人就一道跑了。

---

① 奥响：不要作声。

小倌一路想：你送面，我末吼啥送，怎么办呢？就在路上拾了一张红纸，包了一包烂泥沙末，跟着亲眷跑进去了。

这个相面人，今朝也来送面，还帮着写人情账，账台边站着许多人，看看啥人送点啥。当看到台子上有一个红纸包，许多人问："这是啥人送个？"写账人话："这是一个小倌送个，发开看看。"发开一看，原来是一包烂泥沙末，"奈送点烂泥沙末？"大家笑来交关。相面人话："你俚勿要笑，倍来解释拨你俚听。"相面人叫来了这个小倌，对伊哩话："这个小倌就是今朝吃面人的女婿。"这个人听了很生气，人家送了许多东西，伊捧了一把烂泥，还话伊是我个女婿，去去去！

相面人都看在眼里，继续话："在座亲眷朋友哪个及，万里江山一点末，"稍微停了停，又话，"自古以来，土地是国家的，今朝伊送了一红包烂泥沙末来，伊就是今后的皇帝，土地是伊个啊！"

后来，这个小倌真的做了皇帝。他就是仁宗皇帝。

顺治当皇帝的传说

讲述：许玉廷
记录：郭建人
1986年8月采录于瑞祥乡许宅

吴三桂要抢天下，正脱①皇帝打仗，仗打来北斗星已归南。

这事被天上玉帝晓得了，派十八尊罗汉下凡，打扮成十八个卖盐的江北人，伊勒从京城经过，看见到处乱棕棕的，皇帝也跑脱了。这十八个卖盐的江北人说："这皇帝个宝座是吼处②瞎坐的，坐上去要头痛个。"一个话："我俚来试试看，坐上去看伊头痛哦，皇帝横竖拨吴三桂打跑了。"

头一个坐上去话："哎哟，勿来事，勿来事，头痛来交关。"第二个也吼处坐，一坐上去，头就痛得不能坐。一连十七个卖盐的江北人都勿来事。第十八个坐上去话："你俚都是瞎话，我奈勿痛末。"十七个人都话："你就

---

① 脱：和的意思。
② 吼处：不可以。

是皇帝！""我勿要做，天上最开心。"十七个人话："你勿高兴做，我俫有十七条扁担，把你打杀。"第十八个人话："你俫十七根扁担一道打下来，我哪里吃得消，我就顺治吧（只好让你们打吧）。"十七个人又一道话："好啦，好啦，不打啦，你个年号也话出来了，就叫顺治皇帝啊。"

有人对吴三桂话："你也勿要打了，人家年号也出来了，皇帝拨人家做去了。""啥个哇？"吴三桂有些不相信，后来一打听是真的。

一次，顺治对吴三桂话："皇帝嘛我做嘞，不过，我做一天皇帝归你一天一斗金，一斗银。"这样顺治越来越穷了，吴三桂却越来越富了。后来皇上想出了一个点子，金银一律勿用，改用筹码（毛竹做的），吴三桂就把金银全部调了筹码。过了几年，皇上又变了，筹码一律作废，以金银通行。这样，吴三桂就白做了一场梦。

乾隆叹服牧牛娃

讲述：丁元才
记录：施裕时
1986年5月采录于德胜乡

有一年，乾隆皇帝带领几个随从来到江南水乡察访。

一天，乾隆外出白相，看见两个牧童骑在牛背上，在草丛中放牧，觉得蛮有意思，就走了过去。这辰光，只听一个牧童说："看，那边来了一个老头子！"哪晓得，这话被乾隆听到了，伊想，小小孩童，竟敢出言不逊，心里有点来火，立即命令随从把两个牧童叫到跟前。

乾隆说："刚才你们称我老头子，有侮长者，可知罪吗？"两个牧童听了，根本不当回事，有心顶撞，但看见这人身边跟着许多随从，觉得有点来头，兴许就是那位人称乾隆的皇帝。

这辰光，只见一个牧童眼乌珠转转，机灵地说："老爷，您理会错了，'老头子'这称呼勿寻常呀。"乾隆听了勿理解，忙问："有何勿寻常？"只见那牧童勿慌勿忙地说："老爷您听着——'老'者，长老也；'头'者，首也；'子'者，天子也！"

乾隆一听，转怒为喜，连连点头，称赞："幸会，幸会，真乃神童也！"

乾隆皇帝考秀才

讲述：刘孝德 75 岁 农民 不识字
记录：沈桂凤 37 岁 文化站站长 高中
1986 年 5 月采录于三厂镇文化站

乾隆皇帝下江南的辰光，有个秀才去见伊。乾隆有意考考他，就问："你识多少字？"

秀才巧妙地道："识字勿多，写出勿错。"

乾隆见一个妇女拎着一只篮子走过，就问："这女子手里拎的是什么？"

秀才说："这叫'摆东西'。"

乾隆说："只摆'东西'，难道'南北'就不好摆吗？"

"不好摆！"

"为啥？"

秀才说："东方甲、乙，木；西方庚、辛，金。南方丙、丁，火；北方壬、癸，水。木、金可以放，水、火怎能放？"

乾隆很佩服秀才的雄辩。

县官跪门外

讲述：许玉廷
记录：郭建人
1986 年 8 月采录于瑞祥乡许宅

正德皇帝下江南，曾请昆山顾鼎臣代理三个月的朝政。

三个月以后，正德皇帝出访回朝了。隔了一段时间，正德皇帝又派顾鼎臣微服出访，私察民情。

顾鼎臣微服私访，在一个大粮户家做起账房来。一天，这个大粮户请客，当地县官也来赴宴。照理，县官应坐首席，可是不等大家落座，账房先生竟先自坐在首席上了。粮户气极了，县官心里也来火，想他堂堂一县尊令，竟坐在下首作陪，实在有损体面，最后弄个不欢而散。

回府后，县官越想越不舒服，第二天就派两个差人来到大粮户家，请账房先生到县衙去一趟。账房先生早就料到了，清早一起就喊肚子痛，痛得在床上直翻滚。两个差人一看账房先生病得不轻，左右为难，拿不定主意，拉他去不好，不拉他去又不好。县官见去了两个差人没有请来账房先生，不由大怒，就又派来了两个差人。后派的两个差人也不敢拿主意。正急得团团转，县官又派来了两个差人。六个差人凑在一起，对账房先生说："先生，我家老爷请你去，你不得不去，肚子痛就抬着你去，不然我俫吃不消。"账房先生叫一个差人伸出手来，在他的手心里写了几个字，说："你俫回去后给你家老爷看，保证你俫吃得消。"

六个差人回到县衙，站立一旁，县官不见账房先生，就问："叫你们请的人呢？"差人一五一十禀告了情况，又伸出手让县官看，县官一看，吓得面如土色，瘫在地上。原来，手心里写的是："小畜生，小畜生，你知代朝三月是何人？"这时县官才知道账房先生就是当朝顾鼎臣，是个代皇帝呢，得罪了他，官做不成不算，还要砍头呢！

县官吓得六神无主，左思右想了一夜。第二天，天蒙蒙亮，县官青衣小帽，脚穿草鞋跪在大粮户家墙门外请罪。粮户清早开门，吓了一跳，上前问清了细枝末节，索性装个不晓得，来到账房里，对账房先生说："先生，不晓得啥缘故，县老爷一大早就跪在我家墙门外。"账房先生说："不管他。"县官跪得双膝酸麻，又被来往行人看来观去，一副可怜相。直到中午，账房先生才对粮户说："好可怜相的，请他进来吧。"这时，县官和粮户都不再像昨天那样神气了，一见顾鼎臣就连忙磕头像鸡啄米。

县官本来想抖抖威风的，结果反而被顾鼎臣教训了一番，以后再也不敢胡作非为了。

胡长龄改休书

讲述：瞿锡人
记录：仰山
1986年8月采录于国强乡

胡长龄从小就死去了父亲，和母亲相依为命。他长大以后，母亲发现了一件奇怪的事情：夜里经常看见儿子头上有一盏火，盯眼看时不见了，不注意看时又有了。胡长龄母亲心里想：自己儿子不简单，恐怕有些来历。但她只是心里想，从不向人诉说。

有一天晚上，母亲看不见儿子头上那盏火了，很奇怪，猜想儿子恐怕做了什么缺德事了，就追问儿子这几天可曾做过坏事。儿子想了半天才想起昨天帮人家写过一张休书。事情是这样的：前几天胡长龄外出，在路上看到一个男子一边打骂女人，一边告诉过路人说自己的女人虐待婆婆，不敬丈夫。那女人只哭不作声。胡长龄上前劝架，那男人拉胡长龄到家里，告诉他女人不孝婆婆，还败坏门风，实在气不过了才打她。胡长龄听说这妇人如此不贤不孝，就主动帮助那男子写了一张休书。

胡母听后，认为单听一面之词恐怕不实，叫儿子明天到那人家的左邻右舍再去打听打听，弄弄清楚。

第二天一早，胡长龄细细一打听，才知道事实完全相反，是那个男子不好，他在外面有姘头，他打骂娘子是想逼娘子改嫁。这个女人实在是一个忠厚人。

胡长龄晓得自己做了一件错事，连忙跑到那个男子家里，问他休书有没有送到衙门里去。男子说还没有送去。胡长龄说，这张休书理由还不充足，我拿回去帮你重写一张。男子千恩万谢，把原来写的那休书交给了胡长龄。胡长龄就在休书上写了这男子在外面有姘头的事，这个男子离婚不成，还吃了老爷一顿板子。

胡长龄把休书改写好了以后，他头上的那盏火又有了。

看人说话

讲述：瞿春基 60岁 工人 初小
记录：李文标 45岁 新闻干事 大专
1986年8月采录于新建乡广播站

明朝末年，胡长龄考中了状元。丞相王学士见胡长龄才貌出众，硬要招他为婿。胡长龄早就晓得王学士是个奸臣，誓死不当奸臣的女婿。王学士无法，只得把胡长龄关在自家后花园里。

一天，王学士到后花园散步，一时心血来潮，问胡长龄："啥个高来啥个低？啥个东来啥个西？"胡长龄说："甘蔗高来茄子低，冬瓜东来西瓜西。"

王学士一听，觉得胡长龄好像是个种田郎，文才平常，便心生一计，准备把胡长龄的状元革掉。

第二天早朝，王学士俯身金阶，口中念念有词："启奏吾皇万岁，现已查明，新科状元胡长龄，种园田出身，毫无文才。"接着便把他跟胡长龄对答的情况，添油加醋地说了一番，要皇上革掉胡长龄的状元。皇帝听了，顿生疑虑，便下旨要胡长龄上朝面君。胡长龄被召来了，皇帝便说："胡爱卿，你的文才出众，我问你，啥个高来啥个低？啥个东来啥个西？"胡长龄立即答道："君皇高来臣子低，文在东来武在西。"皇帝听了，龙颜大悦，连声称赞："妙，妙！"这下可急坏了王学士，他迫不及待地责问胡长龄："昨日你为什么不这样说？"胡长龄讥讽地说："这就叫见人说人话，见鬼说鬼话，见了万岁说真话。"

短命对联

讲述：陈汉忠 63岁 教师 中专
记录：李文标
1986年7月采录于新建乡陈宅

王学士六十寿辰，请胡长龄赴宴，并要他写一副对联。胡长龄对王学士十分反感，但碍于官场礼节，便心生一计。

寿宴开始，王学士命家人把胡长龄送的对联挂在堂中，大家一看：上联写了七个"长"字，下联写了七个"行"字，都不解其中之意。王学士见了心中很不开心，责问胡长龄："写这种对联岂不是戏弄老夫！"胡长龄不慌不忙，笑了笑说："王大人，'长'字有几种读音？"旁边的人连忙答道："有两种读音，一读'常'，又读'涨'。"胡长龄说："对，那'行'字有几种读音呢？"又有人答："也是两种读音，一读'杭'，又读'形'。"胡长龄又说："根据这两种读音，你们再读读这副对联吧。"旁边那些嘴快的抢着读道："长（常）长（涨）长（常）长（涨）长长（常常）长（涨）；行（杭）行（形）行（杭）行（形）行行（杭杭）行（形）。"读罢，寿宴上顿时爆发出一片称赞声。王学士听了，也转怒为喜。

从此，王学士就把胡长龄送的对联一直挂在正堂中，可是，这副对联挂了不多久，字迹全部褪光了，成了一副无字对。王学士只得命家人取下这副无字对,再也不瞎吹了。

原来,那副对联是用墨鱼汁写的,过些时候颜色就褪没了。

胡状元少时做寿联

讲述:许玉廷
记录:郭建人
1986年8月采录于瑞祥乡许宅

有个老头子,挑了点寿面去丈人家吃寿面。

在路上碰着一个挑(割)羊草的小倌,问伊:"老伯伯哪里去?""噢,我到丈人家吃面去。"两人就搭起话来。

"您丈人今年多少年纪?"

"九十岁。"

"那您多少年纪?"

"我六十岁。"

"你有处(可以)带我一道去哦?""好个。"小倌一听,草篮一放,跟了伊就跑。老头子到了丈人家,许多亲眷朋友都看好仔。咃,今朝伊奈带了一个勿认得个小倌来?问问伊这个小倌是啥人家个?老头子话:"我也勿晓得,伊听见我话来吃面就跟我一道来个,吃寿面是欢天喜地个事体,奈叫伊拗来呢?"

点晌浪①,吃好寿面,要写一副寿联,亲眷朋友个个话你呀写勿来,我呀写勿来。这个小倌从人群里走出来,话:"我来试试看。"许多人听见话伊是个挑羊草的小倌,奈写寿联呢?有个人话:"我哩大人呀写勿来,你小倌头子倒写得来?"

那个小倌自作意道②拿起墨笔写了起来:"今年贵庚一甲半,文曲在此贺寿星。"亲眷朋友一看,不单是字迹老练,寿联也胎生勿推班(不错),"一甲半"就是九十岁,"文曲"指文曲星。大家都话伊这个小倌来事个。连牵再办一桌酒水,让伊坐了头位。这个小倌啥人呢?就是后来南通高中状元的胡长龄。

---

① 点晌浪:中午。
② 自作意道:不客气、自作主张。

小张謇咏烛

讲述：顾振虞
记录：倪健 56岁 干部 高中
2008年5月采录于三星叠石桥绣品城

一天午后，张謇的老师宋紫卿约几个朋友到家中谈诗论文，兴致勃勃，竟夜以继日，随后又摸起纸牌。张謇就帮忙搭桌子、端凳子，夜来，还在桌角上点起了红烛。张謇一直恭敬地侍立一旁。紫卿先生的一位老友存心要考张謇，便对紫卿先生道："闻听老兄的这位高足才学不凡，善于应答，在下想冒昧面试一番，不知可否？"紫卿先生答道："欢迎，欢迎。就请老兄命题。"那位老人指了指桌角高燃的红烛，说："就以咏烛为题，字数愈少愈妙。"紫卿先生示意张謇应答。张謇注视了一下那放出光焰的红烛，从容地答道："弟子才疏学浅，算是班门弄斧了。这'咏烛'嘛，只需八字，'身居台角，光照四方'。敬请先生指教。"在座的几位老人都为题咏叫好。那位命题的老先生在临走之时还将紫卿先生拉到一边，悄悄地说："高足确实才华出众，他以烛炬自喻，日后必成大器，为老兄增光，可敬可贺！"

果然，清光绪二十年，经过殿试，张謇高中状元。

九百九十九

讲述：顾振虞
记录：姜明田
1986年5月采录于常乐镇

张謇十二岁那年，父亲请了宋璞斋先生在家教读。宋先生治教十分严格，一开始要求张謇每天背书三十行，以后逐渐增加，张謇都能如数背出。

一天，宋先生见一武官骑马从门前大路经过，便信口出了个上联："人骑白马门前去。"要张謇对下联，张謇略加思索，高声答道："我踏金鳌海上来。"宋先生听后大喜,称赞张謇胸有独占鳌头的大志。

张謇十六岁那年,参加乡试,想不到张謇成绩落在百名以外。宋先生对他严加训斥:"这样下去,如有千人应试,录取九百九十九名,其中一人未取的就是你张謇!"

张謇听了宋先生的训斥,整整哭了一天。从那以后,他在书房的窗上,床帐上都写上"九百九十九"五个大字,并日夜苦读。他用竹子削了两根竹扦子,睡时分别放在枕头两侧,如一翻身,即被竹扦戳痛,醒来马上下床读书。他坚持苦读,后来终于考中了状元。

狗咬状元衣

讲述:沈兆云 60岁 农民 小学
记录:沈士林 16岁 学生 初中
1945年原采于平山乡,1986年整理

张謇小时候家里很穷,父亲张彭年是个走乡跑埭的收破烂人,就是粗衣素食还很难温饱。在他即将赶考的那年春节,伊想到舅舅家去拜个年,道个别。但家里没有一件像样的衣服,母亲就向邻居家借了一件青布衣衫让他穿上。来到舅舅家场院,还未进门,舅舅家的一只大黄狗见是陌生人,就"呼"的一声扑上来,将张謇的长衫下摆撕下了一大块,好得舅舅出来拿狗喝住,才没有伤着人。

吃过中饭,张謇看看借来的长衫被狗撕破,回去后要赔给人家。唉,大年初一出这种事体不吉利,所以想想心里很难过。

舅舅见张謇勿开心,情绪低落,恐怕要影响赶考,正巧有个测字先生从门前经过,舅舅就把他叫了进来,要求为外甥排个卦,能说会道的测字先生突然哈哈大笑,高声说:"恭喜老先生,贺喜老先生,你外甥这次进京赴考必定金榜题名。"舅舅也开心了起来,马上问:"何以见得?"测字先生摇头晃脑地说:"你外甥的衣服被狗撕去一片。片者丬也,狗者犬也。合起来为'状'也;今天是大年初一,即'元旦'也。把两字拼在一起,它不是'状元'二字吗?吉祥之兆,吉利之兆!"站在一旁的张謇一听也开心地笑了。

做官先做人

讲述：讲解员
记录：沈士林
1986年采录于常熟博物馆

张謇进京赴考，住在考生驿站，一边复习、一边等待考日。一天早晨去买豆腐脑作早餐。在摊位前，排在第一的是个老太太、张謇排第二、张謇后面的两位也都是考生，排第五是本次殿试监考官翁同龢，他名为买早餐，实为在考生中微服私访，考生们都不认识他。

买豆腐脑的辰光，排在第一的那个老太太不小心掉下一文钱，骨碌碌地滚在张謇后面的考生旁边，那考生一伸腿将钱踩在脚底下，等老太太走脱，那考生就拾起这文钱藏在袖管里，这一举一动被翁同龢看得清清楚楚。

殿试下来，论文才答卷，那个拾钱的考生的成绩要在张謇之上，光绪皇帝问翁同龢："爱卿，今科试毕，应点谁为状元。"翁同龢毫不犹豫地答道："非张謇莫属。"张謇被点为状元后，那位拾钱的考生很不服气，拿着文章责问翁同龢："张謇哪一点胜过我，我哪一点不在张謇之上，而张謇为状元，我竟连榜眼、探花都没中，是何道理？"翁同龢抬眼向那考生望了望，接过他手中的试卷在卷后用朱笔写了四句："一文钱亦贪心，当官必定要害人；从今以后要改正，做官先要学做人。"

拾钱的考生看后通红着脸退了出去。

寿礼

讲述：胡金岩 60岁 农民 初小
记录：郁艺秋 56岁 干部 大专　黄建百 60岁 农民 初小
1986年采录于厂洪供销社

张謇六十大寿那天，各方人士都去送礼祝寿。寿礼五花八门，都很贵重。

南通县十六里墩有个周二爹，他送的寿礼与众不同。是啥？一条毛巾、一把毛刷和一块肥皂。

张謇把别人送的寿礼都退回去了，独独收了周二爹的寿礼。为啥？原来周二爹送礼时对张謇说："毛巾送你擦洗面孔，使脸面白净，无斑点；毛刷使你刷去身上尘土，以保持一身清白；肥皂可除污垢，使你更加清正廉洁。"

后来张謇一生办事，都记着周二爹的话，一心为民造福，终于成了著名的实业家。

聘请账房

讲述：赵兰英 70 岁 工人 小学
记录：郁艺秋
1986 年采录于厂洪供销社

张謇要聘请一个能干的账房。

有个曾在美国留过学的书生想应聘。他事先经过准备，把可能会碰到的问题都想好了。

那天，他到张謇府上，张謇知道他留过学，很尊重他，并邀他一起吃饭。吃过饭后，张謇见衣襟上沾了几颗芝麻，用手捡起放入口中。而那书生呢，站起身来抖抖衣服，把衣服上的芝麻粒抖掉了，张謇看在眼里，说："聘用之事，待后再说吧。"

后来那书生始终没有接到聘书。为啥呢？因为张謇从书生抖落芝麻这件小事上看出书生不是个理财的料。他对人透露说："一个对点滴财物不爱惜的人，怎能管理好大财呢？"

张謇与袁世凯

讲述：陆志道 60 岁 教师 中师
记录：顾振虞
1986 年采录于常乐乡颐生村

早年，张謇曾任吴长庆幕军的高级参谋。袁世凯投靠吴长庆时，曾被派在张謇手下任职。

袁世凯虽说曾中过秀才，但文字欠通，吴长庆便命他拜张謇为师。张謇对他要求很严格，袁世凯怕张謇几分。后来，袁世凯步步高升，就逐渐有股子狂劲儿了。

袁世凯与张謇通信，开始称张謇为"夫子""大人"，后来称"先生"，最后称"仁兄"。为此，张謇当面对袁世凯说："阁下之官阶愈高，对仆之称呼则愈低。"

袁世凯称帝时，张謇曾劝告过他不要过分。袁世凯表面上说："将来帝位交给明朝后裔朱端。"张謇说："那北京现在就有位唱戏的朱素云，你为什么不交给他？还等什么？"

张謇因不满袁世凯称帝，为了防止暗算，便离北京回到了南通。袁世凯登基后，派人送了一幅《嵩山四友图》给张謇，以笼络他。张謇对"御赐"之物毫不稀罕，马上派人转送给了南通博物苑。

状元肚里好撑船

讲述：顾振虞
记录：顾云华 60岁 退休干部 中专
2003年7月采录于常乐镇玉竹村8组

一次张謇外出，回家时雇了一辆黄包车。张謇问车夫："你认得张謇吗？"

"勿认得，只晓得他是状元。"

"你认得他家吗？"

"晓得，他住嘞常乐镇，伊老爷是个收破布头老被絮的穷苦人。现在好了，苦日子算熬到头了。勿晓得这位状元啊孝顺勿孝顺伊嘞。"

"张謇在家乡开河做路，老百姓阿有啥想法？"

"奈呒得想法？"

"老百姓话点啥呢？"张謇试探着问。

"伊特话，张状元只晓得开河做路，不知道要开脱多少地皮，也不知道拆脱多少房屋，伊哪晓得我俫老百姓的痛苦。"

张謇听在耳里，记在心里。常乐镇到哉，张謇付了车钿回家。车夫眼看着这坐车人进了状元府。"啊呀，勿得了，刚刚坐我车子的就是张状元哇！路上我说了交关勿该说的话。"车夫顿时吓得魂不附体，掉转车头就逃。哪知状元府的仆人追出来，对车夫说："这是老爷付给你在路上的说话钱，老爷还说谢谢你说了真话。"仆人把二个洋钿塞给了车夫。车夫千恩万谢,说:"真是状元肚里好撑船。"

张謇巧排分家事

讲述:顾振虞
记录:顾云华
2003年7月采录于常乐镇玉竹村8组

远近闻名的吕四镇上有个大地主、大渔霸彭玉麟,他的财产多得吓人。除在麒麟镇有一仓房,吕四镇附近有大片土地外,还在垦牧公司买下新开垦的棉田十九垗(每垗六十五亩),还有五十几条渔船,每年汛期,活蹦乱跳的鱼都"哗哗"地流进了他的仓库。

彭玉麟虽然家财万贯,却只生下一个女儿。在封建社会有个说法:"不孝有三,无后为大"。因此,彭就讨了几房小老婆,希望能生个儿子继承香火,结果讨了几房小依然没有生育。彭玉麟年事已高,眼看生育男孩无望,就挑了同族的侄子做嗣子,女儿嫁给麒麟镇沈家,麒麟镇彭家的所有房屋土地作为陪嫁,由女儿带到沈家。

彭玉麟死后,留下偌大的家业,生前又没有写个遗嘱或分家书。于是嗣子、女儿、族人等多少人的眼睛盯在这份家业上,都想从中捞到一点好处。老人一死,彭家为分家产的事闹得乌烟瘴气。嗣子说:"我是老人的继承人,家产应该归我所有,旁姓无权插手。"女儿说:"父母就生我一个,家产应该归我所有;至于嗣子继承父母香火,我自愿提取一点给他,作为他支撑门户的开支。"一部分族人说:"女儿终究属于外姓,况且已经出嫁,家里事无权过问。嗣子属于族人之一,我们都姓彭,要分大家有份,你是嗣子可以提取双份……"这样一开场,可热闹开了,这些人都专心于争论分家产的事上,谁也不管死人的事,以致停尸七天,眼看尸体发臭,无人问津,最后还是几个"缙绅"提出来,应该先收殓死者,而后再议分家产才是妥善之策,这样才草草收殓了老人,接着又是无休止地争吵,一直吵了五七三十五天,才想起请张四伯伯(张謇)来,请他既来"典主",又帮分家。于是争吵暂时告一段落,大家静等张四伯伯到来安排。

"六七"很快到了,张謇坐了小车如期来到吕四镇彭家。当晚,彭家的女儿、嗣子、族人提出要求帮助分家的请求,张謇一口答应,听取了他们各自的意见和要求。每天亲戚、绅士、族人、吕四镇上的青皮,坐着吃饭,一次开几十桌,早上稀饭,中午海参菜,晚上吃便饭,大烟铺两张,日夜不停地烧大烟,账上已用去了几千元,可是张四伯伯还是不声不响,每天只是找彭家族人聊天。彭玉麟的女儿、嗣子急了,长此下去不是要吃光了,还分什么家。为此都来找张謇,要求立即分家,表示一切听张四伯伯的分配,绝无怨言。张謇哈哈一笑,说:"明天就分。"其实这些天张謇没有闲着,他对族人中的情况了解得一清二楚。

第二天,召集有关人员进行分家,张謇首先提出继承权问题。女儿、嗣子都有继承权,其他人没有继承权。接着提出根据彭家的情况不动产归嗣子,动产归女儿所有,并希望他们对社会做一些贡献。嗣子把垦牧的十九垗田捐献给南通师范学校作校田,为社会培养教师。女儿拨几条船给族中困难户,每家一条,让他们能养家糊口自食其力,因为他们曾为他家出海捕鱼,辛苦了多少年,应该关心他们。大家听了都很高兴,认为应该这样分配。于是请张謇执笔写好分家书,大家拿了分家书满意而归。

张謇与黄包车夫

讲述:沈兆云
记录:沈士林
1945年原采于平山乡,1986年整理

有一年中秋节,已近天黑,张謇微服从大生三厂出来。他在大门桥头喊了一辆黄包车,让车夫拉到常乐镇。黄包车夫不认识张謇而问道:"颐生酒厂你知道吗?""知道。"张謇回答道。黄包车夫见此人言谈举止不俗,非一般市民,就继续问道:"今天车钱我不要,你送一杯颐生酒给我尝尝可以吗?"张謇连说:"可以,可以。"

黄包车夫知道有颐生酒喝了,满心欢喜,待张謇坐稳了车,就一路小跑地向常乐镇奔去。一息息就到了常乐镇。

张謇下了车,把黄包车夫领进前厅歇着。黄包车夫正用披肩擦汗时,张謇一手拿着瓶酒,一手拿着一只杯子从内室走来,并问黄包车夫家住哪里,多大年纪和酒量。黄包车夫一一作了回答。张謇从黄包车夫口中知道他家住合兴镇，随后倒了一杯酒并嘱咐他慢慢饮。谁知黄包车夫接过酒杯高兴得一饮而尽。张謇见状，一手将尚有酒的瓶给了黄包车夫，并付了车钱。黄包车夫看着他说："不是说好喝了酒不要车钱的吗？"张謇微微笑道："这不算车钱，是作为你拉得又快又稳的赏钱。这酒带回去给家人尝尝。"张謇又说："今天你酒喝得太猛，得赶快以刚才拉我的速度回去，否则将醉在半路上。"黄包车夫将信将疑，感激地要向张謇磕头，张謇双手搀起黄包车夫说："快走吧！"

黄包车夫遵照张謇的话，一路小跑向合兴镇奔去，到家时，家人已靠门而望。此时黄包车夫感到头重脚轻，于是匆匆停好车就向屋内奔去，一头倒在大阔凳上"呼呼"地睡着了。

第二天，黄包车夫醒来，家人和邻居纷纷问他昨天是怎么回事。他迷迷糊糊地向大家讲述了事情的经过。一位老汉听完了一拍大腿"啊呀"一声说："你是遇到张状元了。"

黄包车夫听了老汉的话一下子明白过来了，跳起来直奔外面，说："我车兜里还有张状元赏给我的酒呢！"取回了酒，大家你一口他一口，吃了个瓶底朝天。

重奖捕蛇人

讲述：樊偶英 90岁 农民 初小
记录：丁士风 48岁 教师 中师
1986年采录于汤家乡

一九三〇年初，南通三元桥畔老通师附近一带的人家，夜里常会发生丢失鸡、鸭的事情。后来，人们终于发现拖走鸡、鸭的竟是一条大蟒蛇。那条大蟒蛇是从老通师对面的坟地里蹿出来的。这事给时任通师校长的张謇晓得了，为了安定民心，他便张榜重赏：凡捕蟒蛇者赏二十银圆。

一个很会捉蛇的人看到榜文后，便去坟边守候。一天清早，他看见一条又粗又长的蟒蛇从树根洞口蹿出，便扑上去用双手抓住蛇的头颈。可那蛇将身子一绕，紧紧缠住了捕蛇人，使他动弹不得。幸好有个上早市的小伙子路过，将捕蛇人放在旁边的一桶药水往蛇身上泼去，那蛇才渐渐松开，终于被捕蛇人捉住。

张謇说一不二，如数发给了捕蛇人二十银圆，还拍了一张那条半死的大蟒蛇绕在捕蛇人身上的照片。那张大照片,当时就挂在长桥西"二吾照相馆"的橱窗里。

状元寻酒仙

讲述:翟春基
记录:李文标
1986年8月采录于常乐颐生酒厂

清末状元张謇在自己的家乡常乐镇办了个颐生酒厂。

他想,要使颐生酒成为饮者见酒开颜的佳酿,除督促厂里师傅不断探索酿酒的技艺外,还需到各个厂登门取经。于是,他把自己打扮成酿酒师傅,带着书童张荣外出取经。

一天,主仆二人来到泗阳地界,生产名酒洋河大曲的酒厂就在那里。为了不惊动厂家,主仆二人就在酒厂门前游来晃去,打听酒厂上作师傅的名讳住址。

当天晚上,主仆二人按照打听到的地址,找到洋河酒厂上作师傅的门上。

洋河酒厂的上作师傅外号叫"酒漏斗"。当他得知张謇主仆二人的来意后,笑着说:"洋河大曲之所以能酿成名酒,一是洋河水适宜酿好酒,二是我们做曲的方法与他处不同。除此以外,没有什么。"

张謇听后,让书童张荣递上一份见面厚礼,并要"酒漏斗"介绍做曲的方法。

"酒漏斗"接过厚礼,对张謇说:"即使我把做曲的方法全部教给你,你们也甭想生产出洋河大曲那样的名酒来。因为你们那里没有洋河水。"

"酒漏斗"顿了顿,又说:"我有个师兄叫慕容杜康,在山西汾水酒厂做曲,技艺高我许多,若是你们学到他的做曲方法,兴许能使你们的颐生酒成为名酒。"

张謇听了,准备告辞出门。"酒漏斗"见夜已深,便将主仆二人留宿在家。

第二天,"酒漏斗"给主仆二人写了一封引荐信。张謇接过,拜辞而别,带着张荣向山西进发。

一个月后,张謇主仆二人来到山西汾水地界,寻到汾酒厂,投上引荐信,见到慕容杜康。

慕容杜康弄清主仆二人的来意后,笑着对张謇说:"我们这里生产的汾酒,成名的原因,一是汾河水适宜酿好酒,二是我们做曲的方法与别家不同。但是，即使我把做曲的方法全部教给你们，你们那里没有汾河水，肯定酿不出汾酒这样的好酒来。"

慕容杜康顿了顿又说："如果你们真想酿出震惊中外的名酒，我可以介绍一个去处，我有个师叔叫翟逸仙，人称酒仙，住在离此三百里外的逸仙岗。他的做曲技术可谓天下无双，你们若能请他出山，何愁酿不出名酒来。"

张謇听后，请慕容杜康写封引荐信，慕容杜康说："翟师叔是个怪人，近二十年来，不知有多少酒厂重金聘他出山，他就是不答应，如果我写引荐信，不但会坏你们的事，而且我还会遭到他责怪。你们若是真想酿名酒，自己去碰运气吧。"

主仆二人离开幕容杜康，早起晚睡，匆匆赶路，第四天中午，他俩上了逸仙岗。

逸仙岗上有座茅屋，主仆二人来到茅屋前。茅屋门框上面有"逸仙居室"四个大字。张謇断定，酒仙就住在这里。

接待主仆二人的是位中年妇人。

中年妇人问清主仆的来意后，连连摇头说："别说你们的酿酒厂远在千里之外，就是近在咫尺的酒厂，至今还没有一个厂家能请得动他。别耽误了你俩的行程，快走吧！"

主仆二人想见见翟逸仙。中年妇人说："他外出已经多天了。"

"何时回来？"张謇问。

中年妇人说："少则三天、五天，多则十天、半个月。"

张謇见天色已晚，便告辞，来到三里外的一个小镇借宿。

第二天一早，主仆二人早早起身，来到逸仙岗。

中年妇人正在忙家务，主仆二人便帮着劈柴、扫院子。

张謇几时干过杂活？只得学着干。

第三天早晨，张謇迟迟起不得身。张荣走到床前一看，只见主人满面通红，一副病态。

张荣知道主人病了，连忙上街请来医生，为主人治病。

张謇吃了药，便吩咐张荣一人上了逸仙岗。

中年妇人见张謇没有上岗，便向张荣询问缘由。

张荣说："我家状元何时吃过这样的苦？这次为寻酒仙，办好酒厂，造福乡邻，和我一起跋山涉水五六十天，哪能不病？！"

妇人听了，大吃一惊：两次到她家，帮她干活的原来是当今状元。她十分感慨，便向张荣打听起状元办酒厂的经过来。

张荣这时才知说漏嘴，他不好再隐瞒，就向妇人叙述了张状元在家乡办酒厂的经过。

接着还把去泗阳洋河酒厂和山西汾酒厂的经过叙述了一遍，听得中年妇人目瞪口呆。

第五天早晨，张謇的病情有所好转，便与张荣一起，来到翟逸仙家。此时，翟逸仙已经到家，他热情地接待了主仆二人。

翟逸仙对张謇说："昨天傍晚我到家后，内人向我介绍了你主仆二人的情况。你不是颐生酒厂的酿酒师傅，你是当今状元。你在家乡办厂，为民造福，现在又亲自跋涉千里，寻访名人。我算不上名人高手，但我佩服你，愿跟你下山，助你办厂。"

主仆二人喜出望外，激动得久久说不出话来。

两天后，翟逸仙离别妻子，随着张謇主仆二人，千里迢迢奔向海门县常乐镇颐生酒厂。

到颐生酒厂后，翟逸仙又亲自修书，派人前往山东，请来师侄吊酒高手张希贤。

打那以后，翟逸仙专门做曲，张希贤专门吊酒，二人相互切磋，酒质不断提高。

郑板桥护树

讲述：徐少熙 76岁 退休工程师 高小
记录：徐维萃 45岁 文化站站长 大专
2008年11月采录于刘浩镇徐宅

传说，郑板桥的舅舅家里很穷，他总是认为自己住的四方院不好，因为院中长着一棵树。他想"口"里一个"木"字，这不就是"困"字吗？他决定要把树锯掉，肯定就会兴旺。

说也凑巧，此事给郑板桥知道了，连忙去找舅舅说："院中这棵树，你不能锯，如果把树锯掉肯定要吃官司。"舅舅问："为什么？"郑板桥解释说，院子里的树锯掉了，但院子里还住着人，这个四方院子像个"口"字，里面有人，不就是"囚"字吗？舅舅一听，恍然大悟，立即打消了锯树的念头。

徐方九治病

讲述：李小吾 68 岁 鞋匠 不识字
记录：林建平 62 岁 退休干部 初小
1986 年 5 月采录于包场乡李宅

早先，有个走方郎中叫徐方九，医术交关高明。

一次，县官的太太生了病，名医请了无数，就是治不好。有人向县官推荐徐方九。县官本来不相信走方郎中，但太太的病愈来愈厉害，呒得办法，只好叫徐方九暂且来试试。

徐方九到了县衙门，县官把他请到太太的房间。徐方九一搭脉，问："太太是怎样起病的？"县官说："本来好好的，吃了一次炒田螺后，就得了病。"徐方九一听，肚里明白了：一定是吃田螺吃进了蚂蟥子。他叫县官弄来十斤炭和两斤米醋，又叫人把铁锅烧热。等到铁锅烧得通红，徐方九拿两斤米醋放在两只大碗里，又叫太太坐在椅子里，抬到火炉旁，然后将一碗米醋泼进锅里，顿时醋气熏人。半个钟头后，太太渐渐地苏醒过来。徐方九又拿另一碗米醋泼在锅里，经醋气又一熏，太太马上呕吐起来。吐着吐着，竟吐出了血红血红的大蚂蟥。从此太太的病就好了。

县老爷为了谢他，特地派人给他送了块"妙手回春"的金匾。

起死回生一银针

讲述：李小吾
记录：林建平
1986 年 5 月采录于包场乡李宅

一次，走方郎中徐方九外出行医。在路上看见两个人抬着一具薄皮棺材，从棺材底里还有鲜红的血滴下来。徐方九一打听，晓得是个难产而死的少妇。徐方九要求主家把棺材打开。本来死者的棺材是不得轻易打开的，但因徐方九名气很大，主人抱着死马当活马医的希望，便打开了棺材盖。徐方九一看死者面孔虽然雪白,但还未死透,就抓住死者的手把了脉,再从腹部用手推向心胸部位。当推到心脏的地方,觉得有个小孩手大小的硬块。徐方九知道是胎胞破了以后,孩子的手移动托住了大人的心脏,便马上从医包里抽出银针,摸准位置扎了下去。这一针不左不右,正好刺中胎儿的手,胎儿的手一疼,立刻缩了回去,心脏马上又跳动了。不多一会儿,女人的两只眼睛竟慢慢睁开了,还生了个大胖小子。

徐方九起死回生一银针的事传开后,大家佩服得不得了,都管徐方九叫"活神仙"。

姜夏基藏石碌

讲述:李耀基 50岁 教师 大专
记录:姜国华 34岁 文化站站长 高中
1986年采录于国强乡胜利村

新河边上有个穷人,叫姜夏基,靠帮人家做长工为生。他喝酒是海量,吃饭用斗量。他力气大,做生活肯出力气,财主都想请他做生活,但又嫌他饭量大,吃得多。

村子里有个财主,平时对人交关刻薄,姜夏基想治治他。麦收前,这个财主家做打麦场,要用石碌压场地。因为石碌被姜夏基藏了起来,财主寻来寻去寻勿到,没有办法,只得拿出三石元麦作代价,请姜夏基帮忙寻石碌。姜夏基收下三石元麦,分给东邻西舍。第二天,他用一只手在财主家宅沟里捞起了石碌,"嗨"的一声,一甩手便掼到了当场心。

这个石碌有多重?七八百斤!

胭脂虎愤除秃金刚

讲述:徐蕊 女 51岁 教师 大专
记录:顾以温 56岁 干部 大专
1986年9月采录于海门镇徐宅

咸丰年间,海门来了一个诨号叫秃金刚的和尚。此人身材魁梧,眉粗眼大，满脸横肉，胡须和鬓发蜷在一起，腰间缠了根粗麻绳，像盘着一条蟒蛇，数百斤重的铁木鱼拿在手里，像一颗弹丸。

秃金刚边走边敲铁木鱼，声音震天响，路上行人纷纷退避。原来他虽身栖寺庙，可一不烧香，二不念经，常常出来借化缘为名，敲诈勒索。他沿街串铺，开价要钱。若有二话，就把这铁木鱼朝店柜台上一放，把柜台压得"吱嘎"作响……人们怕他，为求安生，只得赶紧付钱。

这天他闯进一家当铺，因为钱给少了，就把木鱼朝柜上一扔，顿时一声巨响，屋顶上的瓦片都差点震得跌落下来。店主没法，只得赔着笑脸，马上掏钱，请他离去。谁知秃金刚大摆威风，"哼"了一声："要我走，没那么容易，得加十倍钱。"

这时，店堂里走出一个十来岁的小学徒，乳名海生。他不言不语，转身从橱边抽出一把鸡毛掸帚，在柜台上轻轻一掸，那铁家伙竟"咚"的一声，被掸落在地。

秃金刚脸色煞白，吓得瞠目结舌，俯身拾起铁木鱼，低着头走了。

这海生哪来的这股力气？原来他父亲以前在少林寺学过艺，精通拳术，力大无穷。海生的姐姐自幼随父习武，练得非凡武艺，人称"胭脂虎"。父亲死后，姐姐又把本领教给兄弟。今天海生见秃金刚如此无理，就稍稍露了一手，煞了煞他的威风。

秃金刚一走，周围的人无不拍手称快，但又为海生的处境担忧。店主对海生说："秃金刚不好惹，这次栽了跟头，他早晚会来报仇。我看你留在这里太危险，还是快快避开为好。"众人都点头称是。于是海生当即收拾行李，投奔"胭脂虎"而去。

"胭脂虎"听了事情经过，不由眉头一皱，露出几分忧虑，对海生说："秃金刚心狠手辣，绝不会罢休。"姐弟俩商量一番，从第二天起，便关起家门，天天起早摸黑地练武。

一晃三年过去。这天海生饭后无事，出门游逛，经过萧司庙，听见里面传出一阵"呼呼"地舞剑声。海生出于好奇，忘了姐姐的嘱咐，一脚跨进庙门。哪知刚进大门，就看见秃金刚裸着上身，在庭院里舞剑。仇人相见，分外眼红。秃金刚看到海生，顿时凶相毕露，盯住海生"嘿嘿"冷笑一声说："我等你好久了，小兄弟来的真是时候，咱俩较量一番，如何？"

大殿前放着一个斗大的铁球,只见秃金刚"刷"地一下蹿了上去,竟纹丝不动。秃金刚向着海生嚷道:"你站在地上先出拳打我,我若从球上跌下来,绝非好汉。"

海生使出全身力气,向秃金刚胸口出拳猛然击去,只见他身子晃了一下,就站住了,脚下的铁球半个陷入砖里。秃金刚"呵呵"一笑:"看来小兄弟就这么点本事了。"说完,他轻轻挖出铁球,搬了个地方。海生自然也跳了上去。

秃金刚在掌心里呵了口气,脚上运力,左右转动。突然,飞身一跃,离地尺余,举起大拳向着海生胸口狠狠击去。海生止不住剧烈摇晃,把全身力气运到脚上,才稳住了身子。可脚下的铁球竟向后移了数尺,砖地上裂开一道深深的小沟。

铁金刚见状干笑一声,说:"小兄弟,佩服!佩服!不过,不出七天,你必死无疑。"

海生感到胸口微微作痛,便立即离庙回家去了。

"胭脂虎"见兄弟脸色异常,问清事由,又摸了摸海生的头,失声说:"这秃贼好生狠毒!他打的是死拳啊。幸亏你及时回来,不然性命难保……"说毕,立即从蛇皮袋里取出两粒药丸,叫海生干吞下去。海生服后马上感到心胸清凉、畅快,康复如初。

"胭脂虎"气愤地说:"我本来不想与贼秃计较,但这家伙欺人太甚,此仇不可不报。"说罢就直奔萧司庙。

半路上碰到一个和尚迎面走来。"胭脂虎"心中有数,故意上前盘问道:"方才打伤孩童的是哪个贼秃?"秃金刚淡淡一笑,说:"是我,又怎么样?"

霎时,"胭脂虎"柳眉倒竖,杏眼圆睁:"你可知道胭脂虎这人吗?"秃金刚鼻子里哼了一声:"这小娘子……""既然知道,为何还不向姑奶奶谢罪?秃贼,快跪下!"秃金刚一听大怒:"呸!我金刚还怕你这母老虎不成?"说完,飞出手杖向"胭脂虎"击去。"胭脂虎"伸手轻轻接过,把手杖折成几截,向地上摔去。她一跃上前,朝秃金刚肩上轻轻拍了一下,说道:"滚回老家去吧!"

秃金刚立刻觉得全身痛不可忍,急急逃去。还没有到萧司庙,便一头倒在地上,睁着双眼一命呜呼哉!

鲁班的墨斗

讲述：施士新 51岁 木工 初中
记录：陈伟功 45岁 导演 大专
1986年9月采录于海门镇

传说，从前鲁班用的一只墨斗是有仙气的，所以叫"墨仙人"。墨斗的线弹到哪里，木头就豁到哪里。时间用长了，墨斗里的水干了。鲁班叫两个徒弟到一处山上去弄水。千叮咛万嘱咐，这墨斗里的水一定要到那里去弄才行。两个徒弟拿着墨斗跑到半路上，觉得很吃力，就想偷个懒，于是就做了手脚，往墨斗里撒了泡尿，心想反正师傅不会晓得的。两个徒弟回来把墨斗交给鲁班。鲁班叫徒弟抓住"墨仙人"拿黑线拉过去，"扑笃"一弹，谁知木头没有豁开，只留下一条黑线。鲁班很奇怪：墨斗为啥不灵光哉？就追问两个徒弟，两个徒弟呒办法，只得照实说了。

鲁班很气愤，就发明了一把锯子，把木头竖在泥里，让两个徒弟一来一去地拉锯锯木头。这是惩罚他们的恶作剧。

这锯子一直传到今天。

木屐的来历

讲述：蔡朝家
记录：施善达
1986年7月采录于磨匠镇

夏天乘凉穿木屐，早已成了人们的习惯。至于木屐的来历，有不少人不一定晓得。

据说东周列国时，晋文公兵败落难，孤零零一人逃进茫茫芦苇荡，被一个叫介子推的农民发现。介子推见堂堂一国君主现在落难弄得满身伤痕，又饥又饿，他就极力相救，把晋文公请到了家里招待他。后来粮食吃完了，介子推就忍痛割下自己手膀上的肉，烧给晋文公充饥，帮助晋文公度过了难关。

过了几年，晋文公反败为胜，得胜回朝。一次他到旧地重访介子推，要报答救命之恩。哪晓得介子推早已病死了，只剩门前一棵树还长得青枝绿叶。晋文公命令手下人把这棵树挖脱，做成木屐，代替朝靴。每逢上朝议事，只要一听到"嗒嗒"木屐的声响，就会想起割膀肉相救的介子推。

后来，木屐慢慢地传入了民间。

张龙赵虎见陈王

讲述：周锡桃
记录：周士林
1986年3月采录于树勋乡红旗村周宅

秦二世元年，陈胜在大泽乡揭竿而起。普天下闻风响应，声威大震。不久，陈胜在陈县当了王。

陈胜当了王的消息传到了他的老家河南省阳城乡下。阳城乡下有两个人，一个叫张龙，一个叫赵虎。这两人早年都是和陈胜一块儿替地主家干活的。在一次锄地时，陈胜曾讲过，如果我将来得了荣华富贵，一定不会忘掉你们。当时他们以为陈胜说的只不过是一句疯话儿，替地主干活的穷光蛋，哪里会有啥个荣华富贵？想不到他今天果真当了王，这可是天大的富贵。于是张龙找到赵虎合计了一下，便一块儿动身去陈县见陈胜，想和他共享富贵。

张龙和赵虎虽说是一样的穷光蛋，但他们的为人、脾气却全不相同。张龙头脑活络，赵虎老老实实；张龙讲话尽绕弯儿，赵虎是直来直往。因此人们管张龙叫"滑头张"，管赵虎叫"老实虎"。

两人晓行夜宿，约莫走了半个来月，进了陈县。一打听，陈胜正好在坐朝。他们急忙赶去，走到殿上，只见陈胜端坐在金龙椅上，头戴双龙戏珠冲天冠，脚踏绣金无忧鞋，两旁一溜儿齐刷刷排列着文武大臣。张龙本在"老实虎"后面，他一见这满朝肃静无声，威势交关，便抢到老实虎前面，磕头就像鸡啄米："小民张龙拜见大王，愿大王万岁万岁万万岁！"陈胜一听大喜，连声说："好好好！故人到了。请坐。"赵虎却始终直挺挺地站着，东张张西望望，也不喊什么大王，开口便嚷："哎哟，你陈胜当了大王，真阔气啊。"两旁的文武大臣一听，忍不住掩口发笑。陈胜一听，面孔"腾"的一下子变得绯红。为啥？原来陈胜当了王以后，身旁的大臣差不多全是原来楚国的王公贵族及秦朝的降官降将。这些家伙都是串乡贩子的剩脚货——坏的多好的少。平日里他们开口大王,闭口大王,把个陈胜哄得轻飘飘、晕乎乎,背后头却根本瞧不起陈胜。陈胜现在听见赵虎直呼他的大名,心中不由暗暗来火。一气之下,问道:"你是谁?我怎么不认识你?""老实虎"老实实在,心想:你衣服穿得这么花里胡哨,我还是一眼就认出你是陈胜,怎么你就不认识我呢?他便气冲冲地大声答道:"我叫赵虎,住在你陈胜家斜对门。"该死!还是一口一个陈胜!两旁大臣齐声喝道:"胡说!我们陈王出身高贵,怎么会有你这样的穷邻居?一定是个骗子!"陈胜也斜着眼问道:"那么,你说说我家的房子是什么样儿的?府里有多少人?"赵虎仍旧气呼呼地说:"你陈胜住的还不是歪歪倒倒的破草房!东壁有洞西壁穿,破竹竿儿当椽子,烂苇秆儿围的壁。家中人口嘛,还不是古庙里旗杆独一根?一次我上你陈胜家吃饭,你把破筛子倒扣在地上当桌子,打更用的破铜锣朝天摆着当菜盆,吃的是小米掺和野菜粥。"陈胜一听,气得面孔铁青,大声喝道:"住口!分明是个无赖光棍,胆敢来侮辱本王!武士何在?""有!""把这厮推出砍了!""是!"两旁武士答应一声,三下五除二,捆了赵虎,往外就拖。"老实虎"一看要砍他脑壳,慌啦。一边挣扎一边喊道:"陈胜,你、你、你真的忘记了?我还和你一块儿当了三年茶馆店里的跑堂小伙计,一块儿去山坡地里割羊草,一块儿……"好嘛,把陈胜老底一块儿全端出来啦。陈胜愈加恼火,没容赵虎多说,手一挥,武士们把赵虎推出午门外,"咔嚓"一刀,可怜"老实虎"的脑袋和身子就不在一块儿啦。

　　陈胜杀了赵虎,对张龙说:"当着满朝文武大臣的面,你把本王的情况说一说吧。你可要小心,如果不说实话,赵虎就是样子!""滑头张"一听,"扑通"一声跪倒在地,说:"陈王,刚才赵虎全是胡说,小民才是大王的近邻,大王的情况小民最清楚。当年大王住的房子可不得啦:镂空椽子(竹椽子),斜角望板①芦芭,雕花墙壁(苇扉),朝天睏,看得见满天星(破屋顶)。大王是真命天子,神护卫。扫地有清风(家无扫帚),点灯有月亮(无灯可点)。大王府上的人口么,丫鬟使女一大群,小民也说不上个数。只知道开饭时筛锣吃饭(以筛当桌,以锣当盆),吃的是珍珠翡翠粥(小米野菜粥)。"陈胜一听,长长出了口气,挺神气地扫视了一下左右大臣,笑呵呵地说:"嗯,这还说了个差不多。本王就是出身高贵嘛。""滑头张"紧接着说:

---

① 望板:望砖。

"想当年,小民与大王一块儿三年共当'汤元帅'(即三年茶房小伙计),一起杀败'草头王'(割草)!"陈胜听了,高兴得一拍龙案,大声说:"对呀!这才是实话。你当年和本王一块儿甘苦共尝,艰苦创业,你留下来,和本王一块儿共享富贵!"

就这样,"滑头张"凭着一席滑头话赢得了陈胜的欢心。陈胜把他留下来当做自己的心腹之人。这正是:

老实虎一席老实话,枉遭杀害;
滑头张连篇滑头语,反享富贵。

后来陈胜兵败,"滑头张"竟乘混乱之际刺杀了陈胜,拎着陈胜的脑袋投降了秦朝,那是后话。

失节

讲述:徐少熙
记录:徐维荦
2008年11月采录于刘浩镇徐宅

传说明朝时期,有个名叫宋志高的人,此人为官能说会道,深受皇帝信任,一天他请求皇帝为他的寡妇嫂嫂立贞节牌坊。他说他嫂嫂二十岁开始守寡,从不出大门一步,而且孝顺公婆。从他做官离开家以后,父母常常给他来信,说他嫂嫂非常贤良,深受人们敬仰。皇帝听后也非常高兴,当即拨给五百两白银,并给他三个月假期,回家给他嫂嫂立贞节牌坊。

他立即起程,不几天回到家中,准备材料,请来木匠、石匠很快就把牌坊造成了。在立牌坊的这天,他问嫂嫂:"嫂嫂,今天奉皇上之命要为你立牌坊了。立牌坊这事可不是随便的,你只要有一次失节也就立不住,皇上要晓得了,不但要怪罪于我,还要抄我的家,灭我的九族呀!"嫂嫂一听失节一次牌坊就立不住,心上有点发虚。宋志高说:"嫂嫂,你也不要发虚,我有个破的法子,你失节一次就偷偷放一粒麦子在基石下,有几次就放几粒,这样立的牌坊就不会倒了。"嫂嫂听后,咳嗽了一声说:"叔叔啊,也不要数粒了,你就用手上握的麦子好了!"

曹秀珍记

讲述：姜雄智 61岁 农民 初中
记录：李文标
1986年10月采录于新建乡宅

一天，曹秀珍走到顾家园。

一个粮户手拿骨扇，正在和四个车水的长工说话。曹秀珍走到水车旁，正要抬脚过车沟，粮户喊声"用劲"。四个长工一用劲，水花溅得曹秀珍一身。粮户装做没看见，仍然转身和长工说话。曹秀珍想：你这狗头，今朝定要叫你尝尝我曹秀珍的厉害。他一声不响地走过去，在不远的地方晒湿衣裳，洗湿鞋子。

太阳过顶，粮户叫长工回去吃饭。等他们一走远，曹秀珍便走近水车，敲开轴上的一个车榔头，用小刀在里面刻上几个字，重新装好，走了。

半个月后，曹秀珍请了几个人来到顾家园。那个粮户还在那里看长工车水。曹秀珍走过去说："你俫几位老哥请下来，我家的水车今朝要抬回去了。"

车水的长工正车得吃力，乐得下来"看戏"。曹秀珍带来的几个人上前搬轴的搬轴，起龙的起龙，抬起就跑。粮户一把将曹秀珍拖住，喝道："放肆！哪有青天白日抢水车的？"曹秀珍骂道："贼坯！抢我的水车，我不告你吃官司，你倒还嘴硬！"两人拖拖拉拉，吵吵骂骂，一同去见县官。

县老爷问粮户："水车是你的，有什么记号？"

粮户说："回老爷。水车是我爷爷亲手打制的。二丈四尺长，松木龙骨，桑树斗板，柏树横轴，榆树榔头，请老爷明鉴。"

曹秀珍说："小民在八年前亲手打制了这部水车。二丈四尺龙身，龙骨是云南松木，斗板是本地桑树，六尺三寸横轴是盘龙柏的，四十六个榔头是狗屎榆的。请老爷查对。"县老爷差人一查，两人所说尽符事实。

县老爷又问："还有啥记号？"

粮户说："我家水车是扛木做的眠牛，铁包的头。"

曹秀珍说："我家水车也是这样。"

县老爷问："还有啥记号？"

粮户说："没有了。"

曹秀珍说:"我家水车右边第二对榔头里刻有我的名字'曹秀珍记'四个大字。"

县官差人一查,果真!县老爷拍板说:"物归原主。下去!"并治了粮户诈物之罪:打四十大板。

曹秀珍打官司——认输

讲述:胡兴顺 76岁 农民 小学
记录:翟仰祖 62岁 教师 高中
1986年2月采录于四甲乡同德村

我俫这地方民间流传下来这样一句话:"曹秀珍打官司——认输!"原来这是一句反话,实际上咯意思是"与曹秀珍打官司——认输。"

曹秀珍是清朝人,住我俫西边的余西镇上,传说是一个私塾先生。他为人正直,仗义疏财,敢作敢为,专门帮穷人打官司。

有一次,曹秀珍他头顶着一口铁锅去打官司。走进衙门,他看见被告竟和老爷在堂上并肩而坐。他立而不跪,高声喊道:"四边是乌云,头上没青天,我这官司不打哉——认输。"老爷大怒,责备曹秀珍瞎讲。曹秀珍说:"有钱人打官司和老爷堂上平肩而坐,穷人打官司堂下坐青石头。"老爷只得叫手下人搬了张椅子给曹秀珍。于是曹秀珍揭掉头上的黑锅,开口说:"扫除乌云见青天。"财主本来无理,老爷也晓得曹秀珍的名气,结果这场官司曹秀珍打赢了。

智断夺妻案

讲述:翟耀基 72岁 农民 小学
记录:翟仰祖
1986年采录于四甲乡同德村

一天,有个种田人带了老婆和孩子到丈母家里去,路上歇在店里吃中饭。女的坐在门口给小孩喂奶,碰巧被当地一个流氓胡癫子看见了。他见这女人左乳下边有粒红痣,就起了坏心,趁种田人不注意,把一个太平铜钱塞进了种田人的口袋里。

吃过中饭,夫妻俩正准备上路。脚才跨出门,胡癞子就一把拖住女人,对众人说,这女人是他的,被人拐走,今朝寻到了。那女人又羞又急,话也说不清楚了。碰巧曹秀珍走过这里,他看了看胡癞子那股癞劲儿,也就晓得是怎么一回事体了。他问:"你女人身上有啥记号?"胡癞子说:"我女人左乳下边有一粒红痣。"曹秀珍问女人:"有红痣吗?"女人点点头。胡癞子又说:"种田人身上的布衫是我的,被女人偷出来的。口袋里有一个太平铜钱。"曹秀珍伸手在种田人口袋里一摸,果真拿出了一个太平铜钱。曹秀珍眉头一皱,说:"那么这三岁的小孩也是你养的?"胡癞子说:"当然,当然!"曹秀珍叫女人把小孩放在地上,看小孩要哪个爸爸抱。那小孩张着小手,要种田人抱。曹秀珍又问:"你女人身上还有啥与众不同的记号?"胡癞子说:"没有哉。"种田人说:"我女人的右脚是六个脚指头。"说着让女人脱下鞋子,一瞟,果然是六个脚指头。

胡癞子一看,没话可说,赶紧溜了。

买蛋

讲述:梁改改 64岁 农民 初小
记录:李文标
1986年10月采录于新建乡

一天,曹秀珍起早去镇上,见一个七十多岁的老头儿一边跌跌撞撞朝镇上跑,一边喊着:"卖蛋呀——卖蛋!"旁边有个叫黄长发的,是个有名的刁钻人,小鸡给他摸一摸也要三年不长。他料定老头儿遇到了急事,等钱用,就想去端人家的冷粥碗。他走上前去喊住了老头儿:"老人家,卖蛋的?"

"卖的。我媳妇半夜里得了病,正等钱买药呢。"

"几钱一个?"

"人家卖五钱一个,我只卖四钱一个。"

"太贵!太贵!你媳妇生病,配药不能耽搁,蛋全部卖给我吧,两钱一个,我也算做桩好事。"

老头儿急了:"今朝我借东家跑西家才凑到这几个蛋,这样吧,我只当碰坏几个，你添点，三钱一个吧。"

"千钱随你要，一钱随我还。多一钱我也不要，两钱一个。"

老头儿难哟，媳妇的病重得很呢！他咬咬牙说："数吧！"就这样，老头儿八十个蛋卖了一百六十钱，急火火地赶回家了。

曹秀珍站在旁边看得清清爽爽。他想，好你个黄长发，等歇要弄点苦头让你吃吃。他追上老头儿，把袋里的三百钱统统给了老头儿，让他赶快去看病买药。老人千恩万谢地走了。

曹秀珍转到正在转手卖蛋的黄长发身边问："几钱一个？"

"别人家小蛋卖七个钱一个，我的蛋大，就算八钱一个。"

"可否少点？"

"少一钱也不卖！"

"八钱就八钱，我等用咯。"曹秀珍装得交关急的样子："哎哟，你看我忙昏哉！篮子也没带，你索性做件好事，把蛋送到我家里去吧！"

黄长发一眨眼一个就赚了六钱，蛮高兴，说："好吧，我就送到你家。"

曹秀珍屋里放着一张煞平①的八仙桌。到家后，他吩咐黄长发："先数数几个再付钱，就数在台子上。"

曹秀珍把一个个蛋朝台上搬，叫黄长发用手臂圈住蛋，防止滚下台子跌坏。数好后，曹秀珍一摸袋子，说："哎哟，钱也没有了，你稍等一歇，我去找女当家的拿钱拿篮。"

"快点回来啊。"

"嗯！"曹秀珍答应一声就躲起来了。

黄长发中了曹秀珍的计策，等呀等，太阳平南曹秀珍还没回来。黄长发腰酸背痛，心焦起来。一直等到太阳落山，曹秀珍还没回来。黄长发等得肚子饿了，尿也急了，他光火了，破口大骂起来。一分心，圈蛋的手松了，"啪啦啦"，蛋一个个滚到了地上，碎得一塌糊涂，满地都是蛋清蛋黄。

黄长发又饿又急，见柜上有两个圆子，一个白的是米粉的，一个红的是高粱粉的，就不管三七二十一，捡了一个白的就咬，还没吃到一半，曹秀珍回来了，他惊慌地说："哎哟，只怪我粗心没同你讲明，你立时三刻就要死了。"黄长发吓得魂也飞了，忙问原因。曹秀珍说："你怎把我用来药疯狗的药圆子吃了呢？"黄长发"扑通"一声跪在曹秀珍面前，求他救命。曹秀珍

---

① 煞平：方言，十分平滑。

说:"救是可以救咯,就是解药贵点,要七八百钱一两。""只要能救命,我身边还有四百钱,一并交给你,蛋钱我也不要了。"

曹秀珍收了黄长发的四百钱,拿起柜上的红圆子说:"这是用解药和好料做的,吃了就没事了。"

黄长发吃了"解药",向曹秀珍叩了几个响头,千恩万谢地走了。

曹秀珍写状

讲述:梁玉波 58岁 教师 高中
记录:翟仰祖
1986年3月采录于四甲乡合心村

有一年冬天,曹秀珍在镇上遇到了一个衣衫褴褛的中年汉子。这汉子一边哭一边跑,看样子碰到啥个大难事哉。曹秀珍走上前去问他:"你有啥困难对我说,或许我能帮你的忙。"中年汉子给曹秀珍下个大礼,跪着说:"父亲死了,家里穷得买具棺材钱也没有,所以哭咯。"曹秀珍指指街边上的一爿布店,叫他到布店里去要棺材。中年汉子不敢。曹秀珍歪歪嘴,做做手势,和那人一同走进了布店。

曹秀珍对布店老板说:"他要同你打官司,只要你买口棺材给他的父亲,这场官司就不打了。"布店老板不肯。曹秀珍说:"你不肯就不肯,朝后你别懊悔。这张状子是我帮他写咯。你老板听好,状子开头是:穷人纺纱,不问寒夏。数九寒天,以纱调布,宝号不调,老汉冻死……"布店老板吓慌了,连忙问:"先生你是……""我就是曹秀珍。"老板打躬作揖,连忙说:"是曹先生,照办!照办!"立即叫伙计买了一口棺材送到了穷汉家里。

老爷打爷爷

讲述:姜进林 62岁 农民 初小
记录:李文标
1986年11月采录于新建乡

有一次,曹秀珍打抱不平,和张粮户打起官司来。

开审的前几天，曹秀珍就打听到县老爷收了张粮户的银钱，他晓得这场官司是凶多吉少，也就处处留意。俗话说：有钱买动官。曹秀珍是个穷秀才，哪里来钱？只能靠自己留意打听，想抓住张粮户和县官的把柄。曹秀珍想：常听人说这个县老爷是个表面装公正，实际上是个棺材里伸手死要钱的人。这趟，我就想法将他一军。

开审了，曹秀珍抱着一个小男孩走上大堂，和张粮户一块儿跪在堂下。县老爷暗中受了贿，一声"升堂"不管三七二十一，就要先将曹秀珍拉下去打三十杀威棍！

差役们吆五喝六，七手八脚就要动手。曹秀珍暗暗用力在孩子身上捏了一把，孩子大哭起来。曹秀珍忙说："孙孙，你别哭，老爷打爷爷了！老爷打爷爷了！"

县官一听：怎么我老爷打爷爷了？这话传出去成何体统！忙喝住差役："住手！老爷不打了，退堂！"

曹秀珍痛惩村霸

讲述：崔桂成 61岁 原文化站站长 高中
记录：赵勇 51岁 文化站站长 大专
2008年11月采录于树勋镇文化站

曹秀珍是清朝时期通东地区有名的秀才，以好打抱不平，包揽诉讼而闻名。

一天，曹秀珍路经一家宅边时，听到场上人声嘈杂，屋内隐隐传来哭声，感到事有蹊跷，就上前打听事由。一位老者见他是个秀才，就把事情原委告诉了他。

这是一个四口之家，男人名叫张三，靠租种人家几亩薄地过活，家道贫寒。为求生计，他借钱买了一匹病马，想治好马病做些运输生意养家糊口。经过他日夜调理，精心饲养，不但治愈了马的病，而且还养得膘肥体壮，惹人喜爱。从此，张三每天拉着马车替人家运送货物，以取得银两补贴家用。今天早上，张三去做生意，碰到了村里的恶霸杜利槐。这杜利槐一贯恃强凌弱，为非作歹，人们都叫他"肚里坏"。杜利槐看到张三牵着一匹马好不喜人，顿生歹念。他拦住马头，指着张三说："你小子好哇，三年前借我的钱至今不还，你想赖账是不是？"张三一怔，忿忿地说："你别无中生有，我从来没借过你的钱。""好哇，你真想赖我的钱了。"说着挥拳就打。张三猝不及防，被打得鼻青脸肿，口吐鲜血。"欠钱不还，就用马来抵债吧。"杜利槐抢过缰绳把马牵走了，张三无故挨打，眼睁睁看着自家的马被牵走，又气又恨，号啕大哭，寻死觅活。经过路人好心相劝，才被送回家来。

　　曹秀珍听了张三的遭遇，愤愤不平，长长地叹了一口气。他走进屋内，好声安慰张三，并把随身所带的银两掏给张三的娘子，叫她快去抓药给张三治伤。曹秀珍问张三："你家的马有何特征？"张三说："此马后裆有一块手心大的白斑。"曹秀珍又问："平时你如何吆喝马的？"张三道："吹声口哨，再连拍三掌，马就跟你来了。"曹秀珍点了点头，"你好好养伤吧，改日再来看你。"说着站起身来走了。

　　从张三家出来后，曹秀珍一直寻思惩治这个村霸的办法。

　　这天风和日丽，曹秀珍去一个朋友家聚会，当他走到一条大街上时，忽然看到村霸杜利槐牵着一匹马过来了。他眉头一皱，计上心来。当杜利槐拴好马进酒店去后，他围着马仔细观察了一遍，然后就在酒店门口闲逛。待杜利槐喝完酒要付账出门的时候，曹秀珍解了缰绳骑上马背就走。杜利槐一出店门看见马被人骑走了，勃然大怒，三步并做两步追了过去，一把揪下曹秀珍，"操你娘的，竟敢偷老子的马，我打死你！"说着抡起拳头就打。曹秀珍早有准备，急忙躲闪。杜利槐扑了个空，更是火上加油，穷追不舍。曹秀珍一边躲闪，一面高喊救命，引来行人围观。此时街上人声鼎沸，车马堵塞，行人不通。正巧，县老爷出巡回府，从这里经过，看到街上人头攒动，水泄不通，忙叫落轿，派人上前查问。两个衙役挤进人群一看，原来是两个人围着一匹马在打架。于是不管三七二十一，上前锁了就走。带到县老爷面前，禀道："回老爷，这两个刁民当街斗殴，扰民闹事，请老爷发落。"县老爷把手一挥："回衙！"衙役牵了他俩就走。曹秀珍忙说："请把我的马一起带走。"杜利槐接着说："对，带上我的马。"衙役吼道："带三个畜生一起走。"

　　进了衙门，县老爷立马升堂。堂威喊过，两人分跪堂前。"叭"，县老爷惊堂木一拍，"大胆刁民，上街斗殴，所为何事，从实招来。"曹秀珍抢着说道："老爷，小民今天骑马上街，遇到这个无赖，平白无故地诬赖我偷他的马，与我扭打，小民打他不过，请老爷做主。"县老爷问杜利槐："你为何打他？""他偷我的马，不肯还我，所以打他。""看来你二人打架是为了争夺一匹马。他说是自己的,你说他偷你的,但不知尔等有何证据证明此马是你们自己的呢?"曹秀珍成竹在胸故意不响。杜利槐抓耳挠腮,不知所措。县老爷看两人都不言语,惊堂木一拍:"你二人都说不出证据,那此马充官,退堂!"杜利槐急得语无伦次,"老……老,老爷,容小民慢慢想来。"县老爷喝道:"快想!"又指着曹秀珍说:"你可有话讲?"曹秀珍说:"我的马后裆有一块手心大的白斑。"杜利槐忙接着说:"对,马后裆是有块白斑。"县老爷叫道:"来呀!快快验来。""喳!"衙役走过去一看,真的有块白斑。"回老爷,确有白斑一块。"县老爷一听,怒道:"好个杜利槐,是你的马,身上有何特征都不知道,人家不说,你也不说,人家说了,你抢着说,这明明是蓄意讹诈。来呀,拖下去痛打四十大板。"杜利槐忙喊冤枉:"大人息怒,容小人道来,这人看到了我马后裆的白斑,专来诬赖小人的,老爷不可轻信于他,只是刚才老爷问话,小人紧张未答上来,仅凭这一块白斑就作凭证,岂不冤煞小人。"县老爷一时沉吟不语。曹秀珍道:"老爷不必为难,这马跟主人多年了,主人吆喝他,必定跟主人走。请老爷把马牵上堂来,马听谁吆喝,这马就是谁的。"县老爷一听有理,说道:"此言不差。来人,将马牵来。"衙役马上将马牵至堂中,并画了个石灰圈。县老爷道:"现在马已牵到,谁先吆喝?"杜利槐抢先吆喝,那马纹丝不动。曹秀珍不慌不忙,吹了一声口哨,又拍了三掌,那马摇摇尾居然朝曹秀珍跑来了。县老爷瞪着杜利槐喝道:"杜利槐,你还有何话说?你一不知道马的特征,二马不听你吆喝,这分明是白日打抢。来呀,拖下去狠狠地打。"衙役一拥上前摁倒就打。打得他龇牙咧嘴,皮开肉绽,哼声不绝。县老爷道:"杜利槐,本县念你初犯,从轻发落,回去后安守本分,休图不轨。来人,把他轰了出去!"衙役上前拖起杜利槐,把他赶出了衙门。县老爷对曹秀珍说:"此案已结,牵你的马走吧。""谢老爷。"曹秀珍牵了马下堂去了。

  再说杜利槐被轰出衙门,越想越气。想过去横行乡里,何等耀武扬威,谁不让我三分?今朝大船翻在阴沟里,马被诬走,还遭了一顿毒打,真是倒了八辈子霉。君子报仇,十年不晚,等我养好伤,寻到那小子,非好好教训他不可。他一边走,一边骂骂咧咧。

  曹秀珍牵马出了衙门,看到杜利槐在前面一瘸一拐走着,于是就跟了过去,想看看他是否有悔改之心。遂喊道:"杜老兄慢行,我有话同你说。"杜利槐一听有人喊他就停了下来,回头一看,原来是曹秀珍,真是仇人相见分外眼红,顿时火冒三丈。"你这个龟孙子,害得我好苦哇,今朝我和你拼了。"说着举拳要打，可牵筋动骨，疼痛难忍，只得把拳头放了下来，但嘴里仍骂个不停。曹秀珍见他如此，有意嘲弄他，"地老虎变成了臭狗熊，还想张牙舞爪，你歇着吧，免得火气入肝，大病不起。"杜利槐气急败坏地嚷道："三十年河东，四十年河西，总有一天我要寻着你的。"曹秀珍见他不思悔改，决心再惩罚他一次。于是用很和气的口气说："杜老兄，凭良心讲，这马不是我的，今天我只是和你开个玩笑，没想到是如此结局，实在对不起。如今我送个人情，把马还给你吧。"说着把马缰绳递给了杜利槐。杜利槐不知是计，还只当三句大话把曹秀珍吓住了，毫不客气地爬上马背，头也不回地走了。

　　曹秀珍微微一笑，转过身来，在地上抓了几把烂泥，往脸上、身上涂了一遍，然后急急忙忙地向县衙跑去。到了公堂，高喊冤枉。县老爷正要退堂，看到刚刚出去的曹秀珍满身污泥又跑来了，没好气地喝道："你这刁民又来做什么？""县老爷，不得了啦，我刚走出衙门，杜利槐就把我的马抢去了，还打了我一顿，我活不了啦，请老爷为民申冤哪！"曹秀珍说时眼泪直淌，一副可怜相。县老爷一听，又是杜利槐作恶，气不打一处来，"来人啦，快把那个杜利槐给我抓回来！""喳！"衙役风一般地追了出去。

　　杜利槐骑在马上慢慢行走，看到几个衙役追了过来，不知何事，就让在了路旁。衙役近得身来不容分说，锁住了杜利槐就走。杜利槐糊里糊涂又被带上了公堂。猛听得县老爷一声断喝："杜利槐，你好大的胆，居然不服本县所断，刚出门就抢马打人，实属屡教不改，可恶至极。来呀……"杜利槐见此阵势吓得魂不附体，叩头如捣蒜，忙喊冤枉："老爷暂息雷霆之怒，让小人说完再打不迟。"县老爷喝道："讲！"杜利槐说："这马本来就是小人的，是老爷错判于他……""什么！你胆敢诽谤本县？""小人不敢，小人不敢。我实在没有抢他的马，是他自愿还给我的，不信你问他。"县老爷问曹秀珍："可有此事？"曹秀珍忙道："老爷休听他一派胡言，这马确确实实是我所养，老爷已明断于我，我岂能白白送他，他抢马打人路人可鉴，我被打成这样，难道有假不成？"县老爷听完，点点头说："嗯，说的是。"杜利槐急忙争辩："老爷不要听他一面之词，这回确实是他自愿的，我并没有抢马打人，他出尔反尔诬告于我，实在是想置我于死地呀！"说着涕泪横流。县老爷惊堂木一拍，"休得狡辩，看来不严惩于你，恶性难改。来呀，再打二十大板，收监听候发落。"衙役一哄而上，按倒就打，这回打得他骨架松散，昏天黑地，欲哭无泪，欲喊无声，气息奄奄。打完，拖进了监牢。

县老爷对曹秀珍道："恶徒已被收监，你放心去吧。""谢青天大老爷。"曹秀珍说完走下大堂来，牵过马往张三家去了。

曹秀珍戏弄徐文长

讲述：崔学富 71岁 农民 小学
记录：崔桂成 38岁 文化站站长 高中
1986年11月采录于树勋镇

曹秀珍和徐文长都是赫赫有名的人物，一个在住在江北，一个在住在江南，两人互不相识。

一天，徐文长到南通狼山游玩，被曹秀珍晓得了。曹秀珍想戏弄一下徐文长，于是暗暗跟踪，寻找机会。那天下着大雨，徐文长撑着雨伞到狼山脚下的茶楼喝茶赏景。曹秀珍灵机一动，到楼下找来了一个老乞丐，给了二十文钱，并面授机宜，如此这般，要老乞丐把徐文长的一把伞拿到手。老乞丐慢慢跑到徐文长台子边，哀求他给一杯酒喝。徐文长一看老乞丐十分可怜，就叫他同桌吃酒。老乞丐趁势坐到放有雨伞的那一面凳上，一边喝酒，一边同徐文长闲聊，两只手在台下不停地摸那把伞。喝了几杯酒后，老乞丐立起身来，向徐文长表示感谢，并拿了徐文长的雨伞准备离开。徐文长一看老乞丐拿他的雨伞了，忙说："老人家，你拿错东西了，这把伞是我的，你怎好拿走？""这把伞是我带进来的，是我的。"老乞丐说。"老人家，伞是我的，我出门人不会冤枉人的。""你这位先生，我吃了你的酒，算钱可以，要用伞来抵，我不答应的。""我不是要你的酒钱，而是不要拿错我的伞。""先生，我虽是一个穷乞丐，但知恩图报的心还是有的，你看得起我，请我同台吃酒，我谢你还来不及，怎能昧着良心吃黑你的东西？"徐文长见老乞丐不讲理，非常气愤，拿着雨伞就是不肯放手，这样俩人拉拉扯扯纠缠在一起。老乞丐急中生智，躺在地上，大喊大叫，引得茶客前来围观，纷纷指责徐文长欺侮乞丐，弄得徐文长十分尴尬。曹秀珍一看火候到了，忙出来打圆场，"大家不要吵，这件事很好解决。现在雨伞只有一把，而两个人都说这把伞是自己的，可有什么证据？"徐文长说："这是平常使用之物，要何证据？"曹秀珍说："这位先生拿不出证据，这把伞不能算是你的。"又问老乞丐："你有何证据呀？"老乞丐说："这把伞有三十六根伞骨，其中有一根竹节很大，一根又特别细，不信请大家验证。"曹秀珍把伞撑开来让大家看，果然是实。这时大家一致斥责徐文长。徐文长见自己的雨伞被人讹去不算，还受到众人的嘲讽，气愤不过，不禁仰天长叹："想我徐文长一身清白，今天受小人讹诈，大船翻在阴沟里，成了不义之人，有何面孔活在人世！"说着就要往楼下跳。曹秀珍急忙拉住他说："徐先生千万不能轻生，刚才那一幕闹剧是我曹秀珍的恶作剧，现在我还上雨伞，赔礼道歉，请您高抬贵手，放我一马。"徐文长一听是通州才子曹秀珍，转怒为喜，连忙拱手道："曹先生，在下初到宝地，未来得及登门拜访，请您千万原谅，今天您略施小计，把我弄得狼狈不堪，真是强龙压不过地头蛇呀！"说完抱住曹秀珍，两人哈哈大笑。

巧打官司

讲述：倪国龙 67 岁 农民 小学
记录：施永昌 45 岁 文化站站长 高中
1986 年 9 月采录于德胜乡倪宅

从前，有兄弟俩，哥哥有钱，弟弟贫穷，哥哥常常借故欺侮老实的弟弟。在一次争吵中，弟弟实在忍不住，一巴掌打过去，不料竟打掉了哥哥的两颗门牙，哥哥凶得很，哪能吃这个亏，当天就告到官府，还偷偷送钱买通官府，要让弟弟吃官司。

弟弟呒得办法，只好去求杨圣岩。杨圣岩问明了情况，约伊明天一早到祠堂里去，在那儿教伊办法。

弟弟一夜没有睏着，第二天一早，急匆匆赶到祠堂，只见杨圣岩头戴皮帽，身穿皮袄，脚蹬皮靴，手捧火炉，六月夏天像个死人坐在那里。弟弟大吃一惊："杨先生，你……"杨圣岩说："不要怕，你把耳朵凑过来，我教你。"弟弟把耳朵凑过去，杨圣岩突然在他肩上咬了一口。弟弟痛得大叫一声，顿时肩上鲜血淋淋，杨圣岩哈哈大笑，说："现在你可去见官了。"并教他到了公堂上如何如何说。

县官升堂，惊堂木一拍："大胆刁民，为何打掉你哥哥的两颗门牙？"弟弟说："老爷明鉴，我没有打。是他咬我一口，把门牙咬掉的。"说着把衣服脱去，露出咬破的伤口。哥哥急忙说："县老爷，小的根本没有咬他。一定是哪个人教他来栽赃诬告我。"县官收了哥哥的钱，便拷打弟弟。弟弟生性老实，经不住皮鞭夹棍，就供出是杨圣岩教他的。

县官立即差人传杨圣岩到堂。

杨圣岩见过县官，不慌不忙地说道："我何时何地在何种情况下教他的？"弟弟就一五一十把祠堂里所见的情况说了出来。杨圣岩冷笑一声说："真是怪事！我什么地方不可以教他，偏要跑到祠堂里去教他？六月夏天，哪有人穿皮袄、戴皮帽的？还捧什么火炉？这不是乱说吗，一定是你县老爷把弟弟屈打成招。"县官一听，想想弟弟说的也不合情理，结结巴巴回不出话来。

这场糊涂官司就这样不了了之。

杨圣岩教训和尚

讲述：陆士冲
记录：沈裕辉
1986年3月采录于新海乡陆宅

有一天，杨圣岩有事乘船出门去。进舱坐定后，只见同舱有个和尚，身穿袈裟，脚踏布靴，正与同座者谈论说："杨圣岩，运用歪才，不知做了多少伤天害理的事情。他把原告变成被告，小人变君子，这样颠倒是非的恶讼师，确是社会上的一害……"杨圣岩听在耳里，记在心里，船快到达终点的时候，杨圣岩站起身来向和尚一拱手，很诚恳地说："大师，小弟有事商量，小便急，要去岸上放尿，但暴病初愈，身体虚弱，岸上风大，要受凉，可否暂借大师的外衣袈裟披一披，回船即还。""这是小事，借你披一披吧。"杨圣岩披着袈裟跑到岸上，见一位妙龄美貌姑娘，便迎面扯开裤子放尿。姑娘见了掩面狂奔，回到家里告诉家长。她的哥哥勃然大怒，会同几个年轻汉子手持棍棒追船而来，飞奔至班船终点码头，正好遇见和尚从船舱里走出来，不分青红皂白，拳打脚踢，一顿痛打，打得和尚晕头转向，有口难辩。有人问何故打他，姑娘的哥哥愤愤地说："问他自己好了！"众人说："总归和尚做了坏事，否则也不会打他的。"和尚吃了苦头，始终不知是何原因。

"心"字缺一点

讲述：蒋音佳 56岁 农民 初中
记录：李青云 45岁 文化站站长 高中
1986年8月采录于三厂镇

有个做生意的人，开了一爿点心店，请徐文长写一块招牌。徐文长把点心的"心"字漏写了一点，心字缺一点就不晓得念啥字了。

牌子挂出来了，大家都问这是什么字，同时也都想看看这爿店里到底卖啥东西。人们跑进去一看，只见热腾腾的小笼包子，香喷喷的肉馅馒头。进去看的人有的正好肚子饿了，就买来吃了，肚子不饿的眼馋也买来吃。

后来，这爿店生意越做越大了。老板想这块"心"字缺一点的牌子也太不雅观了。因此，又请人重新写了一块招牌。哪晓得啊，招牌一改，生意倒反而少了。老板觉得奇怪，就去问徐文长。徐文长说："我帮你写的那个缺一点的'心'字是有道理的，大家见了这个字都勿识，勿识嘛就觉得好奇，就要到店里来看个究竟，跑进店里一看有点心，也就买来吃了，生意嘛，当然也就好了。你现在请人写的，大家都认得，知道是爿点心店，不想吃的，当然也就不进来了，因此你生意也就清淡了。"

四个铜钱买"得时"

讲述：田庭康 75岁 农民 初中
记录：施永昌
1986年3月采录于德胜乡坝头镇

苏州新开了一爿店，店门口招牌上写着："一应俱全。"开业那天，杜甫官来了，伊拿出四个铜钱说："一个铜钱买'早得时'，一个铜钱买'晚得时'，一个铜钱买'正得时'，一个铜钱买'不得时'。"店小二目瞪口呆，急忙去问店老板。店老板也不懂，杜甫官说："这个也呒得，招牌上怎能写一应俱全？限在一个月内答复，否则把牌子撬了。"

店老板慌了手脚，只好停业，店里有个挑水的，原先是个举人，苦于呒人抬举，只好在店里挑水混日脚。店老板唉声叹气把事情经过说了一通。挑水的人听了说道："我当是什么大不了的事，一切由我来应付。"店老板心里将信将疑。

第二天，店老板开门营业，杜甫官闻讯赶到。只见挑水的人上来答道：

> 一个铜钱早得时，甘罗十二为丞相。
> 二个铜钱晚得时，太公八十遇文王。
> 三个铜钱正得时，杜甫官上任私察访。
> 四个铜钱不得时，我小小举人当跑堂。

杜甫官一听，哟，真了勿起。待问清了缘由，就把那挑水的举人带去做官了。

风物传说

银河边上的星

讲述：陆士冲 65 岁 退休教师 中师
记录：沈裕辉 32 岁 文化站长 高中
1986 年 3 月采录于新海乡陆宅

夏天乘凉，可以看到银河的西岸，有三颗星，像人挑担的样子，当中一颗星，红红的，叫挑石头星；银河的东岸呢，也有三颗星，也像人挑担的样子，却是白色的，那是挑灯草星。挑石头星为啥是红颜色呢？相传，天上和人间一样，也有后娘虐待前娘儿子的事情。

天上有户人家，后娘叫自己生的和前娘生的两个儿子各挑一担东西，送到银河西岸去。她偏爱自己的亲生儿子，让他挑一担没有分量的灯草，而叫前娘的儿子挑一担石头。

王母娘娘晓得后，在银河上掀起一阵大风大浪。前娘的儿子用足力气，涨红了面孔，一家伙把石担挑到了银河西岸。因为屏气用力，血充眼睛，变成了一颗红星。而后娘的儿子，挑着灯草，轻飘飘的，再加上大风一吹，摇来晃去，怎么也过不了银河，直到现在还在河的东岸。

五郎子

讲述：杨召清 83岁 农民 初小
记录：朱祖邦 43岁 文化站站长 初中
1986年8月采录于江滨乡

传说太上老君的母亲在八十岁那年怀了孕，十月怀胎，不见临产。这样，一年、二年、八年、十年，一直不临产。母亲着急了，拍拍肚子说："宝宝呀宝宝，你啥辰光出世啊？"宝宝在娘肚里说："我若出世，娘就得去世，所以我不能出世。"又过了五十年，母亲又拍着肚子问，宝宝照旧这样回答。直到母亲一百六十岁时，母亲焦急地拍着肚子说："宝宝呀，你应该出世了，我也活得不耐烦了。"宝宝答道："好吧。"随即裂开娘肚皮，降生到世上。老君出世时，已是八十岁了，满头银发。

后来老君成了家，生了一个聪明美丽的女儿，取名月娥。月娥十六岁那年，有一次到河边去淘米，一只鹆哥从空中飞来，口里喊："月娥嫁给我，月娥嫁给我。"月娥感到奇怪，回家告诉了父亲。老君听了，为难地告诉女儿："这鸟是妖怪的化身，若是违抗，我们就要全家遭殃，下次再遇到，你就答应嫁给它吧。"第二天，月娥又去淘米，果然鹆哥又来了，喊着："月娥嫁给我。"月娥遵照父亲的嘱咐答应了它。过了一个时辰，来了一顶大轿，十个人抬着。这十个人，衣着相同，面貌一样。老君早有准备，摆了一桌酒，请他们吃。这十个人开怀畅饮，吃好后，请月娥上轿。月娥哭哭啼啼，不肯上轿。老君说："我给你一袋菜籽，你沿途撒下，过后我会来救你。"月娥这才上了轿，并沿途撒下了菜籽。不多几天，一场大雨，菜籽长成了菜秧。老君顺着菜秧，走了七天七夜，来到高山上的一个洞口。进入洞内，越走越宽广，最后进入一座考究的宅院。父女相见，又高兴又焦急。老君问女儿："这些妖怪干啥行当，用啥凶器？"月娥说："他们自称是'十郎子'，杀人不眨眼，天天外出做坏事。凶器是一根'敕'，这敕十分厉害，百发百中，一敕即亡。现在，他们都已外出，敕由我保管着呢。"老君说："你拿来看看。"女儿把凶器给父亲看了。老君回家后，精心仿制了一根敕，藏在袖中，再次来到洞中，和女儿会面。老君叫女儿拿出凶器，交换了一下。父女俩谈了一会儿，妖怪"十郎子"回来了。老君躲避不及，月娥急中生智，把一只大缸倒扣,让父亲躲在里面。妖怪进屋,用鼻子一嗅,说:"屋内有生人味,小贱人,快把生人交出来,免你一死。"月娥无奈,只好翻开大缸,让老君出来。妖怪头目喝令月娥快把敕拿出来。月娥双膝下跪,哭求饶恕,但是无效。妖怪抢过月娥手中的凶器,对准老君,高呼一声:"敕!"却不见伤老君一根毫毛,妖怪正感奇怪,却见老君从袖中也拿出一根敕,微笑着说:"试试我这根吧。"说完对准妖怪连呼"敕!敕!敕!敕!敕!"当即就有五个妖怪应声倒地。剩下五个见势不妙,拔腿就逃,这五个妖怪逃生以后,生活无门,就专干偷窃行当,以小偷小摸为生,人们称之为"五郎子"。

自从老君得了这根宝敕,救回女儿,就在民间驱邪除害,造福百姓。后代世人,若患疑难杂症,都口中念念有词,高呼"太上老君急急如令敕",并在房门上贴了一张黄纸,纸上写个"敕",算是"符"或"咒",以驱鬼避邪。

十八尊罗汉

讲述:蔡朝家 80岁 农民 初小
记录:施善达 37岁 职工 高中
1986年7月采录于磨匠

你可曾见过庙里的十八尊罗汉?关于他们的来历,有这样一个传说哩。

相传有师徒两人在山中修炼。一天,徒弟下山采药,见田野里稻谷一片清香,便好奇地剥了三粒稻子,放在嘴里品尝。回山后,他同师傅谈起这件事,哪晓得师傅听了大怒:"农民千辛万苦种了稻子还未收割,你倒先吃了,触犯天条该当何罪!"徒弟吓得连忙跪地求饶,师傅把他扶起,说:"救你有一个办法,你得马上转世投胎,变成一头牛,帮那个农民做上三年苦力折罪。"

那个徒弟就变成了一头水牛,在农民家辛勤耕作。一天晚上,这家农民的儿子给牛喂草,突然,牛说话了:"山里有十八个强盗,三天后的后半夜要来抢你家。"孩子听后连忙去告诉父亲。那农民哪里相信?亲自跑到牛棚,问老牛:"你真会讲话?"老牛回答:"会讲。"并把刚才讲的话又重复了一遍。农民听了慌了神,忙问有啥办法。老牛说:"有办法,到时你准备些酒菜,放上十八把椅子,十八只杯子,半夜后,你在大门口迎接,他们问起,就说是老牛讲的。"

三天后的后半夜，那十八个强盗果真来了，农民按照老牛讲的，在大门口恭候，将强盗们请到屋里。强盗们进屋一看，只见满屋鱼肉飘香，十八把椅子，十八只杯子放得整整齐齐。为首的见此情景，怒目圆睁："你怎么知道我们今晚要来？"农民忙说："这是我家老牛告诉的。""老牛说的？岂有此理！"强盗们不信。农民把他们领进牛棚，那老牛开口了："是我讲的，我原先在山上修炼，因吃了人家三粒稻子，触犯天条，被罚投生老牛赎罪。"强盗们听了老牛的话，个个软了下来，心想：吃了三粒稻子就被罚做老牛，我们整日打家劫舍，丧尽天良，将来该受何种处罚呀？越想越怕，为首的说："干脆我们散伙吧，洗手不干，重做新人。"

后来这十八个强盗就隐居在深山，改恶从善，修仙得道后，被玉皇大帝封为十八尊罗汉，下凡民间保平安。

孙悟空盗葱蒜

讲述：周锡桃 80岁 农民 初小
记录：周士林 45岁 干部 大专
1986年3月采录于树勋乡红旗村周宅

话说齐天大圣孙悟空搅乱了蟠桃会，为了让花果山的小猴们也尝尝仙家果菜的滋味，他就偷了好多仙果、仙菜带回花果山。他叫几个精通烹调的猴子赶快整治一下，好让大家一块儿享用。不一会儿，热气腾腾的仙菜端上了石桌，悟空随手抓了一把往嘴里一嚼。虽说火候正好，咸淡也适中，可就是没有多少香味儿，比在天宫里吃到的差远了。悟空眉头一皱，一拍脑袋瓜说："是我老孙的不是了。俗话说：'烧菜吭①师傅，只要作料多'，老孙忘了偷最紧要的作料了。"众猴忙问："什么作料？"悟空道："小的们不知，天上有种东西，一种叫葱，一种叫蒜，菜里有了这两种东西当作料，就会香气扑鼻，其味无穷。罢！罢！罢！一不做，二不休，待老孙再去天上瑶池走一走。"

悟空正要走，一个小猴献计道："大圣爷爷此番上天，干脆多偷些葱、

---

① 吭：没有。

蒜回来，吃不掉的就种在水帘洞左侧的向阳山坡上，咱们要什么时候吃就什么时候吃，要吃多少就吃多少，岂不妙哉。"悟空闻言大喜道："说的是！说的是！老孙去也！"说罢一个跟斗翻回天上。

悟空这回是熟门熟路，一径到了瑶池。那些料理仙菜的仙官仙女们还在呼呼熟睡，悟空也不去惊动他们，左手抓了一大把葱，右手抓了一大把蒜，喜滋滋地出得门来，正要翻跟斗下界。忽然迎面来了个对头星。你道是谁？原来是赤脚大仙。看过《西游记》的人都知道，这赤脚大仙是到瑶池来赴会的，前次被悟空假传玉帝金旨，骗他说是先到灵霄殿去集中，害得他白跑了一遭。这老官儿怒气冲冲地正在寻找孙悟空算账呢，恰巧又碰上了孙悟空二上瑶池偷葱蒜。他一边大骂："天杀的弼马瘟！"一边抡起拐杖没头没脑地朝悟空就打。悟空一手有葱，一手有蒜，金箍棒又在耳朵里，如何招架的住？他急中生智，左手的葱往嘴里一衔，右手的蒜往裤腰里面一塞，腾出双手，从耳朵里摸出金箍棒，晃一晃，碗口粗细，丈二长短，架开赤脚大仙的拐杖，说了声："少陪！"一个跟斗，风车儿般地滴溜溜撞出西天门，回到花果山。

从此，世界上便有了葱和蒜。因为葱是被悟空衔在嘴里的，所以保持了原来的香味；而蒜呢，原本是塞在裤腰里的，但在翻跟头时，落到了裤裆里，所以蒜除了香味以外，还有一股臊臭味。

雷不打天

讲述：张允卿 62岁 市场管理员 小学
记录：李茂富 51岁 工作人员 高小
1986年8月采录于余东菜市场

余东有座东皇庙是蛮出名的，这座庙在余东算大庙了。庙大虽说菩萨多，可庙里厢精怪也多。庙里有一条大蜈蚣精，已经有九百九十九年的道行，到这年立夏就是一千年的最后一天。过仔这一天，蜈蚣精就得道了，想要变啥就变啥，真个是无法无天了。他心里想：变个交关①齐整的男子汉，拿余东镇上的小姑娘统统戏过来；拿年纪大的人当点心吃吃，余东的人吃光

---
① 交关：吴方言，很、非常。

了,再到旁的地方去吃。他要吃人害人的心思,被天上玉皇大帝晓得哉,这还得了!玉皇大帝赶紧叫雷响菩萨到东皇庙里把蜈蚣精打死。雷响菩萨领旨后连忙带了忽闪娘娘来到余东上空,雷响菩萨轰隆轰隆响,忽闪娘娘照得旺金亮。这条蜈蚣精这辰光自己也感到奇怪,怎么不尴不尬在我千年道行最后一天雷响忽闪这么厉害,我要吃人的事大概被天上玉皇大帝晓得哉,不得了哉!还是赶早躲起来。他躲到东不好,躲到西又不好,到处响,到处亮,雷响忽闪跟着他转。他想今朝这条命看来保不住哉!横竖死,倒不如死到外头去,省得把东皇庙打坏了。他爬呀爬,一直爬到庙门口"大雄宝殿"的"大"字上,再也不敢朝外爬了,只好伏在"大"字头上,嘴里不停地说:"求求天老爷,这趟不打我,让我修成千年道行后,保证专做好事不做坏事。"再说忽闪娘娘正在到处照,发现蜈蚣精伏在"大"字头上,就连忙叫雷响菩萨打。雷响菩萨一看,乖乖,不好打,它爬在"大"字上,这"大"字像个"天"字,我怎么好打天哇,把天打塌下来,我也没地方蹲了,玉皇大帝咯金銮殿也靠不住哉,玉皇大帝怪罪下来,哪个吃得消呀。再说他的心还算好,怕把东皇庙打坏了,爬出来让我来打,还保证不伤人害人,打他作啥,让他改邪归正吧。雷响菩萨回去交旨,如实向玉皇大帝说了,玉皇大帝说:"对,雷不打天,恕你无罪。"从此,"雷不打天"这句话就在余东一带传下来了。

五财神

讲述:陆淑清 70 岁 农民 初小
记录:陆士江 34 岁 教师 中师　　张正忠 32 岁 文化站长 初中
1986 年 8 月采录于新建乡陆宅

　　说到财神老爷,众人只晓得叫赵公明,其实财神老爷一共有五个,都是金身。他们弟兄五个,赵公明最小,为啥只剩一个了呢?这里头有一个故事。
　　从前有个穷人家,夫妻两个,四个孩子,真是吃了上顿没有下顿,日子交关难过。眼看过年了,别人家杀猪宰羊,蒸糕蒸馒头,买炮仗香烛,请门神纸马。他屋里米没有一粒,柴没有一根。娘子眼泪汪汪地说:"他爹,人家都在准备过年了,我家怎咯弄法,你也想想办法呀!"男人听了娘子的话，不但不发愁，反而哈哈大笑："有钱过年，无钱也过年，担心发愁有啥用，到时候再说嘛。"说完，袖子一甩，上街办年货去哉。娘子心想：这个憨大，袋里分文没有，看他弄点啥名堂出来。

晚上家家开始烧利市，吃利市酒了，娘子和孩子望他回来，可他连人影子也不见。等不得了，四个孩子每人拎只篮子、夹根讨饭棒，跑节节高①去了，娘子一个人留下来看屋里。又过了一顿饭工夫，男人笑眯眯地回来了，一进门，他把办的年货放在桌上：红的门对，花的纸马，一对三寸长的小蜡烛，并吩咐娘子准备烧利市。娘子嘴里不说心里思量：没有酒，没有肉，香也没有一根，看他怎咯弄法。

神仙纸马供好，他从灶神爷面前捧下个小香炉，掐几根麦秸草插在里头，当香用。他一面朝碗里倒清水，一面说："神仙老爷在上，小民因为太穷，买不起大鱼大肉，只有这些东西斋供你老，算是我的一点心意。"他又倒一碗清水供在财神老爷面前："财神老爷，你为啥不来我家走走呢？你真有灵的话，就显显灵吧。"说着磕了三个响头。磕完头，他一只脚跪在地上，另一只脚钩住台横档，把头伸过去搁在台上的大盘上，双眼一闭，算是"猪头"。娘子躲在房门背后，想笑又不敢笑。

再说天上各路神仙和人间一样，也过年咯，年三十夜快，所有神仙都要从天上下来，享受凡间的供奉和香火。五个财神爷也勾肩搭背来到人间，一路走一路商量先到哪个人家。赵老大说："往年我哩年年都是跑的发财人家，今年我哩调一调，看看穷人家用啥东西供奉我哩咯。"弟兄五个都觉得老大的主意不错，一走走到先前说的那个穷人家，只见他家住的滚龙厅，风吹扫地，月亮点灯，坐在屋里看得见过路人，不能再穷了。弟兄四个都过独木桥进去了，只有老五脚不方便，立在桥外头。老五说："我不过去了，有好东西你哩带点给我算哉！"

四个财神来到穷人屋里，样样都觉得新鲜：坏桌子、破板凳、瓦钵头、竹筷子，红蜡烛点得旺旺亮，麦秸草在冒白烟，台中间还供着一盘活鲜剥剥的"猪头"。四个财神一起拿刀朝"猪头"伸去，吓得那个穷人扑通一跤跌在了台脚前头。四个财神一见"猪头"从台上翻到地上去了，眼睛漆黑旺亮，还一眨一眨，三魂吓跑了两魂半，一起夺路逃命。刚跑到前门口，被门神挡住哉，前门上写着：一把重扫帚，打倒五财神。四个财神转过身来又向

---

① 跑节节高：讨饭。

后门跑,又被后门神挡住了,后门上写着:一把金抓钯,抓住五财神。四个财神吓得个个瘫在地中间,死了。

穷汉吓呆了,出了人命要抵命的呀。娘子从房里奔了出来,一头哭一头骂:"你穷昏哉!想出这个办法,现在看你怎么个弄法。"穷汉定定心,说:"怕啥,俗语说'推死人过界,跟我不搭界,我把这些死人捐到老岸脚跟头的乱坟场上,不就没事哉?"他背起一个死人朝乱坟场跑去,刚把死人放下来,背后一个人大喝道:"啥人,慢走!"这一惊吓不小,他"扑通"一声,就像黄瓜棚抽脱仔芦头架,一下子瘫在了地上。来人是啥人呢?原来是典当铺里的老板。老板半夜里起来蹲坑,睡眼蒙眬见有条黑影从他门前经过,以为是贼骨头趁大年夜来拿他的东西。他想捉贼捉赃,就偷偷地一路跟了过来。老板仔细一看,大叫起来:"呵,不得了,这死人是谁,你快点老实说,不然我要报官了。"穷汉连忙说:"我说!我说!"就怎么长怎么短地老实说了。典当铺老板听说有这种事,就上前把死人仔仔细细看了一看,确实是金身,一个财神不晓得要值多少钱呢!他和穷汉商量说:"你别怕,我不讲出去,你把另外三个也一起背来,我在这里等你。"穷汉把另外三个死财神统统背来了,典当铺老板用麻袋装好,请人用车拉走了,他把自己的十八爿典当铺统统送给了这个穷汉。不消说,穷汉也成了财主。

再说那个瘸财神——老五赵公明,眼看仔四个哥哥过了独木桥,进了破屋。他一等不来,二等不来,只听见屋里"乒乒乓乓"一阵乱响,几声大呼小叫,吓得他一溜烟似的一翘一拐跑回天宫。所以从此以后就只剩下一个财神爷了。

仙女与乌龟

讲述:冯素玉 39岁 村干部 初中
记录:张秀高 35岁 农技员 高中
1986年8月采录于正余乡大安村

从前,天上有个仙女,生得很漂亮,父母非常宠爱,长年把她关在绣楼里,不让她出去。天长日久,仙女感到很烦闷,想到外面去走走。一天,她趁父母不在意时独自溜了出来,在天宫中四处游逛。不想她游来逛去地竟迷了路,正巧被玉皇大帝的两员大将碰见,见她行踪可疑,就带她去见玉帝。

玉帝看她生得非常漂亮，就强迫她做自己的小老婆。仙女死也不肯，又哭又闹。这一来惹怒了玉帝，就用仙法把她变成一只乌龟，还叫太上老君在它背上敲了一锤子，整个乌龟背壳被敲成了十三块，然后打入人间，给它一千年的时间考虑。仙女想：我宁愿做千年乌龟，也决不做玉皇大帝的小老婆。因此，乌龟在人间就长期住了下来，它的寿命可活到一千年呢。

文蛤与玉斧

讲述：姜耀明 50岁 农民 高小
记录：姜明田 41岁 文化馆员 高中
1986年6月采录于四甲乡镇北村

文蛤，在我们黄海边又称"玉斧"。为什么称玉斧呢？这里面有一个有趣的故事。

很久很久以前，有一天，东海龙宫正值百官朝拜。忽听一声呼啸，一道寒光照得海底雪亮。接着，海水颠簸，龙宫震动。龙王大惊失色，惊呼："值星官，快快查明是何妖孽作祟！"值星官领旨，带了虾兵蟹将火速出宫巡视，只见远处一柄大斧酷似白玉，闪闪发光，寒气逼人，插入海底，大海被玉斧劈开一道裂口，海水正顺着裂口奔腾而去。值星官见状大惊，立即奏报龙王。龙王出宫，见真有其事，马上下令文武百官火速取斧补海。文武百官哪晓得这玉斧的厉害，一个个被闪闪银光逼退，无法靠近。这时，海水越淌越少，眼看就要海枯宫毁。龙王急得大叫："哪位将军取下玉斧，封相重赏！"话音刚落，只见一位将军滴溜溜直朝玉斧冲去。大家一看，原来是文蛤将军。只见它紧闭双壳，快速滚动，靠近玉斧，大吼一声，紧紧把玉斧夹进自己的硬壳。说也奇怪，玉斧一拔出，劈开的海底慢慢合拢了，不多辰光，东海恢复了原样，龙王这才松了一口气。他下令，要严密保护文蛤，没有他的指令不能启开贝壳，以防玉斧逃出，再来作难。

这时，大家看到，文蛤将军的硬壳表面，已被玉斧的银光照得五彩斑斓。为了表彰文蛤将军取斧有功，龙王立即上朝，当着文武百官的面，封文蛤将军为"天下第一相"。

事隔数天，龙王去天宫朝见玉帝，奏报玉斧劈海之事。玉帝下旨查询，原来这玉斧是月仙吴刚用的砍桂之斧。由于斧柄折断，不小心从月中落下，酿成了斧劈东海的大祸。事情查明，玉帝宣旨：此斧赐予龙宫，永久保存。

龙王回宫后，想起救海取斧时的许诺，相虽封了，还未重赏，既然玉帝已将玉斧赐给龙宫，现此斧还在文蛤体内，何不赏赐于它。主意一定，就当着文武百官的面，宣旨把玉斧赐给文蛤将军。

又过了很长时间，文蛤将军自感年事已高，请求告老离宫。龙王准请，安排文蛤将军在黄海宝地定居养老。自此以后，黄海滩上出现了大量的文蛤，据说这是文蛤将军的子孙。人们发现，文蛤壳内的玉斧，完好无损，取出来炒菜煲汤，味道极鲜。从此，玉斧成了人们喜爱的美味佳肴。大家在品尝之际，都夸文蛤是"天下第一鲜（相）[①]"。

蚌姑姑

讲述：姜关露 62 岁 教师 高中
记录：陈伟功
1986 年 8 月采录于德胜乡

从前，南通狼山上，有一户姓张的人家，只有爷爷和孙女两个人。爷爷是个老实人，从不同人家争长论短，因此，人家都叫他"张本善"。孙女呢，叫"姑姑"。

说起这姑姑，年纪已有十八岁，一张鸭蛋脸配上一双黑溜溜的大眼睛，眉毛又长又黑，一闪一闪，标致得活像一朵牡丹花。凡是见过她的人，都说她是天上七仙女下凡。姑姑生来勤劳俭朴。上山砍柴，下地锄草，绣花做衣，十八般生活样样来得，因此邻近的小伙子都偷偷地爱上了她。可是姑姑谁也不爱，心里只偷偷地爱着一个年轻勇敢的船夫阿郎。

阿郎住在狼山脚下，通天河的对岸，家里只有个奶奶。奶奶和阿郎都是远近闻名的山歌好手。每天，阿郎一边摇船，一边唱着山歌，从山脚下出去进来，姑姑都要放下手里的生活，偷偷来到河边，一边汰衣裳，一边和阿郎对山歌。

阿郎唱道：

---

① 天下第一鲜（相）：通东话中"鲜"与"相"为谐音。

>石榴花开香又香哎，
>
>姑姑站在河边望；
>
>望个是山顶的打柴郎哎，
>
>还是山前种田郎？
>
>还是山下卖炭郎？
>
>还是河里捉鱼郎？

姑姑听了，也用山歌唱道：

>石榴花开香又香哎，
>
>姑姑河边把郎望；
>
>不望山顶打柴郎，
>
>不望山前种田郎，
>
>不望山下卖炭郎，
>
>只望河里摇船郎。

村里的人所到这歌声，知道姑姑爱上了阿郎，都说他俩是天生的一对，打心眼里祝愿他们早日成亲。

这年春天，姑姑和阿郎结婚了。小夫妻俩和和睦睦，亲亲热热，日子过得比蜜糖还甜。可是，没过几时，灾难就降临了。狼山背后，有个恶霸，晓得姑姑漂亮，一心要霸占到手。这年冬天，趁阿郎不在家，恶霸派人把姑姑抢去了，强迫姑姑当晚同他拜堂成亲。姑姑死也不肯，恶霸就把她关进了地牢。阿郎回家晓得后，连夜拿了斧头，砍开地牢门，把姑姑救了出来。两人跑到门口，被看门人发现，大声呼喊，惊动了恶霸。阿郎见情况不对，就叫姑姑先走，自己在后对付他们。姑姑刚走开，一大群打手拥上来，团团围住阿郎，把他打得死去活来。

阿郎回家后伤势越来越重，病得咽不下一口米汤，眼看活不成了。姑姑心里急呀，不晓得请了多少郎中，抓了多少药，总不见阿郎的病情好转，难过得整天整夜淌眼泪。

一天，来了个和尚，看到阿郎病成这样，就对姑姑说："要阿郎的病好，只有到通沙河里捉九十九条鲤鱼，熬九十九口鲜汤，让伊喝下去。"姑姑想，现在是隆冬季节，河面都已结冰，哪里去捉鱼呢？但一想到救阿郎，决心敲冰捕鱼。

第二天，天刚亮，姑姑就来到通天河边。她凿开冰洞，一瓢一瓢地舀水，不管白天黑夜，不管刮风下雨，不停地舀呀舀的，一直舀了七七四十九天，终于舀干了通天河。这时，她忘了疲劳，跳下去把一条条鲤鱼捉上了岸。捉到第九十九条鲤鱼时，她再也不能动弹了，变成了一个泥人。阿郎在病床上听到这个消息，连滚带爬，来到河边。他见姑姑已经变成了泥人，心如刀绞，纵身跳进河里，抱住泥人放声大哭。阿郎不知流了多少泪水，泪水使通天河重新涨了起来，自己也变成了泥人。

　　冬去春来，通天河解了冻。一个老渔翁在河上捞到了一个圆溜溜、膨鼓鼓的硬壳物，里面还有一条鲤鱼。老渔翁感到十分奇怪，把它重新丢进河里。

　　从此以后，通天河里常常有人捞到这个东西。人们说，这是姑姑变的，因此取名为"蚌姑姑"。

凤仙姑娘

讲述：严甫仁 72岁 退休教师 大专
记录：姚文冲 37岁 文化站站长 高中
1986年7月采录于三阳乡普新村

　　老早，太湖东山住着一对夫妻，娘子五十岁才怀孕。一天，她看见有只凤凰飞来，便觉得肚里胎儿动，勿多一歇，生下个女孩。夫妻俩非常高兴，为女儿取名"凤仙"。

　　凤仙姑娘自小聪明，十六七岁时绣的花香飘十里，远近闻名。她的相貌，就像天上仙女，格外标致。她的手指绯红，就像花瓣那样好看。

　　有一年，这里突然出了一条吊桶粗的大蛇，经常出来伤害人畜。当官的以为得罪了蛇神，每年六月初六设一祭坛，捉一个姑娘丢到山沟里，供蛇神饱餐一顿，祈求消灾。这样一来，弄得当地百姓提心吊胆，人心惶惶。

　　一天，凤仙正在绣花，突然间冲进来一群差役，要抓凤仙。老两口儿哭得死去活来，凤仙却平静地对爹娘说："人总要死的，我今年去喂蛇神，让别人家姑娘多活一年吧。"又对差役说："请等一歇，让我换身衣裳，体体面面去见蛇神。"凤仙穿了身红色绣花衣，含泪拜别了爹娘。

　　凤仙朝祭坛磕过头，独自走进山沟，见一条大蛇横卧在山洞边，又见洞口白骨成堆，顿时怒火中烧。她拿出两块铁饼，朝大蛇七寸砸去。大蛇负了伤，蹿起来把她一口吞了下去。奇怪的是，勿多一歇，大蛇在地上翻滚起来，又过了一会儿，一动不动了。

大家见大蛇死了，救凤仙要紧，赶快剖开大蛇肚皮，一看，原来凤仙穿的绣花衣上都是密密麻麻的绣花针，大蛇吞到肚子里，怎能不死呀！

村里的姑娘得知凤仙惨死，都哭着来吊孝。大家把凤仙埋葬在山上。过了勿多辰光，凤仙的坟头上长出一棵十分好看的红花来。一阵风过，花瓣飘落在旁边的姑娘身上，用手指一掸，姑娘们的指甲也变得和凤仙生前一样绯红了。后来，人们把花种收起来，种在天井里，为纪念凤仙，把这种花叫做"凤仙"花。每年六月初六，姑娘们还喜欢用凤仙花染指甲呢。

如今，人们在房前屋后都喜欢种凤仙花，据说能驱蛇。

长生果的来历

讲述：陆新华 25 岁 泥水匠 小学
记录：许冠谦 51 岁 教师 大专　　周静兰 73 岁 退休干部 大专
1986 年 8 月采录于江滨乡

从前苏州城里有一爿药店，老板忠厚善良，很受百姓爱戴。老夫妻俩只有一个女儿，生得聪明，长得漂亮。本地人都夸这位小姐是观音转世、嫦娥再生。一传十，十传百。哪晓得这事被太行山上一位有道高僧听到了，一心想要亲眼看个究竟。一天他来到苏州，找到了这爿药店。但小姐深居闺房，怎能见到呢？他一想，有了。就对店主说："我要买几味药，硬末硬如铁，软末软如棉，甜末甜如蜜，苦末苦黄连。"店主一听，想了很久，想不出到底是啥子药，只好高喊女儿出来。女儿下楼见了父亲，问明原委，就对高僧说："兄弟团结硬如铁，夫妻恩爱软如棉，邻里相助甜如蜜，好友刁难苦黄连。"僧人一听，点头微笑，心想果然聪明，便施礼而别。临走时在阶沿上吐了一口水。不料第二天就长出一棵草。小姐想，这位僧人定有来历，就把这棵草小心地挖出来，移植到田中。不几日就长大成熟，上面开金花，泥下结果子。把果子挖出来，洗净晒干炒熟仔吃，乖乖，脆生生，香喷喷。小姐管它叫"长生果"，意思是仙人的口水化为果实，必是仙物，吃了定会长生不老。那位高僧呢，却称之为"花生果"，意思是有女秀丽如金花，积善人家生善果。

鸡冠花

讲述：张文元 51 岁 工人 小学
记录：秦建新 42 岁 工人 初中
1986 年 8 月采录于海门镇

很久以前，有个人家住在山脚下，儿子三十多岁了还没有娶媳妇。

有一次，小伙子上山打柴，隐隐约约听见一阵哭声。他朝有哭声的地方跑过去，见是一个女子在哭，他问女子为啥要哭，女子说不认得路了。小伙子好心就将女子带回了家。那人家里有只大公鸡，一见那个女子，就朝她身上扑，要啄她。小伙子连忙把公鸡赶跑了。公鸡走了以后就一直没有回家来。

过了一年多，一天，女子说要回家看看，让小伙子陪她一块去。天黑咯辰光，走到了一座深山前，那个女子一眨眼，变成了一条大蜈蚣，要咬那小伙子。小伙子躲已来不及，吓得昏了过去。就在这时，那只公鸡赶来了，一口啄住了蜈蚣。公鸡和蜈蚣滚过来，扑过去，最后一起摔死在山谷里了。小伙子醒来，把死去的公鸡抱回去埋了。到了第二年春天，埋公鸡的地方长出了一棵草，开出了许多花，形状像鸡冠，连颜色也像鸡冠一样紫红色。后来人们就把这些花叫做鸡冠花。

猫儿和老鼠

讲述：王进洪 63 岁 农民 小学
记录：冯志江 26 岁 农民 初中
1986 年 8 月采录于王浩乡王宅

猫儿和老鼠是对头。其实呢，从前他俩是一对好朋友。

早先，盘古开天地，玉皇做皇帝。有一天，地府阎王奏本说，阳间人多寿杂，判官生死账弄不清楚，请玉帝封十二种动物做生肖。玉帝一时没了主意，便委托太白金星办理此事。太白金星捋着胡子想了半天，也没有想出一个好主意。人间动物千万种，封哪十二种动物好呢？第二天，他请值日官贴出一张告示：请天下地上各种动物都去蓬莱仙岛集中。巧得很，太白金星和值日官商量的辰光，被一只大花猫听到了，花猫还听说要按到岛上的先后次序封定十二个生肖。花猫想，还是早点动身，先到可捞个大生肖，正准备动身，他的朋友老鼠来哉。因平时是要好的朋友，花猫就把这消息告诉了老鼠，并决定第二天一起去仙岛报到。走了三十六天，被一片大海挡住了去路，老鼠和花猫也走得很吃力了，就躺在草堆里休息。老鼠精灵，夜快偷偷溜到海边一看，见对面隐隐约约有一座岛，心想，大概就是蓬莱仙岛了。回头看看花猫，正呼呼睡着呢，不管它，我先去了。老鼠沿海边寻摆渡船，月光下看见一只水牛在吃草，就有了主意。它对老牛说："我哩去蓬莱仙岛当生肖官，如果你愿意，就和我一起去，不过你要驮着我。"老牛满口应承。它驮着老鼠，对着海水叫了两声，海水马上分开，让出一条路。来到了蓬莱仙岛洞府前，老鼠一蹦从牛背上跳下来，进去抢先坐上了早就摆设好的第一个子时位。老牛在洞门口歇了歇力，走进去坐了第二个丑时位。一会儿，其他动物也来了，按先后次序都入了座。

猫儿醒来的辰光，太阳已经老高了。四处寻不到老鼠，连忙上路过海。到了仙岛洞前一看，晚了，十二个位置只只坐满，老鼠竟坐在首位。花猫气得"坏呀坏呀"乱叫，发誓一定要报仇。

打这以后，猫儿和老鼠成了死对头，猫见到老鼠非得把它咬死才罢休。

癞蛤蟆想吃天鹅肉

讲述：万瑞娟 36 岁 农民 小学
记录：沈祖龙 39 岁 文化站站长 高中
1986 年 8 月采录于万年乡

我们这一带常把那种异想天开、难以实现的想法叫做"癞蛤蟆想吃天鹅肉"。这句话的来历据说是这样的：

很早以前，有一只癞蛤蟆病得很厉害，它一天到夜躺在泥坑里，呒得吃呒得喝，眼看就要饿死了。正巧，有一只天鹅飞过，看到癞蛤蟆在"哼哼"，觉得怪可怜的，出于好心，天天送点东西给它吃，还弄些草药帮它治病。这样，癞蛤蟆的身体一天天好起来了。过了几天，天鹅见癞蛤蟆病已好了，就离开它飞到天上去了。

癞蛤蟆看到天鹅长得这样标致，还能飞到天上去，心里交关眼馋。它翻了翻身子，拍打着蛤蟆腿，却呒得办法飞起来，只好天天空想，要是能有一天长出翅膀来飞到天上去，追上天鹅，那该多好。

有一天，一只老鹰飞过蛤蟆身边，看到蛤蟆心事重重，就问："你在想啥呀？话出来我好帮你出出主意。"蛤蟆说："我想能和天鹅一样飞到天上去。"老鹰想：癞蛤蟆这个笨蛋，也想上天，真勿晓得天有多高，地有多厚。听说上次天鹅救了它的命，大家到处夸奖天鹅。天鹅到处做好事，这样下去，我老鹰就要让天鹅比落脱哉！得想个办法，坏坏天鹅。于是，老鹰对蛤蟆说："哎哟，蛤蟆老弟，你要上天蛮容易，我有个秘方，吃了天鹅肉就会飞，下次天鹅来，你把它吃了，自己就能飞上天哉。"蛤蟆听信了老鹰的话就单等天鹅再来，好吃它的肉。

天鹅天性善良，它还记挂着蛤蟆的身体呢。过了几天又飞来看蛤蟆。天鹅刚从天上飞下来还没讲话，癞蛤蟆等勿得哉，朝天鹅没头没脑地咬起来。天鹅觉得蛤蟆恩将仇报太无道理，就一边骂它，一边用尖嘴啄它，啄得癞蛤蟆身上到处是伤，躺在泥坑里半死不活。后来，蛤蟆伤养好了，全身却长起了粗皮疙瘩，又丑陋又遭人恶心。

这就是癞蛤蟆想吃天鹅肉的来历。

懒黄牛

讲述：施张民 67岁 农民 初中
记录：陈伟功
1986年8月采录于海门镇

从前，有个粮户，为人刻薄，专门算计长工。周围百姓上了不少当，吃足了苦头，因此，远近人家都不肯到他家去做工。佃户王三，为人老实，力大无穷，粮户见他好说话就拍拍王三的肩膀说："你替我好好做活，到年底除了给你一年工钿，还外加一头牛。"王三一听，满心欢喜，拼命为粮户卖力干活。

年底了，粮户眼乌珠一转，又生了坏主意，七除八扣，王三一年的工钿只剩几个铜板。最后，粮户又叫人拿了一壶油给王三。王三说："当初不是许我一头牛吗？"粮户眼睛一瞪说："你耳朵有毛病啦？谁许你一头牛的？

我当初只是许你一壶油,拿去!"粮户把一壶浑浊的油塞在王三手里,将他赶出了大门。

这时,一个老和尚正好从门前经过,见王三两眼发直,愣在那里,便上前问明了情况。和尚合掌念了一声:"阿弥陀佛,恶有恶报,善有善报。"说完就走了。

过了几天,粮户出门收租,走到半路突然下起了雷雨,他见前面有座和尚庙,便跑到庙里避雨,和老和尚攀谈了一会儿,见雨小了,便向老和尚借伞要走。老和尚说:"出家人没有雨伞,只有黄袈裟一件借你披一披。"粮户接过黄袈裟披在身上,连声称谢,并说到家后马上派人送还。粮户刚出庙门,肚里就打起歪主意了,他想这件黄袈裟多少也值几吊钱,老和尚又不知道我住在哪里,何不卖了。不想走着走着,突然,狂风大作,电闪雷鸣,一个劈天响雷炸在他头上。粮户"妈呀"一声,倒在地上乱滚,一会儿,变成了一头黄牛。这牛瘦得只剩下一具骨架,皮毛脱落,疮斑累累,样子实在难看,杀来吃没有肉,剥它皮呒用场,过路人见了个个摇头,都说这是一头懒黄牛。据说,现在的懒黄牛就是那个黑心粮户变的。

石狮子为啥笑

讲述:徐进
记录:朱映球　杨秉伊
1986年8月采录于秀山

相传在很久以前,东海边住着一对老夫妻,平时靠纺纱过日脚。

一天,来了位江西识宝人,见她家门口有只石臼,说:"这只石臼里有吃不完的宝。"老夫妻俩不相信,那江西人又说:"我愿出五百两银子买下这只石臼。"老夫妻俩以为这个江西人在发神经病,二话没说就把这石臼卖给了江西人。卖脱后,问江西人:"这石臼里到底有啥宝?"江西人说有一对金凤凰。老夫妻俩问:"你怎么把金凤凰弄出来?"江西人说自有办法。于是就用七只大船,装了七船树柴,放在这户人家东朓里①,把石臼架在树柴上烧,说要烧七天七夜,金凤凰就出来了。

---

① 东朓里:泯沟东。

老夫妻俩边纺纱边看江西人炼宝。一连烧了七天，眼看金凤凰快要出来了，哪晓得江西人打了个瞌睡，金凤凰一下子飞出来，飞到了老太婆的纺纱车上，被老太婆一把捉住，往一只坛子里一放，随手抓了一把米、一把麦丢在里面，并用盖子盖好。那江西人醒来，见金凤凰飞脱了，只好自认倒霉，回家了。老夫妻俩看到江西人一走，连忙揭开坛盖去看金凤凰，哪晓得金凤凰"扑棱棱"一下子飞了出来，坛子里只留下一把金，一把银。老夫妻俩连忙去追，金凤凰总是在他们前面不远处，人追，它逃，人停，它也停。这样追追停停，一直追到一座庙里。金凤凰看见庙门口有一只石狮子，就往石狮子嘴里钻。那老头子追在前面，看见金凤凰钻到石狮子嘴里去了，连忙伸手去捉，被石狮子一口咬住了手。老头子忙喊老太婆相帮。老太婆门槛精哉，一面走一面喊："我晓得你这个老勿死的，八十岁还要想头一夜，要摸一摸奶呀。"石狮子听了张口哈哈一笑，老头子趁机把手拔了出来。石狮子呢，就一直笑到现在。

石狮子面孔为啥歪

讲述：徐进
记录：朱映球　杨秉伊
1986年采录于秀山

有个泥匠叫黑郎，替黄员外家筑瓦①时，趴在屋上，把瓦和望砖掀开个口子，偷看员外家三小姐。他看到三小姐实在漂亮，回去后朝思暮想，便得了相思病。

一天，黑郎对娘讲："只要娶到黄员外家的三小姐，我死也甘心。"娘讲："人家是有铜钿人家，我俫是穷人，哪里配得上呢，你还是断了这个念头吧。"

黑郎就是想勿通，病一天比一天厉害了。娘见伊病得这样，只得去求员外。员外的老婆说："别样都好商量，独得这件事，我俫勿能答应。"

隔了几天，黑郎对娘话："我昨天夜里梦见黄员外夫妻俩已经同意了，你再去试试。"

---

① 筑瓦：整理屋面上的瓦，防漏。

娘又去了,果然,黄员外夫妻俩见黑郎这样痴心,也就同意了。可是小姐勿肯。

又隔了几天,黑郎叫娘再去一趟,说这次小姐一定会答应的。娘第三次去黄员外家,小姐提了一个条件:要三升珍珠玛瑙和一对金凤凰。娘回家一传话,黑郎精神一振,就上凤凰山去寻宝了。

珍珠玛瑙如数搞到,可金凤凰一对难以寻着。小姐说,没有凤凰难成亲,黑郎只好再去找。黑郎在深山老林中寻呀,找呀,就是不见金凤凰的影子,最后在山背后发现一对石狮子,口张得特别大,凤凰在它嘴里筑了窠,生了一对金颜色的小凤凰。黑郎想,总算给我找到了。伊伸手就到石狮子嘴里去抓凤凰,哪晓得石狮子嘴巴一闭,把黑郎的手咬住了。另一只石狮子说:"你要请黄小姐来,当着我们面,摸一把黄小姐的金香奶,我们就把凤凰放出来。"黑郎无奈,只得托人把黄小姐请来。正当伊伸手去摸黄小姐金香奶时,石狮子开口一笑,黑郎趁机把金凤凰捉了出来。可小姐想想这个恨呀,就随手打了石狮子两个耳光,石狮子面孔就被打歪了。所以,现在的石狮子,嘴巴是开的,面孔呢,总是歪的。

蟋蟀的来历

讲述:方人伟 51 岁 农民 小学
记录:顾小凤　杨志才 72 岁 退休干部 初中
1986 年 8 月采录于方宅

从前有个恶婆,长得难看,懒得出奇,但对自己的童养媳却管得特别严。

每天,恶婆只给童养媳三碗玉米粥,身上衣服补丁叠补丁,还不准她梳头洗脸。但童养媳却总是细皮白肉,水灵灵的一副好模样。恶婆恨极了,就限她每天纺一斤纱。那时,能干会纺的女人一天也顶多纺四两,童养媳就是全夜勿睏也来不及。一连三天三夜,童养媳眼睛开开闭闭,纺出来的纱也就粗粗细细,不像样子。这下恶婆来火了,抓住童养媳的头发,又是打又是踢。童养媳实在忍不住了,回头一口咬住恶婆的手不放,恶婆痛得直喊救命。邻居们赶来拉开两人,恶婆的手却被童养媳咬下了一块肉。

恶婆越想越恨,当夜趁童养媳睏着时,抄起棍子将童养媳打死,拖到灰堆潭里埋掉了。过了一个月,东邻西舍不见那个童养媳,就报告了县官。县官派人查问，恶婆见瞒不过了，只好领着人来到灰堆旁边。扒开一看，不见尸骨，却跳出一大群蟋蟀，团团围住恶婆，把恶婆活活咬死了。蟋蟀一边咬一边叫着："粗、断、细、结，埋在灰堆潭里。"

据说，这蟋蟀，就是童养媳变的。

面鱼烧香

讲述：盛清逸
记录：盛兴良
1986 年 8 月采录于临江镇

一天，海里的面鱼①、鳊鱼、鳑皮郎②一起到狼山烧香。

三种鱼当中，鳊鱼、鳑皮郎都比面鱼大，游得快。当面鱼游到十一圩港时，遇到了烧香回转的鳊鱼和鳑皮郎。它忙问："你们为啥能这么快回转呀？"鳊鱼回答："烧香人真多，你看，把我的身体都轧扁了。"鳑皮郎也说："是呀，你看我眼睛都轧红了，我劝你还是不要去了吧。"

面鱼听了这话，回头朝东海游去。从此以后，面鱼从东海往西游，游到十一圩港，勿敢再向西了，所以十一圩港以西就捉不到面鱼了。鳊鱼和鳑皮郎呢，因烧香轧坏了身体，也就不回海里了，留在了内河。

"咯鸪"和"花好稻好"

讲述：陶冠珍 78 岁 农民 初小
记录：沈桂凤 37 岁 文化站站长 高中
1986 年采录于厂洪村

每年麦熟的时候，有两种鸟一直在天空飞来飞去，一种叫着"花好稻好"，一种叫着"咯鸪、咯鸪"。

相传在一个小村子里，住着弟兄俩，哥哥叫张义，弟弟叫张己。两人

---

① 面鱼：银鱼。
② 鳑皮郎：红眼睛的小杂鱼。

长大后,各自成了家。哥哥张义,平时对人和气,办事也大方,邻舍有啥事情,他总肯帮忙,特别是到了农忙季节,他和四邻八舍互帮互助,年年都获好收成。他一天到夜总是乐呵呵的,逢人就讲:"我是花好稻好。"

弟弟呢,是个自私自利的人,他从来勿高兴帮人家忙,东邻西舍都说他是山头上开户口——独做人,大家也就不理睬他。一到忙头,他一个人起早搭夜忙得团团转,顾了这头丢了那头,所以随他怎么精明,收成总不及哥哥的好。

这年,麦收时节又到了,弟兄俩都开镰收麦。哥哥家热热闹闹,众人相帮,弟弟家呢,冷冷落落,一个人忙里忙外。哥哥家很快就把麦子收回了家,弟弟家刚收了一点点,天就变脸下起了雨。连绵阴雨一连下了十几天,弟弟家的麦子全都烂在了田里,气得他一病不起。到这时弟弟才明白过来,做啥事都不能各顾各,但懊悔已来不及了,事隔不久连气带病死了。张己死后变成了一只鸟,每到麦收时,它到处飞呀飞的,嘴里懊悔地叫着:"各顾,孤苦;各顾,孤苦。"

那张义年老寿终后,也变成了一只鸟,和弟弟成天相伴。不过,他不像弟弟那样懊悔,而是高兴地叫着:"花好稻好,花好稻好。"直到现在,每到麦熟时节,人们就会发现两只鸟飞来飞去,一只叫着"花好稻好",向人们庆贺丰年;另一只叫着"各顾,孤苦",提醒大家勿要只顾自己。

江山鸭

讲述:沈步清 62岁 工人 高小
记录:姜明田
1986年8月采录于新海乡海西村

浙江江山县有一对老夫妻。一天,老夫妻俩听说丫头、女婿要来看望他们,就商量怎么个招待法。

一贯见了兔子才放鹰的老太婆说:"假如有满担挑来,就杀一只鹅;假如手拎包来,就杀一只鸡。"老头子说:"哎,这鸡不能杀,天亮靠伊啼,就杀一只鸭吧。"老夫妻俩就这样商量定了。

这天,丫头、女婿来哉。雄鸡先看见,就叫了起来:"大担哝得咯——"鹅听见了就想:我勿要紧哉,哝得担子不杀鹅,要杀脱鸭。鸭呢,听见雄鸡一叫，晓得不对，就逃到水缸边躲了起来。

　　老头子拿了刀，到处找鸭要杀，找来找去找勿着。鹅想：你找勿着鸭，弄得不好，主意一变，又要杀我鹅哉，于是就叫起来："缸沿，缸沿！"老头子一听，就到水缸边把鸭找了出来。老头子捉牢鸭头颈就拔毛，这时女婿说了："这鸭还不太壮，不要杀，等下次来，再杀吧！"丈人说："哎，难得来咯，杀了算了！"一个叫不要杀，一个要杀，两个人拉三阻四，争执不下。后来女婿说："你实在要杀，这鸭就让我带回去养吧，就算我哩领情吃脱哉！"老头子说："这鸭颈毛已经拔掉了，受伤哉，怕养不活吧。"这时，鸭也顾不得痛，装得蛮有精神。女婿说："看它蛮有精神，不要紧个。"后来，这鸭就被女婿带了回去。

　　过了不久，那只鸭被拔掉毛的地方重新长出一圈雪白的毛，样子还蛮好看呢，还天天生蛋。人家都问这个女婿，这鸭是从哪里买来的，他说："这是江山老丈人送的。"女婿见大家都喜欢这种鸭，就把蛋孵了小鸭卖。乡亲们都十分喜欢这种样子好看又肯生蛋的鸭，纷纷争着买，并把这种鸭取名为"江山鸭"。

蚊子的来历

讲述：张泽忠 34岁 乡农技员 中专
记录：李翔 35岁 文化站站长 大专
1986年8月采录于正余乡

　　据说老早以前是呒得蚊子的。蚊子到底是哪里来的呢？这里有一段传说。

　　从前有户人家，夫妻俩相亲相爱，日子过得很不错。想不到，有一天妻子得暴病死了，丈夫心里不晓得有多难过，哭得死去活来。朋友劝他，早点把死人埋葬掉，朝后再娶一个，他不听，总是守灵在家。日子长了，觉得在家无味，就租了一只船，把棺材抬到船上，划船外出散心。

　　一天，船到一座庙前，他就停船进庙烧香。他对着菩萨说："请菩萨保佑我家女人复生，让我们重新团圆，我来年一定为你重塑金身。"他的话被旁边敲钟的小和尚听见了，小和尚告诉了方丈。这个方丈交关有本事，能晓得一个人的生死祸福，他叫小和尚叮嘱烧香人，滴三滴血在女人嘴里，女人就能复活。小和尚出去如实相告，这男的马上打开棺材，一看，妻子好像睡着的样子，就是面色有点改变，没有血色。他马上咬破手指，滴第一滴血，女人脸色转红，滴第二滴血，女人眼睛睁开了，滴第三滴血，女人坐了起来，说话了。这时，夫妻俩非常高兴，以后，夫妻俩年年都到这庙里来进香。

这年夫妻俩又去进香，女的一个人在船上看船，正好，宰相儿子的一只游船经过，他一看小船上有个年轻貌美的小女子，就动起邪念来。那女的呢，一看船头上的人很神气，又听说是宰相的儿子，也不禁动起心来。她想，我男人虽然心肠不错，但终是家境贫穷，哪里比得上人家荣华富贵。宰相的儿子见小女子面含微笑，也不回避，料其有意，就把船靠上去，请她到大船上来白相，女的点头答应。上得大船，两人你一言我一语，越谈越热乎。宰相的儿子说："如果顺从我，包你享乐无穷。"女子被富贵迷了心窍，连连点头，并催促宰相的儿子快快开船。

再说那男的，进香回来，不见了女人，满山呼喊，也不见回应。一抬头，看见远处江面上有一条游船，急忙摇船追赶。追到近边一看，见自己的女人正与一个公子并排坐在船上吃喝调情。这时，他心里火呀，但仍耐性劝道："妻啊，这是什么人，你和他吃喝玩乐？"女人冷冷地说："这是我男人，与你什么相干。"丈夫一听："呀，你个贱人，怎么这样忘恩负义啊？"女人说："我跟了你只有穷，跟了他，能享一世荣华富贵。"丈夫说："你死三年，我守灵一千零九十五天，我外出，带你棺材一起走，难道你没有一点人性良心啦？你把三滴血还我。"女人想，我已经复活了，还他三滴血还不容易。于是，叫人拿来一根针，在手上一戳，把血滴在丈夫手上。滴第一滴血，她脸色变白；滴第二滴血，她眼睛闭拢，滴第三滴血，她手脚冰凉，最后又死了。丈夫心里有数，摇船而去。

宰相的儿子眼看她死了，就把船靠岸，将尸体抛到江边上。后来，这具尸体变成了成千上万只蚊子，到处叫着要血，心想复活。这就是蚊子叮人的道理。

母鸡生蛋"咯咯咯"

讲述：方人伟
记录：杨志才
1986年8月采录于方宅

从前，母鸡和公鸡都是野生的，不但有美丽的羽毛，还有一对漂亮的角。它凶猛得很，遇到敌手，用角自卫，其他猛兽不敢靠近它。附近的梅花鹿只生了一个冠软笃笃红喷喷，常受其他野兽欺侮。梅花鹿苦恼极了，常到鸡那边求援。仗义的鸡总是不辞劳苦，前往打抱不平，年复一年，毫无怨言。

一次，鹿又来求鸡护送它到山那边走亲戚，恰恰母鸡在孵小鸡，没有空。公鸡和母鸡感情很好，不肯丢下母鸡。鹿苦苦哀求。两只鸡商量来商量去，决定把角借给鹿作保护武器，鹿把冠调下来，给了鸡，高兴地走了。哪知一去好几天，竟不回来。公鸡见小鸡快出壳了，急得天天站在高山上大喊："还我角啊！还我角啊！"但是还不见鹿回来。小鸡终于出壳，母鸡恐怕孩子们忘记自己有角，总是千叮咛万嘱咐："角角角"，生蛋时也喊："角角角"（"角"与"咯"音同）。

鸡少了自卫武器，生的蛋又能吃，便被人们捉来家养了。所以生蛋母鸡总是"咯咯咯"。公鸡呢，恨鹿不还，天天早晨"喔喔喔"。

蛏姑娘

讲述：张祖荣 44 岁 职工 初小
记录：朱锦达 42 岁 文化站站长 中专
1986 年 8 月采录于新余农机管理站

从前，黄海边上有个渔霸的公子叫李子华，最喜寻花访柳，经常把人家的丫头拐骗到自家渔船上调戏。

有一次，李子华把一个叫赵金良的女子，拐上了出海船。不出三天，他对姑娘有点厌烦了。正月初一，迷雾天，本来是没有鱼捉的，李子华想寻开心，边在海里撒了一网，边问赵金良："我清水撒大网，迷雾捉大虾，一网能捉多少，你猜猜看？"

赵金良说："清水绿洋洋，迷雾撒大网，细虾和尖巴，一网不满斤把。"

李子华一听来火了："这个贱货，触我霉头。"他眼珠一转，心生一条毒计，说："一条鱼两个头，一只虾两条巴，请你伸出头来瞧一瞧。"

赵金良一听是两个头的鱼，又是两条尾巴的虾，感到稀奇，忙从舱里走出来，靠在船边上往海里看。这时候，李子华牙一咬，抓住赵金良两只脚，头朝下用力一戳，将她竖在大海里了。

后来，渔民在沙滩上发现一种两面青白壳子、两只脚伸在壳子外头，倒栽在沙滩里的毛蛏。据说，这就是赵金良姑娘变的。

官赐"翻钱地"

讲述：秦林昌 62岁 农民 初小
记录：朱锦达 42岁 文化站站长 中专
1986年6月采录于包场镇洪北村

很多年前头，京城里有个巡抚到黄海边来察访。一路上，他看到一群一群下海的人，挑的挑，背的背，提的提，全部是蛤蜊呀、毛蛏呀，下海的人喜气洋洋，欢歌笑语。

巡抚很奇怪，他到过好几个海滩，看到过好多下海的渔民，从来没有看到过这样歌舞升平的景象。他马上叫来通州府的官，要他查清这一带海边的情况。

不出两天，通州府向巡抚报告说："我们这里海滩上，蛤蜊呀，毛蛏呀交关多，渔民天天用耙子翻，天天翻不完。"

巡抚一听，说："这里海滩是块好地方，倒是一块翻钱地！"

这样，就得了个翻钱地的名字。

龙游沟

讲述：姜锦章 68岁 农民 初小　卞兆芳 66岁 退休教师 中师
记录：姜明田
1986年5月采录于国强乡龙游村

在扬子江口北岸的黄海盐区，有一条弯弯曲曲的河流，叫"龙游沟"。据说这条河是东海龙王的青龙太子和白龙公主用身躯开掘出来的运盐河。

相传很久很久以前，这里是白茫茫的一片盐海。平时，龙王以涨潮、退潮把盐分送到五湖四海，让百姓受用。自从哪吒闹海后，龙王气昏了头，下令不再给神州大地供盐，于是，一场空前的盐荒向人间袭来。由于缺少食盐，人们个个面黄肌瘦，四肢无力。

一天，白龙公主和青龙太子出宫游玩，一路西行，只见到处人亡禾枯，不见往日的繁荣景象。他们召来各方土地爷一问，方知是因缺盐造成。

回到天宫中，白龙公主立刻拜见父王，陈说人间百姓疾苦，要父王火速分发食盐，拯救万物生灵。龙王哈哈大笑，说："公主，你太愚蠢了，要是让他们吃了我分发的食盐，个个身强力壮，再出几个哪吒这样的浑小子，我龙王怕要像泥鳅那样被他们任意宰杀了，这是万万使不得的！"公主责怪父王不该为哪吒闹海而株连黎民百姓，但父王执意不肯。公主见父王固执己见，不敢强求，只得闷闷不乐地回到后宫。青龙太子见了，知道龙王没有同意公主请求，就在公主耳边献了一计，白龙公主听后连连点头称好。

第二天，白龙公主和青龙太子化作道姑道童来到人间，逢人便告诉他们囤盐宝地所在，叫他们去挖运，解决盐荒。这消息一传十，十传百，不几天工夫，去挖盐运盐的人越来越多。

龙王得知，勃然大怒。一了解，是白龙公主和青龙太子干的好事，忙下令把白龙公主和青龙太子捉拿回宫，听候家规惩罚。此时，白龙公主和青龙太子正在忙着发动大家运盐，忽见天上乌云翻滚，电闪雷鸣，知是事情泄漏，父王已派兵问罪来了。大难即将来临，而运盐又刚刚开始，速度又很慢，白龙公主急中生智，拔出银钗点点画画，不一会儿，附近港汊里出现了无数船只。运盐人知道是公主相助，连忙用船抢运。谁知龙宫兵分两路，一路捉拿白龙公主和青龙太子，一路拦截运盐船只，他们在各条港汊里筑起一道又一道泥坝，阻挡船只前进。白龙公主见船运被阻，忙唤青龙用身躯开道。他们作起法来，一时间，乌云滚滚，大地抖动，经过的地方立即出现了一条弯弯曲曲的大河。这时，龙宫追兵已围拢上来，先将白龙捉住，套上了锁链。青龙见了，回头来救，白龙大呼："勿要管我，开沟要紧！"青龙含着眼泪，拼命开沟，每开一段，回头望一眼白龙，每回头一次就拱出一个深潭，回头望了八九七十二次，拱出了七十二个"望娘潭"。拱到扬子江口，青龙精疲力尽，终于被捉住，拴在锁龙柱上。

风静雨停，一条大河畅通无阻，一只只运盐船顺利通过，驶向四面八方。人们为了纪念白龙公主和青龙太子，把这条河称为"龙游沟"。因为这河是为运盐而开，所以又称"运盐河"。人们在白龙公主被捉的地方造了一座庙，叫"白龙庙"。青龙太子被拴的地方，称为"青龙港"。而龙宫追兵筑下的一道道泥坝，则称为六甲坝、四甲坝、泗阳坝、丁家坝，这些叫法一直流传到现在。

弥陀山

讲述：程金玲 65 岁 家庭妇女 不识字
记录：李茂富
1986 年 8 月采录于余东镇解放街

传说明朝万历年间，余东场北边泥沙淤积成一大片荒滩。落第书生张秦柏来到这里，雇工开垦荒滩。没几年工夫，荒滩变成良田，年年都有好收成，来这里落户的人越来越多。

有一年，东海龙宫逃出来一只癞疤精，见到这儿景致幽美，土地富饶，认为是修行的好地方，便将身上的毒浆排出，洒在所有的沟里。百姓吃了沟水，个个中毒，没几天工夫，尸横遍野，满滩坟墩。这时，正好弥陀佛云游到此，发现这里怨气冲天，佛眼一睁，见是癞疤精作祟，残害生灵。他想，我若不救，百姓岂不灭绝？于是口中连呼几声"善哉！善哉！"便落下云头，变成一个老者，手持拐杖，走进了张秦柏的家门。进屋后，只见张秦柏神志不清，卧病在床，面孔像死灰一样。弥陀佛随手给张秦柏从头到脚抹过去，毒浆随即从汗毛孔中渗出。张秦柏神志清醒过来，连忙跪谢救命之恩，并要老者拯救众位百姓。弥陀佛说："这里的河水都已洒了癞疤精毒浆，须重开沟河，汲取新水，才能解救众人性命。"说着，用手朝地上一划，叫张秦柏照样子开四六二十四步宽的河道，并说一定要在今晚开成，否则众难难解。张秦柏为救百姓，就挥锹挖土，自挖自挑，一刻不停。

再说癞疤精自霸占此地以来，好不快活。它想，到明天端阳，我就有五百年的道行了，那时，东海龙王就收不住我了。正当它得意忘形之时，忽然觉得大地一震，连忙翻身，却已无法施展妖术了。原来，刚才弥陀佛手划的地方都是封地，把个癞疤精团团封闭在内，再也无法跳出圈子。癞疤精大为光火："是谁坏了我的好事？"只听空中回答："小小癞疤精，不在龙宫好好修行，却在这里涂炭生灵，残害万民，实属罪该万死！"癞疤精穷凶极恶，喷出浑身毒浆，想害弥陀佛，可弥陀佛法大无边，抖出乾坤袋，把毒浆尽收袋内。

弥陀佛见天快亮了，张秦柏开的沟河也已完成，于是举起木鱼朝癞疤精猛力敲去，癞疤精被敲得肚皮朝天，背脊着地，躺在那里。弥陀佛手一拂，将张秦柏挖出的泥土全部堆在癞疤精身上，成了一座小山。随后，弥陀佛驾起祥云，升到天空，对张秦柏说："现在你将新开河的河水灌进每个百姓口里，他们即可起死回生。"说完，化作一团红光，向东去了。张秦柏连连拜谢，接着舀起一勺勺新开河水将滩上的人一一灌活。

后来，人们为了感谢弥陀佛的救命之恩，就把压住癞疤精的泥山叫做"弥陀山"。

石大郎奇遇

讲述：瞿步家 55岁 泥水匠 小学
记录：丁士风 48岁 教师 中师　　范成祥 39岁 文化站站长 高中
1986年8月采录于汤家乡

清代嘉庆年间，老泰兴镇南两里路的长江边上有一座石神庙。关于这座庙的来历，曾经有过这样一个传说。

那时，当地有个名叫石大郎的牛倌，光棍一人，以帮人家放牛为生。当时江边一带都栽种水稻，可秧苗经常被偷吃掉。有人怀疑石大郎，说他没有把牛看好，糟蹋了秧苗。这话被石大郎听到了，感到十分委屈。

一天清早，石大郎赶着牛来到江边，看到几头野牛正在吃秧苗，他火啊，心想今朝总算被我弄清了。他拖了根竹竿，追进稻田，对准野牛就打。那群野牛被打后，拔脚向江中奔去。说也奇怪，只见那江水"哗哗"地朝两边分开，让野牛通过，石大郎也顺着水道直向海底追去。追了一阵儿，只见前面出现一座宫殿，野牛奔进宫殿后就不见了。这时，宫殿里出来一个披着两爿大蚌壳的怪人，和气地对石大郎说："这里是龙宫，我是蚌壳精。刚才宫里一群水牛私自外出，糟蹋了秧苗，实在对你不起，今后我们一定严加看管。现在我送你一颗夜明珠，你回到人间，吞入肚内，即可成仙，造福众人。"石大郎接过夜明珠，谢过蚌壳精，倒拖竹竿，从原路退回。因为石大郎刚才打牛时用力过猛，将竹竿打裂，夹住了几根牛毛，所以当他回去时，江水也让了路，使他顺利地回到了岸上。

石大郎回家后，将追赶野牛的事向众人说了一遍，大家都感谢石大郎为众人做了好事。当夜，石大郎看到自家破屋里满屋子发光，便想起蚌壳精送给他的夜明珠,于是将夜明珠吞进肚里,不一会儿,石大郎便离世升天了。

第二天,众乡亲隆重埋葬了石大郎,将他葬在追赶野牛的地方。后来,附近百姓筹集资金,又在埋葬石大郎的地方造了一座庙宇,取名为"石神庙"。

自从江边造了石神庙,江水平静,不再发生泥土塌方,沿江百姓安居乐业。后来,这事被崇明人晓得了,他们趁黑夜驾船过江,将石大郎的尸骨偷偷挖去,埋在崇明西沙头,这样,崇明变塌沙为涨沙,而江北沿岸,又开始塌沙。为这件事,海门、崇明两地闹了许多周折,这些当然都是后话了。

海神庙

讲述:陈寿康 55岁 农民 小学
记录:刘凤翔 55岁 文化站站长 初中
1986年4月采录于天补乡陈宅

清朝乾隆年间,海门县东边仍是一片大海,潮涨一片白茫茫,潮落一片荒沙滩,百姓受尽了苦。新上任的县官徐文灿,体察民情,关心百姓疾苦,决定筑一条堤岸,挡住潮水,让百姓安居乐业。

筑堤工程浩大,县老爷亲临工地,数千民工苦干了一个多月,只剩下数十丈堤岸没有合拢了。龙门处水流湍急,石头抛下去,一个浪头就冲走了,一连几天都是这样。民工们灰心丧气,县老爷也急得团团转。正在这时,来了位瘦老头子,边走边说:"我该来帮帮忙了。"县官听说有人能帮忙,连忙迎见。老头子说:"老爷筑堤挡水,为民造福,老夫实为感动,特来献上一计。"县官忙说:"请讲,请讲。"老头子说:"请给我一袋砻糠。"县官忙叫手下人准备,并说:"我的官船给你用。"老头子说:"不用了,你们照着我撒的砻糠筑堤就行了。"只见老头子把砻糠撒进海里,顿时,潮水好像被什么挡住似的,不像先前那么汹涌了。众人急忙把石头、泥沙抛下,不一会儿,堤岸合拢了。大家回头再寻那个老头子,却不见了踪迹。

后来,百姓们都说是海神帮了大忙。为了感谢海神,人们集资造了一座海神庙,以作纪念。

"奶奶庙"和"百子堂"

讲述：程金玲
记录：李茂富
1986年8月采录于余东镇解放街

很早以前，余东是大海中冒出来的一块小沙墩。后来这块沙墩越来越大，老百姓在上面耕作生存，使海面缩小了。龙王大为不满，喝令小青龙去把余东新地全部冲塌。

这事被余东城外的奶奶和百子晓得了。奶奶想，如不及时搭救，这里就要变成一片汪洋，百姓性命难保。

小青龙领命后，作起法来。东北天乌云翻滚，雷电交加，暴雨从天而降，潮水翻江倒海，席卷而来。奶奶命令百子掩护众乡亲进城，她自己去东南方护城，决心豁出性命保住城池。她手提青锋宝剑，迎战小青龙。两人在空中刀来剑往，杀得天昏地暗，足足斗了一百多个回合。时间一长，奶奶到底年老乏力，招架不住了，百子赶来救援，于是，三人战成一团。这时，潮水汹涌澎湃，冲决堤坝，城外民房倒塌，良田被淹。奶奶急中生智，大喊一声："看宝！"小青龙暗吃一惊，猛一抬头，恰好百子双锤并下，将小青龙两只眼珠打得突了出来。奶奶赶紧把小青龙龙须揪住，小青龙痛得"嗷嗷"直叫。奶奶怕小青龙逃走，以后再来危害百姓，就将千年练就的神眼功用出来，眼如闪电，封住了小青龙的退路。小青龙只得忍痛舍去龙须，使了个金蝉脱壳计，身子一缩，向西逃去。小青龙逃了一阵儿，到了余西地界，见后面没有追兵，就朝东南方向蹿去，准备从长江逃回东海。哪晓得海面已被奶奶的神眼功封住，不能进入。小青龙精疲力尽，再加它在江水里待不习惯，不久便困死在江里了。

再说奶奶和百子经过这场恶斗，道行用尽，不久也化成了两座山，矗立在海边。后人为了纪念奶奶和百子，将这两座山取名为"镇海山"和"定海山"，还在山上砌了庙，塑了像。镇海山上的庙叫做"奶奶庙"，定海山上的庙叫做"百子堂"，小青龙丢下两根龙须的地方叫做龙须口，向余西方向逃时掀成的一条沟叫"龙游沟"，最后葬身的地方就叫做"青龙港"。

青龙港

讲述：张淑兰 66岁 农民 小学
记录：梁学平 48岁 县文联秘书 大专
1986年8月采录于海门镇

说到海门青龙港，人们都知道这里有个优美动听的故事。

相传《白蛇传》里的小青离别白娘娘之后，独自沿长江东下，到了江口，在江海"廖角嘴"（海门原来的一个地名）发现有个平平坦坦的沙岛。沙岛上满是芦苇，相当清静，小青决定上岸歇歇。

上得岸来，只见芦苇丛中有几块绿油油的农田，田里庄稼长得亮照照、油光光。田中有两间草棚，四周是宅沟，屋前桃红李白，屋后绿竹成荫。小青情不自禁地走到草棚跟前，见屋里有一个小伙子正在吃饭。小伙子见小青孤身一人，以为是逃荒到此，腹中一定很饥饿，就热情地招呼小青进屋吃饭。小青感到盛情难却，便一声不响地吃起来。

小青吃了人间烟火，倍觉人间温暖。心想：怪不得白娘娘这样迷恋人间，不顾九死一生，又想想自家，不觉伤感满怀。心想：日后进了龙宫，岂不终身孤苦？想到伤心处不禁热泪滚滚。小伙子见姑娘流泪，慌了手脚，本想拿块手巾给她揩揩眼泪，可哪来手巾呢？小伙子急中生智，"嚓"地一下撕下自己的一截衣袖，递给了小青，小青见状，感激万分。心中暗暗起誓：要和这小伙子生死与共，白头到老。

小青和小伙子成亲以后，男耕女织，夫妻和睦，家庭美满。三年后，生下一子，更添情趣，真有享不尽的天伦之乐。每天劳动回来，一身汗水，小伙子跳进长江洗个澡；小青则悄悄地到宅后港梢里舒展一下身子。天长日久，那港梢渐渐变成了一条大河。

人间三年，神仙三天。东海龙王查知小青三天未归，当即派虾兵蟹将前去捉拿。青鱼精明察暗访，终于发现了小青的踪迹。他先是劝说小青回宫，但小青不忍骨肉分离，一口拒绝。青鱼精见软的不行，便率众动起手来。

那天是农历八月十八。青鱼精在"廖角嘴"兴风作浪。顷刻间，潮水猛涨，巨浪拍天，大堤决口。狠心的青鱼精扬言要吞没整个沙岛，彻底毁掉这人间宝地。小青施展神威，奋勇迎战，直杀得"廖角嘴"上乌云滚滚，浊浪滔天，狂风呼啸，大雨倾盆，江潮接海潮，天潮接地潮，整个沙岛将被吞没。这时芦苇荡里的麒麟、狮子和凤凰也纷纷前来为小青助战。双方战了多时，小青渐渐地支撑不住了。小青为了保护沙岛，现出原形，化作一条青龙，紧紧缠住青鱼精，决心与青鱼精同归于尽。青鱼精挣扎不脱，力尽气绝，死于"廖角嘴"。青鱼精带来的虾兵蟹将也纷纷溜走。青鱼精的尸骨被后人搭成一座桥，任众人踏踩，这桥叫"鱼骨桥"。麒麟、狮子、凤凰等经过这场恶战，也死于沙岛各处……

沙岛保存下来了。小青化作青龙的事迹永远留在人们的记忆中。为了纪念她，人们把她当年上岸的地方，叫"青龙港"，把她平时常去洗澡的河叫"青龙河"。另外，麒麟战死的地方叫"麒麟镇"，狮子战死的地方叫"狮山"，凤凰战死的地方叫"凤凰桥"。这些地名一直流传至今。

青龙港不开老虎灶

讲述：梁跃球 32 岁 村会计 初小
记录：梁明涛 74 岁 农民 小学
1986 年 12 月采录于四甲乡大余村 8 组

据说，青龙港这里在老早以前住着一条青龙。这条青龙是因犯了天条被东海龙王锁在这里的。一天，勿晓得哪里跑来了一只白虎，白虎想独占青龙港，就去驱赶青龙，青龙因被链子锁着，打勿过白虎，被白虎咬伤了。青龙痛得拼命翻滚，搅得泥沙坍了一大片，水也跟着涌了上来，有了水，青龙高兴了。白虎害怕水，就往苏州方向逃跑，跑到苏州城外，歇了下来。因为太累了，就死在那里，虎身渐渐变成一座山，这就是虎丘山。而青龙却安安稳稳地住在了老地方。

后来，人们见青龙沙地方好，就在这里建了港口，叫青龙港。因为青龙被白虎咬伤过，怕老虎，所以青龙港不开老虎灶。

曹公河※

讲述：周锡桃
记录：周士林
1986年3月采录于树勋乡红旗村周宅

在海门县城东面四五十里光景有一个百十来户的小镇，叫悦来镇。镇东市梢有一爿饭店，叫悦来饭店。店的屋角斜挑着一个酒望子，谁见了都想进去喝三杯，所以生意交关兴隆。

有一天早晨，悦来饭店正在热闹当儿，忽听厨房里有人惊呼："了不得啦，出人命啦！"人们跑去一看，只见厨房里一具血淋淋的尸首扑倒在地，头滚在一边，店主王发财面孔吓得铁青，手中的菜刀还在往下滴血。众人正要打听为了啥事体，忽然人群中钻进一个二十来岁的青年，三脚两步赶过去，扑在尸体上，号啕大哭起来。这青年是谁？到底是桩啥事体？

悦来镇北面五里路光景，有户姓曹的人家，主人曹仁义已经年过花甲，老伴早已亡故，跟前有个二十来岁的儿子叫曹小乙。这曹仁义是个相风水先生，名气很大，人们给他起个外号，叫"曹半仙"。

一天晚饭后，父子俩在灯下闲话。儿子曹小乙对老爹说："老爹，您既是半仙，为什么不预先给您老自己拣一块宝地，将来您老百年之后，葬身宝地，也好让我们作子孙的发发福？"半仙听儿子这么一说，不由触动心事，长叹一声说："小乙，我老早就有这个打算。但我看你不是个办大事的料子，即使为父的拣了块宝地，恐怕你也没福气。"小乙道："老爹说话好没道理，只要您老怎么说，我小乙就怎么做，怎见得就办不成大事？"半仙板着面

※ 曹公河此故事另有一说谓《曹王坟》，讲述者亦不在少数。其不同之处为：①风水先生在肉铺上买肉，故意挑肥拣瘦，被屠户砍死于肉台上，后葬于肉台基地（即为曹王坟）；②风水先生有个孙子，刚满一周岁，自风水先生葬后，每天发着高热，因风水先生临终前一天曾叮嘱其儿媳，不用请医诊治。所以这小孩高烧不退，惊风不止，实为抽筋换骨，皮肤干裂，层层脱落，但又因未满"断七"，第四十八天揭开马桶，一团青气直冲斗牛，被皇宫里钦天监发觉而破"龙穴"（破法相同），其小孩回曾口咬母亲小衣裳（即月经布）未死，但遭瘫痪；③曹王坟有条通潮运河，每晚五更捱船（拉纤）人常感到地下似乎有座城市，能隐约听到丝竹钟鼓音乐及市井叫卖之声，十分繁华。破穴后，就再没有声响了；④风水先生曾叮嘱儿媳："我葬时不穿任何衣服。"但儿媳为顾全脸面竟为公爹穿了一条裤衩，后来在插竹扦时终未逃脱。

孔，没再说话。

第二天，小乙起床后，跑到老爹房中一看，已不见老爹的影子。小乙知道老爹的脾气，常常喜欢到悦来饭店里去吃早点，也就不以为怪。可是当小乙在整理床铺时，一眼看到父亲枕头边有一个信封，拆开一看，不觉大吃一惊！他口里连叫"不好"，急忙朝悦来饭店奔去。原来这是曹仁义写给儿子的一封遗书。遗书上将自己因何要去悦来饭店自寻死路，自己死后如何处理等交代得清清楚楚。等到小乙飞奔到悦来饭店时，老爹脑袋已经搬家哉！他万万没有想到昨晚自己随便讲了几句话，竟然断送了老爹一条性命，真是后悔莫及。

那么，曹半仙到底是如何死的呢？原来曹半仙早就相中悦来饭店这块宝地。可惜这块宝地被王发财所占，开了爿饭店，而这王发财又是个惹不起的地头蛇，他不来寻你事就算上上大吉，你反过来要谋他这块地盘，简直是比登天还难。曹半仙想，除非是如此这般，才能成其大事。昨晚经儿子这么一说，触动了他的心事，于是连夜写好遗书，第二天一早来到饭店。他坐下后，要了碗阳春面，扒了两口，从袖中摸出一个盐包，把盐尽数抖落在碗中，然后叫来跑堂的，问："这面是谁掌的锅？"跑堂道："怎么啦？是小人掌的锅。"话未说完，曹半仙早一个巴掌打过去，大声喝道："你们饭店卖面哪？还是卖盐哪？"跑堂无缘无故挨了一巴掌，还没有搭腔，店主王发财已闻声走来。他见曹半仙这么横，二话不说，端起那碗剩面喝了一口面汁，乖乖，真咸得发苦。他心中好奇怪：明明是我亲眼看着伙计掌的锅，怎么会这样咸？他肚里一盘算，明白了：这老家伙肯定是手头紧，来吃白食的，在面里做了手脚。他本想和曹半仙干一仗，转过来一想，算啦，做生意讲究个笑脸迎客，和气生财，何况早上顾客盈门，一旦争吵起来，搅散了生意划勿来。于是，忍住火气，赔着笑说："半仙息怒。区区一碗阳春面，又不值什么铜钿银子，有啥子要紧？生什么闲气？坐坐坐。本店再奉送一碗。"说着转身进了厨房。他恐怕曹半仙再刁难，亲自掌锅，专门煮了一碗，多加作料，亲自给曹半仙端去。心想：这次你该没啥话讲了吧。谁知曹半仙今朝是瞎子买扁担一专寻结疤。他吃了几口，趁人不备，又做了手脚。然后端了半碗剩面，大呼小叫地闯进厨房，指着王发财破口大骂："好你个混账东西！我看你是不想开这饭店啦，睁开狗眼看看，你给老爷端来的是什么东西？"王发财一看，面碗里竟然躺着两只红头苍蝇，心想这曹半仙竟会做出这等恶毒手脚，一时气得说不出话来。说时迟那时快，只见曹半仙手儿一扬，半碗剩面连汤带水朝王发财劈面打去，打得王发财眼睛也睁勿开哉，当然王发财也绝不是好惹的人，他顺手操起砧板上菜刀，睁圆双眼，手指曹半仙大喝道："好你个曹仁义，寻事寻到我头上来啦，你也该长着耳朵打听打听，我王老爷可是盏省油的灯？我看你是活够啦，吃我一刀！"说着挥起菜刀向曹仁义劈面砍去。曹半仙是存心送死的，眼看菜刀落下来，他非但不躲，反而猛地把头往前一伸，"咔嚓"一声，一颗脑袋骨碌碌滚将下来。

再说曹小乙虽然明知是老爹自来送死，怨不得王发财，但想起老爹遗书上的叮嘱，便忍住悲痛，依计行事。他收泪向众人道："我老爹无端被杀，请大家做个见证，我要去衙门告状。"众人一听，大眼瞪小眼，为难起来。为啥？原来过去有这么个规矩：地方上出了命案，告到官府，官府派人到场验尸，不但要追捕凶手，连四邻八舍都要收监看管。名义上说是随时听审作证，实际上是趁机敲诈勒索。有钱的，打通关节，取保释回；无钱的等于陪吃官司。虽说不受皮肉之苦，但初一拖到月半，月半拖到三十，就是不放你回去。如果案子拖个一年半载，家中无人，荒了田地，那是吃勿消个。最好是不去惊动官府，大事化小，小事化了，于是大家都出来劝说。曹小乙一听，马上来个假戏真做。

他一把抓住王发财的衣领说："王发财，你杀我老父，我与你不共戴天，你今朝要官了还是私了？"王发财也懂得杀人偿命，历来如此，于是一个劲儿地表示愿意私了。曹小乙听了，正打心上来，就提出了这样那样的条件。王发财满口答允，马上叫人把个兴旺的悦来饭店拆成一片白地，并拿出许多银子，办完了丧事，赶紧收拾些值钱的东西，携带家眷，连夜到山东济南府谋生去了。

那曹小乙在悦来饭店旧址上安葬了老父以后，就照老爹遗嘱上说的，在家里设了灵堂，灵桌上端端正正摆上"先父曹公仁义之位"的牌位。牌位前倒扣上一只几十年前用作小便的马桶。这是做啥？曹小乙自己也勿晓得，反正是老爹遗书上交代的，这只老马桶要在灵桌上扣七七四十九天，他照办不误。

当时民间有个习俗：人死了要"哭七"。就是从死者死日算起，每过七天，死者家属便要在灵桌前痛哭一番。有些至亲好友也要前来祭奠。

不过，亲朋好友要是登门一看，见灵桌上扣着一只老马桶，臭烘烘的，那成什么体统？所以"头七"时，曹小乙推说老爹惨死，他伤心透了，无心应酬。到了"二七""三七"，曹小乙又谎称自己因伤心过度，卧病在床，家里无人照料，又将亲朋好友谢绝了。到了"四七""五七"，曹小乙干脆三十六计走为上计，大门关上，不知溜到哪里去了。到了"六七"，再也对付不了啦。为啥？一则，"六七"被认为是"哭七"中最隆重的，一般人家都要在"六七"那天大事铺张，吊客盈门，怎么好回绝呢？二则，亲朋好友中已经议论纷纷，有人大骂曹小乙是不孝之子。有个族中长辈扬言道："到了'六七'曹小乙如果还推三阻四，不让吊孝，我就带领族中男男女女，打上门去，一条绳索捆了这贼坯，牵到半仙老弟坟上跪它个三天三夜，看你曹小乙还有啥仔面孔做人？"常言道：人要面子树要皮。曹小乙想算了！老爹遗书上原说要把老马桶扣到七七四十九天，现在"六七"将到，总共也只差个七八天，掀掉老马桶，想来也呒啥事体。于是，吃过夜饭，他朝老爹灵位磕了几个头，便去掀灵桌上的老马桶。一掀，只听"嗤"的一声，冲出一股黑气，满地打着旋子。黑气越转越粗，眨眼间转成水桶粗，猛地向上一冒，屋顶顿时坍了一角。那黑气直冲向空中，化作碗口大的一团火球，光亮刺眼，在夜空中越升越高，一声巨响，忽地熄灭，把个曹小乙魂都吓脱哉，一跤跌倒在地，老半天才醒过来。

再说大清乾隆皇帝三下江南，风尘仆仆地回到朝廷。第二天上朝，叫过钦天监说道："朕三下江南，考察民间风土人情。江浙一带，尽是穷山恶水，泼贼刁民。朕心甚为不安。你要留心细察天象，一经发现妖星，就要奏朕知道，朕设法除掉。"钦天监听了皇上的话，回到府中，在后花园中用七七四十九张八仙桌搭成"观星七宝台"，每夜三更三点，披散头发，登台观望，当看到江苏地界上空时，只见有一团黑气，一动不动地罩在那儿，一连几夜都是这样。他心中大疑，但不敢马上告诉乾隆皇帝，怕落个欺君杀头之罪。过了四十来天，这一夜他又登上高台，仰头一看，不觉惊叫一声。为啥？原来江苏地界上空那团黑气已没有了，露出一颗有九个角的大星，红光闪闪，格外明亮，四周还有小星环拱着，围成一圈，像是朝拜大星。钦天监晓得这颗星是真命天子的星宿，叫"紫微星"，也叫"金龙星"。他匆匆下台，连夜进宫叩见皇上。乾隆一听，吓得三魂落脱二魂半，哭丧着面孔说："怎么办？怎么办？天上出了紫微星，真龙天子马上就要下凡。不久就要刀兵四起，天下大乱。朕的江山还有啥指望？"钦天监道："皇上不必惊慌。只要派人明察暗访，查实了金龙藏身之地，立即把金龙杀死，大清天下就万无一失。"乾隆皇帝想了老半天才说："这事关系到大清的万里江山，非同小可，寡人得亲自走一遭。"

次日，乾隆皇帝挑选了一百名精壮的御林军，带着钦天监，神不知鬼不觉地离了京城，连夜赶奔江苏地界。

再说那曹小乙，他哪里知道这一掀马桶，就是掀掉了一个真命天子，他老爹也就白白地赔上一条老命。为啥？原来台上扣的老马桶，就是天上那团像云不是云，像雾不是雾的黑气。那黑气罩住紫微星，是障皇帝眼睛的。等到七七四十九天一过，金龙升天，就成了大事。现在掀掉马桶，黑气消失，紫微星原形毕露，朝廷看到了，便要来剪除金龙。

且说那乾隆皇帝一行人马明察暗访，探清了金龙藏身地方，便径直来到海门。海门知县见万岁亲临，哪敢怠慢，赶紧点起五百兵丁，会同皇上的御林军，把个小小的悦来镇围得针插不入、水泼不进。这时钦天监对乾隆皇帝说："金龙不是火龙就是水龙，二者必居其一。根据水火相克的道理，水龙怕火，火龙怕水。我们叫兵丁引通海河水灌坟，淹死它；如果水淹无效，再用火烧，那金龙必死无疑。"乾隆皇帝一听，有道理。就叫兵丁掘开通海河水灌坟，只见通海河水滔滔滚滚，直钻墓穴。到了晚间，钦天监登上观星台一看，只见紫微星仍旧好好地挂在那里，比前日更加明亮哉。第二天，乾隆皇帝又命令兵丁在坟地四周堆起柴草用火烧。只见熊熊大火直冲天空，烧了整整一天，满以为金龙已经被烧煞哉，哪知到了晚间只见那紫微星不但光亮依旧，而且升高了许多。乾隆皇帝急得像热锅上的蚂蚁团团转，又命兵丁拿了风快的铁剑和尖尖的铜扦往坟里乱戳乱插，满指望能白刀子进红刀子出，谁想折腾了一天，还是无济于事。

乾隆皇帝用尽了各种办法，还是杀勿死金龙，只愁得他当天晚上饭也没吃便靠着桌子不知不觉昏昏睡去。昏睡中忽觉门帘子一动，闪进一个人影。乾隆心里十分不高兴，厉声问道："朕心不宁，你是何人？怎敢擅自闯入寡人营帐？"那老人哈哈一笑道："吾是曹半仙家灶君之神。听说皇上无法除掉金龙，特前来献计，替皇上分忧。"乾隆一听大喜说："灶君有何妙策教我？"灶君嘻嘻一笑道："我有数言，皇上切勿忘记。"说着便高声念道：

铁宝剑，铁腥气，
铜扦子，铜腥气，
若要吭腥气，除非竹扦子。
午时三刻正，立即齐动手；
七七四十九，管保没处走。

乾隆皇帝正要询问是啥仔意思，忽然帐中刮起一阵阴风，刮得乾隆皇帝毛骨悚然，风过后，不见了灶君。他赶紧把钦天监找来说了梦中之事。钦天监一听，高兴地说："皇上洪福齐天，也是大清气数未尽，所以灶君托梦献计。依臣看来，灶君是要皇上等明日午时三刻，用七七四十九根毛竹扦子，叫兵丁一起插入，大事就可成功哉！"

天明以后，乾隆皇帝叫人削了七七四十九根毛竹扦子，选了七七四十九个挺胸凸肚，如狼似虎的兵丁，按东、南、西、北、东南、西南、东北、西北八个方位站在曹半仙坟上。等午时三刻一到，便将主竹扦子从四面八方一齐插入坟中。只听霹雳一声，震的天摇地动，坟墓炸裂成七七四十九块，一股黑烟直冲九霄。一条金龙身带七七四十九根毛竹扦子，血水淋漓地飞到空中，忽又跌下，长吟一声，直坠入通海河里。顿时，通海河内波翻浪涌，云气蒸腾，把个朗朗白日变成沉沉黑夜，人马对面不能相见。约莫过了半个时辰，才云散天晴，等人们睁开眼睛一看，已不见金龙的踪迹，只留下满地血迹。原先笔直的通海河已变得九曲三弯，就像一条巨龙躺在那里。后来人们就把这条通海河叫做"曹公河"了。

金龙除掉后，真命天子自然就没有下凡。但原来准备下凡帮真命天子打天下的文曲星和武曲星却已经先行下凡。文曲星就是海门地盘上赫赫有名的杨圣岩，武曲星就是海门树勋地界上的一个有名大力士叫毛千钧。因为真命天子后来没有降生，所以杨圣岩和毛千钧便平平常常过了一辈子。

凤城的传说

讲述：赵勇 29岁 乡统计员 高中
记录：梁学平
1986年7月采录于树勋乡

余东又叫"凤城"，为啥叫凤城？有个缘故。

从前，余东镇是个荒凉的地方，到处都是野草，人烟稀少。玉帝的女儿凤女在天上看到这种情况，就想下凡帮助那里的老百姓。一天，她和天上的另一个仙人偷偷溜到这块荒地。他们作起法来，茫茫的杂草不见了，变成一片良田，高高低低的土堆没有了，变成一片平地。他俩就在这里结为夫妻，劳动耕作，生儿育女，平平安安地过了几年日子。一天，玉帝发觉凤女不见了，四处一查，才晓得她下凡了。于是龙颜大怒，下令巨灵神寻找凤女。巨灵神终于在东海边找到了凤女夫妻和他们的子女，便命他俩返回天宫。凤女留恋人间的美满生活，拒不从命，便和巨灵神动起手来。巨灵神手拿开山大斧，又有拔山之力，凤女夫妻哪是他的对手？战了几个回合，凤女的丈夫一不小心，跌倒在地，被巨灵神一斧砍成两段。凤女一见，痛不欲生，勉强和巨灵神过了几招，一阵头晕，倒在地上。巨灵神正想捉拿，她便翻身变作一只凤凰，一头钻进地里不见了。

人们为了纪念他们的祖先，就把这地方叫做"凤城"。

黄海的来历

讲述：江祥宝 52 岁 渔民 不识字
记录：李茂富
1986 年 2 月采录于余东菜市场

以前，天下只有一个海，由老龙王一人管。

老龙王有四个孩子：敖广、敖周、敖丁、敖头。其中老三敖丁脾气最暴躁。

老龙王年纪大了，便准备给四个儿子分家，一人管一个地方。他和老龙婆一商量，决定把海分为四块。龙王叫来四个孩子，说已把大海分为四块，分别为东海、南海、西海、北海，让他们按排行次序，分管东西南北海。

老龙王是老糊涂了。三个孩子各自去上任，想不到老三得的是西海，可西边没有海，是岸呀。三太子来火了："好！你们存心欺我呀！"他不管三七二十一，一甩尾巴冲了出去。这一冲不得了，又是风又是雨，潮水涌上了岸。他是小的不欺，大的不怕。老四的北海他不管，专门在老大、老二的东海、南海里乱搅一通。把两条海中间的水弄得浑浊浊、黄乎乎。老大、老二没办法，只好到老龙王那里去告状。老龙王一想：啊呀，是我老糊涂了，这事怪不得老三，于是就把被老三搅得浑浊浊、黄乎乎的那块海面给了他。因那里的海水被老三搅黄，就叫"黄海"了。

木桩港的传说

讲述：张洪范 62 岁 农民 不识字
记录：李茂富
1986 年采录于余东正中村

木桩港是大海中的一座小到不能再小的岛，被人们叫做"救命墩"，是余东场的盐民出海歇脚避潮之处。

唐朝时有个叫骆宾王的人起兵声讨武则天。一次，骆宾王打了败仗，从通州乘船向东逃去。开始时风平浪静，但当船靠近余东场西南海面的辰光，天气突变，只见大雨倾盆而下，天潮加地潮，海浪掀得有山高，眼看船就要翻。骆宾王急得大叫："苍天啊苍天，我骆宾王葬身海底不足惜，可怜兴唐大业还没完成哪！"

骆宾王这一喊，怪哉！"轰隆隆"一声炸雷过后竟从天上降下一根木桩，正好落在船头上。木桩还系了一条红绸子，骆宾王走近一看，红绸子上写着这么一行字："宾王宾王，心中莫慌，赠你木桩，助你兴唐。"于是骆宾王就拿木桩作锚，抛了出去。木桩正好落在救命墩上，把船系得牢牢的。

骆宾王后来在木桩上刻了三个字：木桩港。从这以后，木桩港的名字就一直沿用到今朝。

歇御港

讲述：颜雪贤 71 岁 退休教师 中专
记录：林建平 62 岁 退休干部 初小
1986 年 8 月采录于包场乡解放村

歇御港在通州东乡江场北八里外黄海南岸。原来是条无名小港梢，后来为何定名为歇御港的呢？民间曾流传着这样一段故事。

相传在明朝正德年间。有一年，正德皇帝在京城里闷得发慌，就便服出巡江南胜地。当正德皇帝的船队进入黄海时，突然遇上风暴袭击，船队被冲散了。正德皇帝乘坐的那只船在海上漂流了三天三夜，最后在黄海南岸的一条小港梢里搁了浅。正德皇帝在海上弄得又饥又渴，一看到陆地，忙命随从带他上去走走。

一行人走到一座高土墩上，见土墩上有一间小草屋，便走了进去。草屋里有一位三十多岁的中年农妇正坐着结网。交谈中，中年妇女晓得他们是从京城来的，在海上遇风浪漂流到此，想必一定又饥又渴，就把家里留着的一点荞麦面做了些饼，又把菠菜、文蛤和豆腐合起来烧了一锅汤，让一行人充饥。俗话说：饿了好吃食。正德皇帝见热腾腾的荞麦饼、香喷喷的菜汤，便狼吞虎咽地吃起来。吃完，抹了抹嘴巴连声称好，并问这菜汤叫啥名堂。农妇随口答道："此菜叫红嘴绿鹦哥、大刀玉斧汤。"正德皇帝听后，连连点头说："好个红嘴绿鹦哥、大刀玉斧汤，真是难得听到的美名，其味天下第一鲜！"

时隔不久，正德皇帝重新回到了京城，又过起了花天酒地的生活。一天，他心血来潮，突然想起要吃这"红嘴绿鹦哥，大刀玉斧汤"来了。忙传旨让御厨大师做这道菜。这下可难住了御厨大师们，不要说做，连听也没听到过呀。但皇帝要吃，只好硬着头皮做呀，大家想方设法根据鹦哥和玉斧的形状，加足作料做了个菜，皇帝一看就说不对，气得当场杀了几个厨师。宫内的厨师没本事做，后来又张榜请宫外民间名厨师做，请了几个，也不合皇帝口味，都被问了罪。当朝一位大臣见这样下去，天下名厨师岂不全被杀光，便晋见皇上说："启奏陛下，天下名厨各有其长，如全都问罪处死，以后哪有名厨再为陛下烹调佳肴？依臣之见，不如把那农妇召进宫廷，一则可为陛下做菜；二则也可使宫内御厨们见识见识。"正德皇帝听了，觉得也有点道理。于是就下了一道圣旨，将农妇召进了宫廷。农妇进宫后，正德皇帝就命她做"红嘴绿鹦哥、大刀玉斧汤"这个菜。菜汤很快就做好了，端到皇帝面前，皇帝尝了一口，味道也不对呀，要治农妇欺君之罪。农妇不慌不忙地说："万岁爷啊，不是我菜烧得不对，而是你的口味不对了，想当初你漂流海上好几天，又饥又渴，俗话说：冷来好穿衣，饿来好吃饭。当时能喝上这个菜汤，自然是美味啰。"

正德皇帝听了农妇一番话，想想倒也有点道理，就恕农妇无罪，而且还奖赏了不少金银。

后来这件事传到了民间，人们就把正德皇帝曾到过的无名小港梢称为"歇御港"，将文蛤称为"天下第一鲜"。

狼山烧香的传说

讲述：王进洪
记录：冯志江
1986年8月采录于王浩乡王宅

从前，狼山上有一个黑大汉，经常下山来抢人家漂亮姑娘。

大家十分气愤，都聚集起来打这黑汉。黑汉敌不过人多，变成了一条蟒蛇，一头栽进长江里。一歇工夫，江水便被他掀起滔天巨浪，而且冲破堤岸，淹掉了无数房屋良田。正在这时，东南方漂来了一只小船，船头上立个道人。他左手拿拂尘，右手拿团麻绳，向浪头里一抛，不一会儿收起麻绳，便将蟒蛇钓了上来。道人把蟒蛇镇在狼山底下，从此百姓也就得救了。

大家为了纪念这个道人，就请了能工巧匠塑了道人的像，供上了香火，这就是现在的狼山大圣。以后人们每年都要去狼山烧一次香，天长日久，便成了风俗，一直传到今朝。

狼山庙里爆皮鼓

讲述：顾祯岐 73岁 农民 小学
记录：郭建人
1986年8月采录于瑞祥乡

有一个人去狼山烧香，脚上着一双皮底鞋子，跑到半山腰，随便奈也跑勿动勒，拼命用劲也勿来事。伊心里想：我今朝一本诚心来烧香咯，干脆拿鞋子脱掉。伊脚出相头里①变轻了，勿多一息跑到了山顶。

伊跑到庙里，看见一只牛皮鼓，心想：我着仔一双皮底鞋罚我重来咯跑勿动，各（那）伊菩萨面前放着恁大一只牛皮鼓倒有处个（可以的）？伊正在这样想，只听见"嘭"的一声响，那只牛皮鼓就爆脱了。后来狼山庙里就有一只爆脱的牛皮鼓放在那里。

---

① 出相头里：突然。

狼山大圣

讲述：张泽忠
记录：张林 48岁 文化站站长 中专
2008年11月采录于正余镇文化站

很久很久以前，上界的玉皇大帝不知为什么要惩罚我们通州地界的人民。久旱不下雨，太阳把大地烤得火热火热，使得沟河断流，土地干裂，禾苗萎蔫。地上的人们过着日不饱肚、衣不遮体的苦难生活。

一天，玉皇大帝的三太子外出游玩，看看天宫里的东西很枯燥乏味，于是拨开云头，喜看下界，以畅心怀。但这一看，三太子大吃一惊，他看到通州地界的人民正处在水深火热之中，到处都是喊天怨地，惨不忍睹。三太子当时就起了恻隐之心，跑到自己的房间拿了一把茶壶，到仓库里拿了一把稻种，拨开云头，从天上把稻种撒下。茶壶里泼下的水，变成了蒙蒙细雨，稻子发了芽，芽长成了苗，苗又抽了穗，就这样，在三太子的精心护理下，下界的大地上沟河边都长满了稻谷。从此，人民有了吃的，生活逐步地好起来。但三太子却给自己带来了灾难。

有一天，玉皇大帝临朝，太白金星上奏，下界通州地面罚期未满，却再不干旱，到处都是稻谷，人民有饭吃了。玉皇大帝问："这是谁破了这个戒，一定要重重处罚！"太白金星说："是您的三太子！"玉皇大帝听了大发雷霆，于是下旨：把三太子罚到下界去与人民一起受苦，永不准返回天庭。就这样，三太子被罚到四川的一个老财主家。

物换星移，三太子长到十几岁。一天财主和老婆上亲眷家去了，叫三太子在家看稻谷。忽然来了一个和尚，嘴里喊着："化缘了，化缘了！"这和尚看到三太子一人在家，又看到桁上晒了很多稻谷，就对三太子说："我是来化缘的，不问多少，随你给罢。"三太子说："今天你来得不凑巧，大人不在家，我没有钱给你，你还是走吧！"和尚说："没有钱不要紧，这里不是有稻谷吗？"三太子问："你要多少？"和尚说："我只要一木鱼！"三太子说："只要一木鱼，你就自己拿吧！"和尚说："要是都给我拿了，你舍得吗？"三太子说："你只要一木鱼，你装满就是了，我是舍得的。"于是，和尚就拿木鱼装稻谷。结果，几桁的稻谷全被装完了，木鱼还没有满。和尚背着木鱼跑了。原来这个和尚是太白金星变的,要催促三太子出家修道。

三太子一看,今天把稻谷都给了和尚,爹妈回来怎么办?肯定要受到惩罚,看来这个家是待不下去了。于是三太子急忙整理了一下,穿了一双草鞋,推了一部小车就出家了。到哪里去呢?心里又没底。只好靠帮人家推路车过日子。一直从四川到了通州地面,他看到通州的环境很好,东临大海,南靠长江,山清水秀,人杰地灵,他就在通州安了家,经过多年的修道还原成圣。

三太子听说南通的狼山一直被一只修炼成道的狼霸占着。有一天,三太子来到狼山,与狼商量要一小块地。开始狼不同意。三太子问:"我不要大地方,只要袍子这么大。"狼说:"那可以。"太子说:"当真?"狼说:"当真。"三太子问:"不后悔?"狼说:"不后悔。"结果三太子把袍子往天上一抛,竟然遮住了整座山,虽然狼有想法,但也不好后悔了。三太子又说:"以后凡是有人来敬香,称我名的,是我的;称你名的,是你的,这样公平吗?"狼当然高兴了。

从此以后,人们称三太子为大圣菩萨。因为他保佑通州地带的人们过太平日子,所以年上山敬香的人络绎不绝,香火兴旺。上山的人大都称他为"狼山大圣"。从此通州的狼山大圣名扬四海。据说凡四川娘家来的人上山敬香,还沿袭着穿草鞋的习俗。

牧童山

讲述:梁荣山 56岁 文化站站长 高中
记录:虞树林 34岁 文化站站长 高中
1986年10月采录于四甲镇牧童山村

海门县四甲镇东北,有个地方叫牧童山。虽叫山,可是没有山,为什么呢?

很早以前这里原是荒无人烟的海滩。后来来了几个游方和尚,在这里建了座庙,庙里又塑了很多菩萨。从此,庙里香客盈门,香火不绝。

有一年,官府在庙的周围破土开沟。老百姓挖的挖,挑的挑,挖的土很快堆成了小山;开成的沟深三丈三尺三,宽四丈四尺四,长九十九丈九尺九。

可第二天一看,怪哉!原先开的沟没有了,填得好好的,而原先开出的土仍堆在那里。官府说:再开。于是又开了起来。开成的沟仍是深三丈三尺三,宽四丈四尺四,长九十九丈九尺九,堆的土山更高了。

谁知第三天早上再一看，沟又没了影踪。"土山"仍好好地堆在那里。大家惊奇得目瞪口呆。就在这时，不知从哪里来了一个白发长须的老人，手拄一根龙头拐杖，在庙四周转了一圈。有认得的人知道这老人叫白芝州，有破天定海的法术。众人一起向他请教，白芝州向土堆顶上一指说："山上牧童，神通无穷，牧童山上，来去无踪。"大家抬头向土山上望去，果真见一个牧童，年纪只有八九岁，倒骑牛背，信口吹笛。大家觉得奇怪，再一低头，白芝州不知哪里去了。大家便一起上山，向牧童讨教。牧童说："你们今天再挖，晚上收工时把铁锹都插在沟底里就好了。"说完在牛屁股上加了一鞭，腾云驾雾而去。

于是大家照牧童说的等沟开成后，把铁锹插在沟底，才回家去。

第四天起来一看：只见庙的东、西、北三面仍是沟，南面却还是平地。高土堆没有了，沟里的水都是鲜红鲜红的，沟中浮起一只磨盘大的乌龟，已经死了。

后来，人们就根据白芝州所说的"山上牧童……牧童山上……"给这地方取了个名字，叫"牧童山"。

筑皇岸

讲述：张锦蓝 58岁 农民 初小
记录：朱锦达 42岁 文化站站长 中专
1986年5月采录于包场乡长桥村

南通到吕四，以前有条老皇岸。这条老皇岸是用来挡潮水的。

筑这条皇岸很不容易，筑了好几次都没有筑成。有个人叫陈七，从小长在海边，后来到京城里做了官，有空常回老家探望乡邻。他看潮水涨起来很凶，要把岸冲垮，就想了法子。他从京城里调来了七七四十九只大龙船，船上装满了稻糠。到了八月初三大潮这天，正好是东北风。四十九只大龙船从南通到吕四，一直排到潮头上，船里的稻糠全部撒在海面上。潮水佥着稻糠，顺风顺水朝西南漂，一直漂到潮头边上。落潮的辰光，稻糠粘在海滩上，从东北到西南留下了一道弯弯曲曲的稻糠印子。陈七叫人按这条印子筑岸，不到十天，便筑成了。

陈七是皇帝派来的人，所以这条岸就叫"皇岸"。

鱼干龙王庙

讲述：陆士冲
记录：沈裕辉
1986年3月采录于新海乡陆宅

有一只小船驶到祠堂旁停靠。船上一家人好几天没有吃到新鲜东西了，嘴上一直吃咸货没有滋味。这家孩子忽然看到水面上有根垂钓竿，随手捞起，重甸甸的，拉上一看，钓钩上有条大青鱼。一家人胃口来了，剖剖洗洗就烧。但又一想，鱼是人家钓的，吃了不作兴。可鱼已煮了，怎么办？孩子的娘出了个主意：挑出自己家一条大咸鱼，挂在鱼钩上，仍照原先那样放到水里。

后来钓鱼的人来起钩，一看钓到一条大咸鱼，非常惊奇。钓到咸鱼的消息顿时传遍了乡里。年纪大的人说，这是祠堂里菩萨显灵，见老百姓无鱼吃，特赐大咸鱼。乡绅们闻知此事后，忙劝百姓捐款扩建祠堂改作龙王庙，求菩萨保佑。一时无人不听，无人不信。

庙建成了，取名为"鱼干龙王庙"。

言龙桥

讲述：方人伟 51岁 农民 小学
记录：顾小凤　杨志才 72岁 退休干部 初中
1986年8月采录于方宅

在江滨、瑞祥、德胜三乡交界处，有座大石桥，长十五米、宽三米，由厚一市尺的九条长石条作桥面，东西走向，南侧刻"言龙桥"三字。关于这座桥，有一段美丽的传说。

相传有个水怪犯了天条动了杀戒，水漫沙洲，淹死万千生灵。玉帝大怒，令二郎神捉住水怪，绑上斩妖台处决。太白金星和吕纯阳求情说：念这水妖修炼千年，才得人身，实在不易，况且它已身怀六甲，小生命无罪，不如把它压在东海边受苦，边专心修炼悔过。玉帝准奏，把水怪押在东海雷池,每月初一、十五准水怪随海潮浮出海面,参拜日月,吸天地精气,修身养性。

不久水怪一胎生下二子,似龙非龙、似蛇非蛇,一条红、一条青,红子生性暴烈,青子生性温顺。许多年以后,两个儿子也能跟着娘随海潮浮出水面见识世界。但母亲为什么每月只能出水两次,又不能越雷池半步?两个儿子一点也不知道。后来水怪经不住儿子的多次追问,终于说出了事情的真相,最后说:北有花果山孙大圣监视,南有吕纯阳坐镇,东有东海龙王拦截,所以只有在此苦苦修炼,将来好得到玉帝的宽恕。两个儿子听了,很为母亲抱不平。于是,常趁每月两次朝拜日月的机会,兴风作浪,向西冲堤决坝,想把囚禁母亲的地盘冲毁,哪知这使沿海的百姓死伤无数,流离失所。地方官无奈,告急文书送到京城,皇上派丞相范仲淹前来视察。经过数年考察,决定因势利导,发动百姓把麦秸、稻壳之类推入海中,等潮水一来,这些东西被冲上滩涂,潮水一退,这些东西便留下一道水痕,范仲淹便根据这条水痕筑起堤坝,这便是东海边的"范公堤"。

见救母不成,红子暴跳如雷,怒火中烧,便拣了一个火年火月火日,冲出雷池,来了一个就地十八滚,喷出三昧真火,烧了三天三夜,将沿海民房全部烧毁。水怪见红子三天不回,知道闯了大祸,便命青子喝足海水,前去灭火,并含泪告诉伊:本来我们母子马上可以得赦,但红子为了救我反而害了我,你立即赶去把火灭熄,从海界边向南逃往普陀山,求观音菩萨保护,或许将来可以母子团圆,不然全家在劫难逃。青子奉了母命,冲出雷池,把口一张,将海水喷出,浇灭了大火,但这场大火却惊动了吕纯阳、孙大圣和二郎神。它们带了天兵天将,把水怪母子团团围住。水怪见势不妙,立即叫青子化作蚯蚓向南逃走,自己领着红子,迎着众天神下跪求饶。吕纯阳见青子灭火有功,便放了青子,把水怪与红子带回天庭受审。再说青子慌不择路,沿海界向西走了一段,发现无水路通往普陀山,便摇身一变,变成了一条数十丈长、腰粗十围、头生二角的青龙,拼命从陆地开路向南海冲去,但是放心不下娘和哥哥,于是走一段回头看一看,走一段再回头看一看,赶到长江边,总共回头七十二次,叫了七十二声娘。这便是通向大脚港的大河有七十二个望娘湾的来历。

青子走到长江,发现不是南海,心中一急,四脚一用力,陷地十八丈(所以后人称之大脚港)一纵身向前一扑,发现娘和哥哥已被天兵绑起,正向南天门而去。它大叫一声,用力一冲,把崇明县冲成二半,变成了崇明岛。当地居民见有青龙冲天而起,所以取名青龙港。

当时青子走过的一个地方有一个粮户,佃户们亲眼看见青龙冲过,把粮户的土地分成了二半,佃户们觉得来去不便,于是集资造桥,起名"言龙桥"。

石头观音潮水氽

讲述:朱锡迈 47岁 农民 初小
记录:朱锦达
1986年5月采录于包场乡三介塘村

许多年前,靠新余镇的北边,有一块乱草场。这里草长得特别好,初看上去像座山,当地人叫它"太平山"。

一天,下海的渔民发现港梢头有一样东西,走近一看,是一块用青石头雕成的观音菩萨。大家非常奇怪,向石头观音叩了头,想把它搬到岸上放到沈灶庙里。可是横搬竖搬就是搬不动。有人说:沈灶庙里原来有菩萨,倒不如搬到太平山上去。这样一说,怪哉,几百斤重的石头观音轻轻巧巧就搬动了。

石头观音一到太平山,老百姓纷纷出钱,没有几天,就砌了一座庙。以后,一说到庙里的观音菩萨,人们就说那是潮水氽来的。

寿丰桥

讲述:黄友富 82岁 农民 初中
记录:郭建人
1986年5月采录于瑞祥乡

清朝末年,南通张状元为办纱厂派帮办郁范生去英国订购一批纺织机器。郁范生办事精干,很受英国老板赏识,临走时赏了他一大笔钱,使郁范生发了财。

第二年,郁范生三十七岁。一个算命先生经过他家门口,自作主张要给郁范生算命。算命先生说:"先生虽然福星高照,但到三十八岁这年却要大难临头。"郁范生的娘子听了很着急，忙问先生有何解法。算命先生说："有解法。只要在这一年中多修善事，大难就可以解掉。"郁范生也有点疑三惑四，就问修啥善事。算命先生顿了一顿说："在这方方圆圆修造四十九座桥，就可解灾避难。"

为了逃脱灾难，郁范生只好兴师动众，四处购买砖木，请人察看地形，从春天到秋天大半年过去了，在方圆一百里的要道路口建造了四十八座桥。

冬天刚到，在海门镇羊圆角东边建造了最后一座桥。七七四十九座桥全部造完，银子已经用去了一大半。郁范生心里高兴得不得了，因为灾难解脱哉。

郁范生为了庆贺自己能延年益寿，就把这最后一座桥取名叫"寿丰桥"。

孝子牌楼

讲述：陆士冲
记录：丁秀发 43岁 文化馆馆长 高中
1986年3月采录于新海乡

海门茅家镇上有个范士华，老早死了爷，娘瘫痪在床，家里生活十分贫困。每天东方日出，范士华就夹了讨饭棒出去讨饭，讨得较好的饭菜就带回转给娘吃。

有一次老娘想吃鲜鱼，范士华就带了讨来的铜钿到集市上买鱼。选好一条，卖主要价三十六枚铜钱，范士华全身搜遍，哪怕翻遍衣袋底还是凑不满数，只好将鱼放在一边，嘱咐卖主："别卖掉，等我讨到钱再来拿鱼。"

但等他讨满鱼钱来买鱼时，卖主却说："这条鱼被衙门里的人买去了。"范士华立刻奔到县厅署、哭着对衙门的差役说："我娘躺在病床上要吃鲜鱼，等我讨到钱来时，鲜鱼被衙门买走了。"范士华双膝跪下："求衙门老爷拿鱼转让给我。"衙役禀告厅官，厅官很惊奇："竟有这等事！"就命厨房将已煮好的鱼送给范士华，并派人尾随看望。衙役跟过去，果然看见范士华一回家就拿鱼一块一块地夹给老娘吃，衙役回府禀告，厅官十分感动。

范士华出外乞讨，碰到大风大雨迟回家，他总要跪在娘床前请罪。范士华孝敬母亲的事迹传扬四方，后来在茅镇北三里处建造了"孝子牌楼"。

天上挂白龙

讲述：陆淑清 70 岁 农民 初小
记录：陆士江 34 岁 小学教师 中师　张正忠 32 岁 文化站站长 初中
1986 年 8 月采录于新建乡陆宅

我俚通东有句俗话："仇家白龙挂，白米饭吃不怕。"意思是说看到天上挂白龙，这年雨水就多，该多种稻。为啥这样说呢？里头有个故事。

从前有个吃斋人，一门心思想成仙。他发誓不沾人家一点便宜，不白吃人家一粒粮食，要是吃了，就做三年牛马偿还。他一直修行到九九八十一岁。等到头发胡子全白了，他就动身赶到西天去成仙。

一天，他经过一块稻田，见稻穗头黄澄澄，金灿灿，蛮好看，就托起一穗在手心里看。哪晓得一粒稻子落在他手心里了，这下他犯难了。掼脱哦，一粒稻子七斤四两水，来之不易，舍不得；还给人家哦，又不晓得这块田是哪家的，找也没处找。想来想去，还是剥剥壳络吃脱算哉。他刚咽下去，一下想起自己发的誓，晚了，吐又吐不出，只好等到了西天再说。

一路辛苦来到西天佛国。如来佛晓得他来了，连忙着人[①]把他挡在佛门外，给他一条佛旨，叫他实现自己的诺言，到一家姓仇的人家当三年老牛还债，期满后再回来成仙。他没有一句怨言，魂魄飘飘荡荡来到仇家。正好仇家落小牛，他就投胎做了牛。哪晓得这是只花牛，仇家的儿子觉得好嬉子，就用红花把牛打扮起来，不让它做生活，天天和它嬉。过了三年，花牛死了，魂灵又来到西天。如来佛一算，又晓得哉，连忙着人把他挡在佛门外，下旨说："做三年花牛，受人家侍奉，不算。要再投老牛，做三年苦活才行。"于是他又被赶到仇家，这次投了一只水牛。这只牛是白牛，身高力大，蛮会吃苦，帮仇家整整干了三年苦活。一天黄昏，老牛说话了："主人家，你过来，我有话同你说哩。"主人家一听："是谁呀？"四处看看没人，只有老牛在望着他。老牛说："主人，是我在同你说话哩。"主人家吓了一跳，连忙向老牛拱拱手说："老牛，你有啥说？"老牛把自己的来历全部告诉了主人家，

[①] 着人：通东语，叫人或派人。

最后说:"我欠你的债已经还清,明天就要死了。我死后,就变成白龙,今后,凡是雨水多的年份,我就会伸下一只脚来,你倷看到天上挂白龙,就多种点水稻,准会有好收成。"

第二天,老牛真的死了。后来,人们见到天上挂白龙的年份,就多种了水稻,真的获得了好收成。于是,这一带就传开了这句俗语。

龙王斩将

讲述:张兰芝 56岁 农民 初小
记录:朱锦达
1986年10月采录于包场镇长桥村

相传有一年八月十三大潮汛那天,北海突然风浪大作,恶浪一股接一股涌上滩头。过去一遇到这种怪潮天,防潮大堤总会被冲得像狗牙边,有些滩头弄得不好还会决口。说来也奇怪,这次潮水好像长了眼睛,排山大潮一触到堤边,就自动退了回去。

突然,天空中一个响雷,劈得潮水"哗哗"作响。雷声过后,雨停了,潮也退了,海面一下子又变得风平浪静起来。

就在五条梢南边的沙滩上,一条黑皮大鱼直挺挺地躺在那里。这条黑皮大鱼从头到尾足有四五十丈长,鲜圩港周围的老百姓,整整弄了两天两夜,才把那条大鱼分割完。

这到底是条啥鱼?为啥会躺在沙滩上?这还得从头说起。

这条鱼原是北海六闸梢深潭里的一条黑鲨精。每次北海龙王聚会时,黑鲨精总要跟着族中长老一道去,龙王见它能说会道,又有一身功夫,就把它留在龙宫里当个小差使,黑鲨精很乖巧,很讨龙王欢心。有一次,龙王外出巡海,南海来了一群龟精,乘机闯进龙宫,想抢龙王的小公主,黑鲨精舍命相救,结果龙王公主虽保住了,但自己却受了重伤,从此龙王更加宠爱它了,并封它为北海守潮官。黑鲨精得了加封,一天比一天高傲起来,经常在北海六闸梢深潭里兴风作浪,弄得下海渔民担惊受怕,每年总要有好几个渔民葬身海底。海里那些小鱼小虾,更是吃足了它的苦头。一些鱼虾绕着龙宫默默地游来游去,一日又一日,龙王见了觉得奇怪,便唤来一条小支鱼追问缘由。小支鱼就把情况一五一十地说了,龙王一听大怒,忙差巡海夜叉召回黑鲨精，五花大绑，关进北海大牢，判罪十年。

过了三年，这一年八月十三，喜逢大汛，海边渔民纷纷驾船出海，准备再捕一汛鱼虾回来，好过中秋佳节。早上出海时，万里晴空，海面风平浪静，但船驶到六闸梢，突然狂风大作，浪如小山。四十六条船全被浪打翻了，七七四十九个渔民被浪吞没了，哭声、喊声震得龙宫动荡起来。龙王在龙床上躺不住了，当即差巡海夜叉火速查明情况。巡海夜叉心里早晓得，就是不敢张口。龙王见巡海夜叉光低着头不走，把惊堂木一拍，龙须倒竖："巡海夜叉听令！限你一个时辰内查明原因，否则就拿你问斩！"巡海夜叉不好再瞒了，便将事情一一向龙王禀报。

原来，这黑鲨精被关进大牢三年后，龙女的母亲见它是自己女儿的救命恩人，看它受罚坐牢有些不忍心，再说三年了，也该收性了，就在八月十三这天，瞒着龙王偷偷地把它放了出来。哪晓得这黑鲨精恶性难改，仗着自己是龙王女儿的恩人，一回到北海六闸梢深潭就又兴妖作怪，闯下了大祸。

龙王听后，气得龙须根根发抖，头上两只龙角直立，当即拍案而起，龙宫金鼓大作，虾兵蟹将统统来到龙宫，大家你看看我，我看看你，不知为啥。这时龙王发令："大家听着，我北海龙王修道千年，深得百姓爱戴，如今想不到龙宫里出了大逆，残害百姓，今日要重重整治！"

黑鲨精被重新捉拿归案判了死罪。时遇闰年，八月十三，黑鲨精被挖掉双眼，由虾兵蟹将随大潮将它推上鲜圩港的海滩上，让老百姓千刀万剐。

白娘娘又一说

讲述：梁扣江 67岁 农民 小学
记录：瞿仰祖
1986年9月采录于四甲乡

相传白娘娘是一条善心修炼的白蛇精，关于她的传说有多种多样。

从前，八仙中的吕洞宾到凡间来试人心，在杭州开了一爿点心店。凡是到他店里来买点心的，他总要问一声是买给谁吃的，一连几天，来买点心的人不是说买给娘子吃的，就是说买给孩子吃的，没有人说买给爷娘、长辈吃的。吕洞宾觉得凡间人的良心都不好。又过了几天，见一个穿着褴褛的小伙子来买点心，吕洞宾问他买给谁吃，小伙子说是买给瞎眼娘吃，吕洞宾就从蒸笼里拣了一个馒头给他。奇怪得很，瞎眼娘吃了这个馒头以后，眼睛突然不瞎哉，一天到晚，肚子也不觉得饿，一连半个月不思量吃饭。这可把小伙子急坏了，不吃饭怎么行？到头来还不要给饿死。小伙子心里想，这肯定是吃馒头吃出病来了，就照直寻到吕洞宾，和吕洞宾吵起来了。吕洞宾又不好直说，没得办法，就叫小伙子回去把娘请来，帮她治病。吕洞宾掐指一算，杭州地方有一条白蛇精已修炼多年了，就帮它一把，让它早日成仙吧。他叫小伙子把娘扶到城门前一座桥上，朝她背心上猛拍了一记，"咯笃"一声，吃下去的那只馒头原封不动从她嘴里滚了出来。这辰光，那条白蛇精正巧在桥下，见桥上落下来一个馒头，它是识货的，晓得这是一个仙馒头，便急忙接住吞吃了下去。这条白蛇旁边还有一只修炼了五百年的田螺精，也想吃这个仙馒头，它爬得慢，没有吃到。白蛇吃下这个馒头以后，顿时长了道份，要出水上天成仙了，田螺精求她帮忙，伏在她背上一同去成仙，白蛇不答应，尾巴一掼把田螺精扫了下去。田螺精见成仙无指望，便恼恨在心头，在西湖深处修行苦练，思量报复，得道后变了个和尚，取名"法海"，住在镇江金山寺。白娘娘十月怀胎生小孩的辰光，法海为报仇下山作法，为难白娘娘，所以后来才有雷峰塔镇白蛇的故事。

吕洞宾打酒井

讲述：蔡云清 62岁 渔民 不识字
记录：蔡钢新 42岁 文化站长 高中
1986年10月采录于东灶港

吕洞宾记挂着海边的老百姓，就变成一个凡人，第三次到了海边吕四。

他找到了一位穷老太太，说："你开一爿酒店吧，也好给下海的人歇歇脚，喝杯酒。"老太太说："我们这里海滩头都是咸水，用啥来做酒？"吕洞宾说："明朝我帮你打口井，保你出甜酒。"

第二天，老太太开门一看，场心里果真有了一口井。这时，吕洞宾来了，说："井里的甜酒多来交关，你吊出来给下海人吃，只要收些工夫铜钿。"说完，就不见了。

老太太用桶把井水吊上来一尝，啊呀，喷香，果真是甜酒。从此以后，老太太把井中甜酒卖给下海人吃，果真只收些工夫铜钿。

三年后，吕洞宾又来到吕四，见这爿酒店十分兴旺。他对老太太说："你老好福气。三年井水当酒卖，赚了蛮多铜钿吧。"老太太说："好是好，可惜井里只有酒没有糟。"

吕洞宾一听，心里蛮气，他想：人心狠如刀，井水当酒卖，还嫌没有糟。他走到井边，衣袖一拂，走了。

从此以后，井里吊上来的水不再是酒，只是水了。

狗咬吕洞宾

讲述：蔡云清
记录：蔡钢新
1986年10月采录于东灶港

吕洞宾第四次到吕四，开了一爿馒头店。那馒头又白价钱又少，来买馒头的人特别多。

凡是来买馒头的人，老板总要问一声："买馒头给啥人吃？"回答都是"带给儿子吃""带给丫头吃""带给孙子吃"。

有一次，一个下海的小伙子来买馒头，一问，说是买给老奶奶吃，今朝三，明朝四，都是这样。有一天，老板说："今朝我多送你一个馒头，你自己也尝尝。"谁知小伙子吃了馒头后，一连三天不吃饭，力气却很大。家里老奶奶不放心，带着孙子找上门来。老板说："不要紧的，省出点米不是很好吗？"老奶奶不放心，硬要老板把馒头弄出来。老板叹口气，说："唉！没福气，没福气！"就朝小伙子背上连拍三记，小伙子口一张，"哇"的一声，一个馒头原封不动地吐出来了。哪晓得被旁边一只狗看见，扑上去吃脱哉。

卖馒头的老板等老奶奶、孙子走了，就关闭了馒头店，拂袖而去，可这只狗却紧追不放，"汪汪"直叫，还想要吃。老板摇着头说："畜生好度凡人难度。"

馒头店没有了，老板也不知去向。后来人家才晓得那馒头店老板就是大名鼎鼎的八仙之一吕洞宾。

"狗咬吕洞宾，不识好人心"就一直传到今天。

糊涂的土地菩萨

讲述：陈和 56 岁 开票员 小学
记录：李茂富
1986 年 5 月采录于余东菜市场

据说先前，土地菩萨和城隍菩萨住在一个庙里，一块享受人间香火，一块办理事情。

因为城隍菩萨办事索落爽当，土地菩萨年迈糊涂，所以人们有事总是找城隍菩萨，把土地菩萨冷落在一旁。土地菩萨心中有气，但又拉不下面子。恰巧有一次玉帝有事宣旨城隍菩萨上天。这样土地菩萨就成了"头把手"啦。

"头把手"也不怎么好当。瞧，事情来了。

孙大和钱二为砌房子吵架，告到土地菩萨那里。孙大要把房子砌在钱二家的东南角，钱二不答应，说是东南角上砌了房子，到了夏天挡住东南风，钱家不得阴凉。土地菩萨一听，有道理，就判道："房子不能砌在人家的东南角，有碍风水。只能砌在东边，还要和原先人家的房子一直线，东不超前，西不落后。"这样一来，弄得这孙钱两家世代结仇，吵闹不休。

接着张三和李四两人又为砌房子事打官司来了。李四说："张三要把房子砌在我家西南角，冬天太阳偏南，遮我家太阳。"土地菩萨又判道："西南方向不许砌，有碍风水，遮人家阳光。"张三房子要砌在李四家前边，土地菩萨又判："前后空挡要大，前不超高，后不偏低。"这样一来，弄得这两家又成了十世对头，吵闹不休。王五和赵六为砌房子又来了。说是姜家房子要插在他们两家中间。土地菩萨又判道："不许这样砌，这样砌像把铁叉，要叉伤两家户主的。"过了不多几天，周七要在吴八家房子前砌间竖头灶屋。土地菩萨说："顶头房子，山头像箭，不能竖对人家。否则，前边箭头对人家屋，后边主家要死人的。"

除此以外，土地菩萨还规定了：前边的侧墙头不好对后边人家的堂门，说是："前边山头对堂门，后边一世难超生。"另外，他还稀里糊涂地作出了许多不合情理的规定：砌房子要相风水，破土动工要拣日子，竖柱上梁时要贴"竖柱喜逢黄道日，上梁正遇紫微星"的对联，还要送糕说"利市"，放鞭炮，挂红绿布。

　　这些规定，劳民伤财，百姓怨气冲天。玉皇大帝知道了，派人把土地菩萨捉到天上问罪，但看到他年纪大，没有杀他，就罚他不得在镇上、城里享受香火，到乡下去。

　　后来，镇上、城里的庙里便是城隍菩萨一人执掌，土地菩萨卷着铺盖下了农村。他大片土地上不敢住，便在小小的沟角落里安了家，搭了一个简陋的小庙，人们管这叫土地庙。因为这庙太小了，只有一间堂屋大小，所以有些地方干脆把它叫做"土地堂"。

清明节插柳

讲述：刘汉　61岁　农民　小学
记录：冯志江　26岁　农民　初中
1986年8月采录于王浩乡

　　江苏一些地区在清明那天有插柳的习惯，据当地老一辈人讲：这跟明太祖朱洪武的原配正宫娘娘有关系。

　　马娘娘有一双大脚。一年清明节，马娘娘突然心血来潮，坐上凤辇，要出城游玩。一路上鸣锣开道，浩浩荡荡，好不威风。可乡下的泥路窄，不能走车，她只得下车步行，这下那双大脚露出来了，村里人哪晓得什么马娘娘、牛娘娘，当下便张扬开了。那些三尺高的顽童拍着手高叫："稀奇稀奇真稀奇，大家快看大脚鸡。"

　　这下可把马娘娘气得嘴巴歪到耳朵根，牙齿咬得格格响，叫师爷记住了这个村名转身就走。这时忽听有人哭着走来，马娘娘一看，是一个老太婆，穿着破烂的脏衣服，一脸苦相。特别是老太婆那双脚，和自己比起来，大得不相上下。马娘娘派人把她喊过来，询问原因。老太婆说："只因她生了一双大脚，所以常常被人嘲骂。"马娘娘心想：留下她那双大脚遮挡遮挡我的臭名，倒是有用的。便说："那些无知村民，回头都得杀掉，你可例外，快回去在你们门前插上两支柳，作为记号。"

　　马娘娘走后，那跪在地上的"老太婆"慢慢地站了起来，解开发髻，脱掉外衣。嘿！竟是一个年逾古稀的老头儿。

　　原来这个老头儿是村里的智多星。他知道村民们惹恼了马娘娘，会有杀身之祸,所以乔装打扮前来打探虚实。果然不出所料,马娘娘要大开杀戒。老头儿赶忙回到村里,通知各家门前都插上柳。

再说马娘娘回宫后,当天夜里就派了一千御林军,把那个村子围得水泄不通。军士们受命除门前插柳人家外,一律杀掉。可是进村一转,家家门前都有柳,只好空着手败兴而归。

这下大家都信服智多星了,但又担心御林军明年会不会再来。大伙儿放心不下,便又在第二年清明节时插了柳。就这样,年复一年,久而久之,清明插柳便成了一种风俗习惯。

麦肚皮上有条缝

讲述:陆希荣 43岁 农民 小学
记录:朱祖邦
1986年8月采录于江滨乡

传说,八仙到凡间来造麦。七个仙人到了,铁拐李一瘸一拐走路勿便当跑得慢。七仙未等铁拐李到,就先造起麦子来。等铁拐李到时,七仙已经把麦子造好了,只剩麦肚皮上一条缝没有造,留给铁拐李。铁拐李很生气,干脆勿造哉。于是每粒麦肚皮上便有了一条缝。

后来,铁拐李想想还不服气,又独自造了一种"摇头麦"。从此,每到收麦时节,在大片麦田里总会看到那些夹杂在麦穗中的"摇头麦"在摇来晃去。

大米为啥缺角

讲述:陆希荣
记录:朱祖邦
1986年8月采录于江滨乡

传说八仙造麦以后,又到凡间来造米。七仙先到,铁拐李又慢到。七仙造好一粒米后,剩下一只角,等铁拐李来完成。铁拐李到后,一看来火了,上次造麦剩一条缝给我造,这次造米又留下一只角,当我铁拐李是什么东西？老子不干。

　　结果米直到现在还缺一只角。可是铁拐李又来了个恶作剧，造了一粒稗，长势比稻还好，把稻挤得"靠边站"。七仙就发动老百姓去拔。铁拐李又讲："你们要拔，我罚你们烂脚烂手。"据说，老百姓下田拔"稗"，脚丫里生出"水科病"，就是铁拐李搞的鬼。

磨子为啥有阴阳面

讲述：陆希荣
记录：朱祖邦
1986年8月采录于江滨乡

　　据说，八仙造麦以后，因觉得原粒麦不好吃。于是八仙又想法造磨子。铁拐李生性懒散，腿脚又不灵活，所以老是迟到。先来的七仙将磨片划分为八块。磨片"断"①好后，铁拐李才来到。他一看，心想磨子不能造一片，于是他又造了个底片。可是他又不认真干，马马虎虎断了几下就完事。这一来，磨出来的粉有粗有细。直到今天，无论哪个石匠断出来的磨子都是有阴阳面的。

腰布裙

讲述：方竹英 54岁 艺人 高小
记录：姜明田
1986年6月采录于四甲乡

　　海门通东一带，不论谁下地干活，都喜欢在腰里系一条腰布裙，下地回来，腰布裙里兜着豆、麦、柴草等东西。
　　提起这种腰布裙，里厢还有一个小故事呢。
　　很久以前，通东一个村子里住着一户人家，家中有个老人，叫莲妈妈。莲妈妈平时爱惜粮食，下地干活哪怕见到一个麦穗头也要拾起来，放在衣袋里。有一年秋收，家家掉在地里的稻谷不少，莲妈妈拾了几衣袋。她想这样

---

① 断：凿。

一次次朝家里送太费事,就想了个办法,用一块大的布系在腰里。这样,她就不要接二连三朝家里送了。

一眨眼几年过去了,莲妈妈拾来的稻谷装满了缸、堆满了囤。

有一年闹饥荒。村里人都没吃没喝,家家啼儿哭女。莲妈妈晓得了,就每家每户送了一小袋稻谷。得到莲妈妈接济后,全村总算熬过了荒年。

从此以后,村里人下地都像莲妈妈一样,系一条腰布裙,地里一根草、一粒豆也要拾回来。

贴"福"字

讲述:严甫仁 72岁 退休教师 大专
记录:姚文冲 37岁 文化站站长 高中
1986年7月采录于三阳乡普新村

老辈里人话:姜太公的娘子是个八败星,跑到哪里穷到哪里。在姜太公封神个辰光,娘子对伊话:"别人家都封了神,为啥勿封封我呢?"姜太公说:"你到一家败一家,到哪里哪里穷,封你个啥哪?这样吧,要封就封你做个穷神啰。"娘子听了勿开心,说:"封我穷神,叫我蹲在啥地方呢?"姜太公说:"有福的地方都勿能去!"这件事很快传扬了出去。老百姓怕穷,因此家家户户都写了"福"字,贴在门上、窗上、柜上……这样,穷神就不敢上门了。

从此以后,每年过春节,贴"福"字就成了风俗习惯。

六月初六吃面饼

讲述:清秀 72岁 农民 初小
记录:许培生 45岁 主任 大专
1986年8月采录于平山乡

每年阴历六月初六这天,乡下人总要上街买些鱼肉荤菜,做些油摊面饼吃吃,说吃了油摊面饼能长寿。关于油摊面饼的来历还有个小故事呢。

传说在很久以前,有一对夫妇老来得子,非常开心,替孩子取了个名字叫"神团"。神团十岁那年,算命人说这孩子犯了罪,阎罗王要在六月初六那天午时三刻派阴差来抓他。父母听说孩子性命难保,十分着急,心想,就这个孩子,如果死了不就断了香火了吗?于是天天哭哭啼啼,邻居也替他们惋惜。

阴差来抓神团的日子渐渐逼近了,父母非常焦急。一天,又有一个算命先生路过,听到此事,就为他们想了个解法:"六月初六那天午时前,烧些鱼肉荤菜,摊些油饼,放在桥头,挡住去路。阴差看到有吃的东西,准会嘴馋,等他们吃完东西,抓人的时辰一过,小孩就能保住性命。"

六月初六这天近午时三刻的辰光,两个阴差受了阎罗王的命令来抓神团了。他们一走到桥头,就看见路中放着一桌丰盛的酒菜。两个阴差馋得不得了,心想:抓人的时辰还未到,见酒不吃真呆汉,等吃完酒再去抓也不迟。于是,就端起酒碗,抓起油饼吃喝了起来。吃得面红耳赤,昏昏沉沉。等到桌上的酒菜吃完,两个阴差才想起抓人的事,但是时辰已过了,只好硬着头皮回去见阎王爷。

两个阴差垂头丧气地回到了阎王殿,一看,阎罗王正头靠在桌上呼呼大睡。一个阴差灵机一动,说:"有了!我们何不趁阎王已睏着,在生死簿上把神团十岁的'十'字上面添一撇,改成'千'字呢。这样等阎王醒来要人时,我们就说找来找去找不到这个人不就行了吗。"于是,他们就翻开生死簿在"十"字上面加了一撇,变成了"千"字。

阎罗王一觉醒来,看到两个差人站在面前,就问:"人抓在哪里?"阴差若无其事地回答说:"我们四面八方都找过,没有这个人。""什么?明明有这个孩子,怎么会找不到呢?你们胡闹!"阎罗王发火了。"那你再看看生死簿吧!"阎罗王翻开生死簿寻找,果然找不到这个十岁的孩子,于是就说:"那就算了,你们休息去吧。"两个阴差听到阎罗王放他们走,便眨眨眼睛走了。

据说,小神团真的活到了一千岁。后来,人们为了要想长寿,也在六月初六这天吃起油饼来了。

活在狗身上

讲述:严甫仁
记录:顾其颖
1986年7月采录于三阳乡普新村

海门地方有句俗话,叫做:"六十岁以后活在狗身上",意思是六十岁朝外的年纪是多给你活的。关于这句话的来历,还有一段故事呢。

当初,阎王爷颁布法令:人寿二十享福;牛寿四十耕田;马寿四十拉车;狗寿四十看家。法令公布后,人不愿意,想:我投在世上只享受二十年,太少了,要求阎王多加几年。牛、马、狗呢,也有意见,活在世上四十年,耕田、拉车、看家太辛苦了,要求阎王把自己的阳寿减少二十年。人就趁机对阎王说:"把牛、马、狗的年纪加在我身上吧,二十年以后愿意做牛、马、狗的生活。"阎王见双方情愿,也就同意了。因此,现在一个人二十岁以后就要干活谋生,到了六十岁不能干重活了,以后就替代狗的职务,看看家,赶赶鸡鸭。所以说,六十岁以后是活在狗身上的。

开金口※

讲述:陆希荣
记录:朱祖邦
1986年8月采录于江滨乡

从前,有户人家,夯屋基的辰光,见屋基下有一个骨拾甏①。边头人讲,敲脱算了。这家夫妻俩一商量,不能敲,把屋基移前了三尺。

造好房子,过了两年,夫妻俩生下一子。这孩子自小聪明,五岁进学堂,六岁便会作诗论对。上学时,别人家孩子老早跑,还没到学堂,他呢,老暖②去,最先到;放学时,其他学生先回转,还没到家,他呢,慢回转,却先到家。时间一长,先生、爷娘晓得了,问他,为啥跑得这样快?他回答说,有一个老伯伯背我的。大家从来没有见过有哪个老伯伯背他,都感到奇怪。于是对他说,你去问问那个老伯伯,为啥背你?

第二天,这孩子问了。老伯伯讲,你爷娘砌房子时把屋基移前了三尺,救了我,所以背你的。老伯伯还告诉孩子,长大了有三年皇位。孩子把问到

※ 此故事另一说谓《罗运秀才》。不同点:①还有一次,舅舅家在路边搭了个茅坑,想多积点肥料,哪知小孩说:"新砌坑棚三天香。"果然,头三天,拉屎撒尿的人很多;三天后,就再没有人上坑了,哪怕过路人刚刚还屎尿很急,熬也熬勿住,但到了这坑棚旁边就不急,不上坑了。②芦青上的露珠十分甘甜,小姐吃了后怀孕,生下小孩起名甘露(甘罗)。小甘露十二岁那年,皇上要吃公鸡蛋,他就上金殿谎称公公在家生小孩而被皇上看重,当了丞相⋯⋯其余相同。
① 骨拾甏:装死人骨头的坛子。
② 老暖:很迟。

的情况一字长短地告诉爷娘，爷娘越发感到稀奇。

　　隔了几天，孩子的外公六十大寿，亲眷朋友来了交交关关。孩子的娘一边汰碗筷，一边把这桩事体讲拨大家听。讲得高兴个辰光，几次把筷子敲在镬子边上。灶家菩萨受不住，来火了，上告了玉皇大帝，说这小子不能当皇帝，他皇帝还没做着，我就几百个棍子已经吃着了。玉皇大帝听了，下了一道圣旨，罚这孩子惊风。好得背他上学的老伯伯预先托梦给孩子的娘，孩子的娘用了破解法将小衣裳①塞在孩子嘴里，后来这孩子就被换成了肉骨凡胎。只是一张嘴巴没有换，说啥应啥，十分灵验，人们都说他的嘴是"金口"。

　　有一次，娘带他到舅舅家去。舅舅正请人在家打麦，他要吃米圆子，叫舅妈去做。舅妈讲："我忙得交交关，哪里有工夫！"他讲："你哩勿做拨我吃，我马上叫天上落雨，弄你哩打麦打勿成。"舅妈看看天上云斑全无，说："你这小倌勿要造七造八，天好来交关，哪会落雨？"话刚说完，出响响②来了一朵黑云，一歇工夫，倾盆大雨落了下来。打麦打勿成了，舅妈只好做米圆子给他吃。这孩子吃了米圆子，讲现在好天了。果然，勿多一歇，日头又出来了，几个帮工继续动手打麦。

　　第二天，这孩子同娘舅家的儿子一同去放鸭。他坐在牛背上，将一群鸭赶出去卖脱了。表兄说："回去要被爷娘骂煞了。"他讲："勿要紧的，你看南天飞来一群野鸭，我哩赶回去准能交账。"他喊了一声："野鸭下来！"果然，天上的野鸭下来了，表弟兄俩把野鸭赶进了鸭棚。第二天一早，娘舅又叫他俩去放鸭，这孩子说："今朝勿能放，鸭子要飞脱的。"娘舅讲："你勿要瞎三话四，家鸭怎会飞呢？"说着把鸭棚门打开了。果然，"轰"的一声，一群鸭子一起飞光。这孩子说："我原叫你勿要打开，现在怎么样？"娘舅自认晦气，心里又感到十分奇怪。

　　又一天，娘舅带表弟兄俩去白相。跑到山脚下，坐在一块石头上歇力。这山好险，笔直笔直，直钻云霄。这孩子脱口而出："哎呀，这山头要倒哉！"话刚说完，"轰隆"一声，山头果真倒了下来，三个人全被压死。

　　过了几年，一个财主在那里造了房子。财主家有一个小姐，房头正好造在这块石头上。不多时，房头墙外长出一根碧波爽青的芦青，芦叶上露水笃笃滴。小姐天天舔芦叶上的露水，时间一长，肚里有小倌了。财主得知，盘

---

① 小衣裳：月经带。
② 出响响：突然。

问丫头。小姐把吃露水的情况一字长短地告诉爷娘。财主听后,叫人拆掉房子,沿着芦根朝下挖。挖了九九八十一丈深,挖到一个小倌尸体,芦青根子正好长在小倌的肚脐眼上。财主叫挖的人把芦根拔出来。一拔出来,小姐肚皮里的小倌也落地了。财主见这孩子肥头胖耳,倒也欢喜,就抚养起来。原来,这孩子是个罗运秀才,被山头压死后,到小姐处转世投胎。

一晃几年,这孩子长大了。到十二三岁时,财主叫他跟伙计去放牛。这孩子白相心思重,叫伙计陪伊白相。伙计讲牛没吃饱草,回去老爷要骂的。他讲勿要紧的,还劝伙计干脆把牛杀来吃脱算了。伙计急了,说被老爷晓得,要没得命的。这孩子讲只管杀,一切由他担当。伙计无奈,真的动手把牛杀了,烧来吃了一顿,将存余的全卖了,跟这孩子回转了。

回转后,财主问伙计:"牛呢?"孩子抢来回答:"牛在海滩上吃草,不小心跌进螃蜞洞里去了,牛尾巴露在洞外面,我们拔不出,所以回来了。"财主不信,第二天去寻,果然看见螃蜞洞外面露出一条牛尾巴。财主用力一拔,只听洞里"哞"的一声叫。财主信以为真了。

牛尾巴为啥一拉一叫呢?原来这孩子做了手脚,他和伙计把牛杀了后,就捉了一只青蛙塞在螃蜞洞里,又把吃剩的牛尾巴插在洞口,吩咐青蛙和牛尾巴说:"停一歇有人来拉,你要叫哇!"这孩子是金口,说啥应啥,青蛙真的叫了。

后来这青蛙就变成了"旱黄牛"。

巧降水牛精

讲述:秦林昌
记录:朱锦达
1986年5月采录于包场镇浜北村

有一条水牛精,经常吃人做坏事,仙人就把它压在一蓬茅草墩下面,叫它不好出来害人。

一个过路人,在茅草墩旁边拉屎,拉完,顺手拔一把茅草擦屁股。拔茅草时,他发现茅草墩底下有一只小匣子,打开小匣子一看,一个又小又黄的怪东西从里面跳了出来,眼睛一眨,变成了一个水牛精。

水牛精眼睛通红,张开大嘴对这个人说:"我在里头关了几百年,肚皮饿得不得了，既然你把我放了出来，就请你好事索性做到底，让我吃了你吧！"那个人一听，吓得不得了，说："我放你出来，让你得了自由，你怎么还要吃我？"水牛精说："我肚子饿，没有办法。"那个人见和水牛精讲不清道理，就动起脑筋来，他想了想说："这样吧，我们一起去问三个过路人，他们说你应该吃我，我就给你吃，只要其中有一个人说我不该给你吃，你就不能吃我。"水牛精说："好，你反正是跑不脱的。"于是水牛精和那个人上了路。

　　第一个碰到的是个十多岁的小孩。水牛精问："我今朝要吃人，吃你还是吃他，你快点说！"小孩吓了一跳，马上说："你不能吃我，还是吃他吧！"

　　第二个碰到的是个做生意人。水牛精抢上去问："我今朝要吃人，吃你还是吃他，快说！"做生意人一看水牛精的凶相，三魂吓脱二魂半，忙说："我上有老下有小，吃他吧！"

　　水牛精蛮欢喜，心想只要再碰到一个人，再说吃他，就可下口了。没走多少辰光，一个老头儿过来了，水牛精又抢上去问："老头儿，今朝我要吃人，吃你还是吃他，快讲！"老头儿想了想，问："你要吃人便当，但要说个理由。"水牛精就把它从茅草墩底下出来的经过说了一遍，说："我在里头睏得好好的，谁叫他拿我吵醒的呢？"老头儿说："我不相信，你这样大的身体，一只小匣子怎么会装得下呢？你得做给我看一下才信。"

　　水牛精说："行！"就把身子缩小了，重新钻进了小匣子。老头儿抢上一步，把盒子盖一关，拿那墩茅草连泥带根盖了上去，水牛精又被压在茅草墩底下了。老头儿对那个人说："今后可得小心，绝不能再让害人精跑出来。"那个人连忙跪下叩头。待他抬起头来，老头儿却不见了。

百鸟衣

讲述：洪德英 60岁 农民 初小
记录：陈汝春 58岁 教师 高中
1986年8月采录于江滨乡

　　古时候，有个老头子叫张三，老太婆早死了，剩下三个儿子和张三一块儿种田活命。

　　张三除种田外，还有一个本事：看风水。据说凡是请他看过风水的人家都是吃不愁，着不愁，有好日脚过。可是偏偏他自己穷得上无片瓦，下无立脚的地方。三个儿子对父亲说："你看风水到底灵不灵？人家有好日子过，为啥我哩这样苦？"张三叹气说："没到辰光勒，等我死了葬到一块好地方，你哩就有好日子过哉。"

过了一年，张三真的病了。他把三个儿子叫到床前，说："我死后别买棺材，你哩用一张芦菲卷卷，弟兄三个向西北草荡里抬，啥辰光绳断脱，尸体跌落，就把我葬在那里。"说完就断气了。

兄弟三个大哭一场后，老大前面捧灵牌引路，老二、老三扛仔爷个尸体往西北跑，走呀走，走了一整天。"啪"一声绳断了，落下尸体，兄弟三个忙动手挖坑。一锹下去，挖到一块小方石，三个人感到奇怪。把父亲埋好后，老大说把石头抬回去垫水桥，老二也赞成，老三嫌重不肯要。于是老大、老二抬石头，老三空手先走了。

老三到家三天了，也不见两个哥哥回来，交关急，就沿原路回转去打听。原来呀，两个哥哥被官兵捉住了，说皇帝的御花园里少了一块石头，同他俩抬的一模一样。老三哭了一场，想想也呒办法。

老三一个人无法生活，只好到东村王员外家做长工，帮王员外家放牛。王员外为人刁钻，老三在他家干活吃足了苦头。

王员外有个丫头，长得好漂亮，待人也很和善，她见老三可怜就经常送点粗衣淡饭给老三。老三认为小姐跟他有意，就求人向王员外提亲。结果被王员外骂得狗血喷头，差点儿断勒饭碗根。从此老三对王员外更加恨了。

有一天，老三去放牛，有人告诉他："你的两个哥哥抬的石头很得万岁爷赏识，以为在荒毛草荡里帮他找回丢掉的那块石头是天意，一高兴将他俩封了官，一个做了东台御史，一个做了西台御史，正四处打听你的下落呢。"老三听了交关开心，心里想：王员外的千金是我的了，他不露声色，只顾老老实实放牛。

二月里的一天，他趁人不注意，把牛赶到了李员外家小麦田里。把小麦吃得精光。李员外就把牛统统截下来，还上诉东台御史，要王员外赔十万两银子。

王员外把老三骂得狗血喷头，还是没有一点办法，愁得饭也吃不下。老三说："别急，我有办法。"

王员外不相信，说："老三，你要能把这事平息掉，我给你一百两银子，外加四亩好地，不用当长工了。"老三摇头说："这些我都不要，只要娶小姐为妻。"要在平时，老三早挨耳光了，眼下不行呀。王员外考虑再三，只好说："也好，官司打赢了就为你俩办婚事。"

老三高高兴兴去打官司，在京城里和大哥见了面。他把来意告诉大哥，大哥一口答应。第二天击鼓升堂，大哥判道："李员外和牲口计较，赔银子纯属敲诈，不准上诉。"并要李员外亲自将牛送还王员外。

老三为王员外打赢了官司，就去向东家提亲。王员外翻脸不认账，只肯给银子，不肯嫁女儿，把婚事赖了。老三口说无凭，只好将这口气闷在心里。

几个月以后，田里新莳的水稻一片碧绿，老三趁人不注意，又把牛赶到了李员外的稻田里，把稻秧吃得一棵不剩。

李员外想：上次到东台御史那里把官司打输了，这次我到西台御史那里去告，不相信告不倒王员外。

王员外想要重演老戏，马上喊来老三，请老三再去打官司。这次老三架子搭足，王员外晓得上回赖婚得罪了老三，只好让步说："我拿女儿嫁给你还不成吗？"老三说："要么今夜就成婚，否则我不去。"王员外呒得办法，只好同意女儿和老三当夜成亲。

第二天，老三去京城又把官司打赢了。从此以后，老三和小姐寸步不离，连生活也不肯做了。王小姐想这样下去可不好，就照着镜子自描自画了一张肖像，对老三说："你下田做活吧，想我么就把我的像拿出来看看。"老三觉得也不错，就拿着像下田了，歇力个辰光就把小姐的画像拿出来看看。不料，有一天突然吹来一阵大风，把小姐的画像吹跑了，吹呀吹，一直吹到皇帝家后花园里，正巧皇帝到后花园散心，拾起来一看，哎呀，世上还有这样漂亮的女子，真是仙女下凡，他立即下旨查访画像上的美人。

一天，李员外进城，见了皇榜，心想报复的机会来了，马上揭榜上殿报告皇帝："这是东村王员外的女儿。"皇帝立刻下旨要接王小姐进宫。老三和小姐抱头大哭，但君命不能违呀。分手时，王小姐想了一条妙计告诉丈夫，让丈夫去办。

王小姐进了皇宫，一天到夜闷闷不乐。皇帝为讨得王小姐欢心，想尽办法，但也无效。

一天，皇帝陪王小姐上城楼观景，见远处走来一个小炉匠，身穿百鸟衣。啥叫百鸟衣？就是用一百种鸟毛编起来的衣裳。小炉匠摇摇摆摆走过来。小姐见了眉开眼笑,把万岁乐得不得了,皇帝问:"爱妃笑啥?"小姐说:"我看这种百鸟衣惹人笑。"皇帝说:"既然你喜欢,就把它买下来吧。"于是皇帝召小炉匠进宫,对他说:"买你这件衣裳,你是要官还是要银子?"

小炉匠说:"万岁爷,这件衣裳是我祖上传下来的宝贝,冬暖夏凉,有忧愁的人见到就没有忧愁了,我怎能卖祖上的宝贝呢?"

小姐在屏风后面说:"用万岁的龙袍和你换总肯了吧!"小炉匠见能换龙袍也就答应了。皇帝心想:没有龙袍还可以再做,百鸟衣世上总是少的,换就换吧。结果,小炉匠用百鸟衣换了件龙袍。当夜他就住在皇宫里。

第二天五更三点,皇帝身穿百鸟衣上早朝,刚进殿,突然听到背后有人高叫:"身穿百鸟衣,不斩到几时?"随后小炉匠身穿龙袍走了出来。两旁武士一起动手,当时便把皇帝拉出去杀掉了。小炉匠稳稳当当地做了皇帝。

小炉匠不是别人,就是长工老三。

阎王判案

讲述:徐少熙
记录:徐维萃
2008年11月采录于刘浩镇徐宅

郎中、妓女、小偷三人死了去见阎王,阎王问他们三人生前是做什么的?

郎中说:"小人行医,给人治病,能起死回生。"阎王听了很生气地说:"我派小鬼去捉拿快要死的人,你却跟我作对,罚你下油锅受罪。"

又问妓女,妓女说:"我专门给没有老婆的男人解饥渴、应急。"阎王听了很高兴,说:"方便我了,去再活二十年。"

接着再问小偷,贼答道:"我就是去把人家晒的衣服和人家口袋里的银钱收拾收拾。"阎王说:"给人代劳帮忙,你可增寿十年。"

这时,郎中苦苦哀求阎王,说:"阎王爷呀,只求放我还阳,我家还有一儿一女,我叫儿子去做贼,女儿去接客。"

醋的来历

讲述：刘广山
记录：盛海新
1986年8月采录于三阳乡

据老辈人讲，酒是杜康造的。醋呢？是杜康的儿子造的。

那年杜康住在镇江小鱼港。杜康的儿子黑不溜秋，又高又大，绰号叫"黑塔"。黑塔负责养马。他有一次见马跑到院子里吃酒糟，吃得挺香，就选了两只大缸装了酒糟，倒了水，用来喂马。半个多月，马养得油光水滑滑。

一天，他忽然心血来潮，酒糟加水，马为啥这么要吃？他用手捧了口喝喝，一到口，顿时觉得酸溜溜、甜滋滋，赶忙把爷老头子杜康喊来。杜康一尝，果然味道不错！那么，取个啥名字呢？黑塔说："糟浸二十一天，到酉时才好吃。这二十一天加个酉字，不是'醋'吗？就叫'醋'吧！"

这样，杜康的儿子造醋的说法就传下来了。

蛇酒治病

讲述：严甫仁
记录：姚文冲
1986年7月采录于三阳乡普新村

从前，有对夫妻自己酿酒，开了爿酒店，生意蛮好。一年后，雇了个姓朱的跑堂，三个人起早摸黑，生意交关兴隆。

当地有个无赖常来白吃酒，不付钱。这无赖浑身癞皮，让人恶心，三个人对伊格外头痛。一天，朱跑堂起得很早，见一条白花蛇偷酒吃，醉死在酒缸里。他跑去对老板一说，老板想：这缸酒勿好卖哉，倒掉算了。哪晓得朱跑堂另有想法，他把那缸酒留了下来，准备等那个无赖来白吃酒时给他吃，害害伊。

过了两天，无赖果然来了。朱跑堂笑脸相迎，慷慨地把那蛇酒给他吃。

无赖吃得交关高兴，勿知勿觉吃得大醉。朱跑堂怕他死在这里，就请人送他回家。

第二天，无赖酒醒了。颠了颠身子，觉得交关轻松，看看身上皮肤，白里带红，光光滑滑，好像换了一个人，身上的癞痂全部脱光。他连忙跑到酒店，向老板道谢。老板含糊答应着，感到莫名其妙。后来朱跑堂向老板把情况讲了，老板才知道无赖的癞皮是吃蛇酒吃好的。

从此蛇酒能治癞皮就传开了，成了一些走方郎中的"祖传秘方"。

中国民间故事丛书
江苏 南通
海门卷
故事

生活故事

逃走李焕文

讲述：严甫仁
记录：顾其思 61岁 干部 高中
1986年7月采录于麒麟镇

  清朝光绪年间，海门的富户不少，最大的要算沙、倪、施、沈、杨、陆、陈七户。这七姓粮户都住在海门东半部，大家叫伊哩"下沙头粮户"。七大粮户中，要算沙家财最大，大到啥程度呢？喏！他自己有多少田也不晓得，因为有辰光买进田地只要大总管点头就行了，不需要禀告沙家财主，所以只有沙家总管晓得。另一个晓得沙家田地亩数的是县衙门的钱粮署，钱粮署要照田亩收捐税的。沙家只晓得方圆三十多里以内脚踏不到别人家的土。

  光绪五年，沙家生了一个小公子，长得一表人才，二十多岁无书不读，写得一手好字，名字叫沙玉沼。当时，京城里派了个县官到海门来，名叫李焕文。李知县不晓得靠啥人的关节才到海门来做官的，他一到海门，就定出了不少搜刮钱粮的办法，为自己捞好处。县衙门里的差人也狗仗人势，拿着县官签发的收捐税的文告，到处敲诈勒索。下到乡里，不但要酒饭招待，还要孝敬车马钱，稍微慢点，就动手打人。沙家没有人在外面做大官，有财无势，只得照缴照捐。沙公子看到李知县这样鱼肉乡里，交关不平，当时就告诉父母，自己要进京读书，广交朋友。沙老财主晓得自己的儿子老成志高，就同意了。沙公子进京以后，广交王孙公子，在一块吃酒吟诗，从来不谈政事。时间一长,小弟兄之间就变得十分亲近起来。过了一年多,这些王孙公子问沙公子可有啥难事要伊哩帮忙,沙公子就把海门知县李焕文鱼肉乡民的劣迹告诉了伊哩。这些王孙公子说,这有啥难,我哩回去跟祖父或者父亲一说就行了,小事一桩。不用几天,京城里就下了提解李焕文到京候审的文告。李焕文在京中的靠山晓得大事不好,要紧派人通知李焕文小心在意,早拿主意。李焕文自知靠不牢,当夜就收拾收拾逃命了,连县衙门里的一些人也不晓得他的下落。所以我们海门人碰到遇事躲避的人总要说:"你不要逃走李焕文。"

墙倒众人搋

讲述:黄友富
记录:郭建人
1986年8月采录于瑞祥乡黄宅

我俫海启这个地方有句俗语,叫做"墙倒众人搋①",意思是说一个人失意的辰光或者倒台的辰光,大家都讲他不好,弄他下台。其实,这句话开始的辰光叫"墙倒众人馋"。

从前,我俫南方有一个姓倪的人在北方做郡太守,生有一子。七十五岁这年,倪太守告老还乡,两年后老夫人亡故,倪太守一个人孤孤单单、清冷来交关。一天,他独自一人到府外去散步,走到一条小河边,看见河对岸有个老太婆和一个妙龄女子在汰衣裳。她们是母女俩,小女子叫春兰,长得漂亮标致。倪太守牵动了情思,脸上笑眯眯看了一阵儿,转身就走了。

回家后,倪太守就托人去说媒,送去了不少彩礼。春兰娘呒得办法,勉强同意了这桩婚事。倪太守选了一个好日子,跟春兰成了亲。

一年后,春兰生了一个孩子,取名叫升飞。倪大公子晓得了以后,十分恼恨,他暗里思量:"父亲这许多家产,这样一来就要二一添作五了!"倪太守得知了大儿子的心思以后,索性写了一份遗嘱,将现有一切家产统统都归了大儿子。小老婆春兰知道以后,经常暗地里和太守吵闹。太守偷

---

① 搋:推。

偷告诉春兰:"你不用愁,等我眼睛一闭,你也有出头之日。你到我咯第三只书箱里去取宝。"又再三叮嘱春兰,一定要有清官在任,你才能拿去请官发落。

倪太守活到八十岁死了。春兰在第三只书箱里寻出一个黄布包袱,发开来一看,原来是一张图画,画着一个人双目紧闭,左手反背,右手指地。春兰看不出有啥值钱,只得自叹命苦。一眨眼六年过去哉,升飞也长到了十一二岁。母子俩挤在一间小屋里,儿子对春兰说:"娘啊!我和大哥是同父所生,为啥大哥发财,我哩熬穷呢?"春兰寻出那张图画,对升飞说:"明朝我哩去打听一下现任县官可是个清官?是清官,拿这张图给他去识识。"一打听,终于打听到县官是个清官,办事公正。既然这样,母子俩就带着图画来到县衙,大喊冤枉。县官见堂下跪着一老一少,便把惊堂木一拍,要春兰快快讲出冤在哪里。春兰跪着告诉县官:自己是河西庄倪太守的续弦,并将细枝末节统统告诉了县官,接着将图呈上。知县看了许多的辰光,也看不出啥个名堂,就问春兰可曾立过遗嘱。春兰说有的,现在大儿子手里。知县不能当堂决断,只得先退堂再说。知县在后堂反复琢磨,几天后还是毫无办法。

一天早上,知县漱洗结束,家丁不小心把洗脸水弄泼在那张图上了,顿时图上显出两行字:"待吾西去后,推倒两山墙,深挖六尺泥,内中有宝藏。"知县十分开心,立即备轿去倪府。

这天正好是太守大儿子生日,来祝寿的人不少。知县在倪府下了轿,没等倪府人出来迎接,便背对倪府,朝南微笑作揖,嘴里呢喃呢喃,好像碰到了老朋友。进了倪府客堂,知县又是背对大家,面朝墙壁,只管自己打躬作揖,弄得大家疑三惑四,只当县官疯了。一歇歇,知县转过身来,对太守儿子说:"刚才碰到你家先父之灵,说有遗嘱在你身边,可有这事?请拿来看看。"倪大公子只得将遗嘱交给了知县。知县看后,对倪大公子说:"既然太守有话在先,不能更改。如果你父亲再有其他东西,你可要了?"大公子心想,爷的家产已经都归我了,哪里还有啥东西南北呀,就说:"不要了。"知县当着众人的面,叫倪大公子画了押。

知县把倪大公子和春兰叫到面前,从袖内拿出那张图来,面对众人讲了图意,接着就叫几个民工把后边两间库房的东西山墙拆了,挖了六尺深,挖出来一排罐子,罐子里全是金元宝和银元宝。这许多元宝,不但倪大公子眼馋,众亲眷朋友眼馋,连县官老爷看了也眼馋,谁都想朝袋里藏两只。不消说，这些金元宝和银元宝全归了春兰母子俩。母子俩后来也造了房子、买田地，富起来哉。

"墙倒众人馋"，传呀传，就变成现在的这句俗语"墙倒众人搡"了。

眼看还有三分假

讲述：翟双庆 76岁 农民 小学
记录：翟仰祖
1986年2月采录于四甲乡同德村10组

有一位私塾先生，教着十几个学生。私塾门对面有一爿馄饨店，先生每天下午都要吃碗馄饨当点心。馄饨店老板待先生很客气，卖给别人一碗馄饨只有十五只，而盛给先生的每碗却是二十只的。

一天，先生看见书童端馄饨走来时，伸手从碗里拿了一只馄饨放在嘴里，先生没有作声，心想：这孩子也嘴馋。先生吃这碗馄饨时也留心一数，正巧十九个，先生心里有了数。

第二天，书童又从对门店里端来了一碗馄饨，先生今天仍旧留心一数，吃到底是二十一只。先生觉得奇怪，便到对门馄饨店里问老板："今朝你为啥客气，比平时多一只馄饨？"

老板说："真对不起，昨天一碗馄饨不凑数少了一只，所以今朝多一只补足。"

先生奇怪了，昨天明明看到小书童偷吃了一只馄饨，便找书童来问个明白。书童告诉先生说："我端馄饨经过天井时，上面落下一片树叶。我捡起来看见上面有许多油花，放嘴里含含甩掉了。"

先生叹口气说："真是眼看还有三分假呀！"

死里逃生

讲述：徐少熙
记录：徐维苹
2008年11月采录于刘浩镇徐宅

从前，有个奸臣向皇上奏本诬陷一个清官，因皇上昏庸，喜欢听信逸言,便不分青红皂白向清官宣布:"你犯了大罪,本该有死无生。看,这只箱内有两张'生''死'纸条,你若摸到'生',可以不杀你,否则非杀不可,命运将由你自己来决定!"这个清官听了,暗自欢喜,照这样说,或许我还有救!清官就在皇帝面前把手伸进了箱子。摸一张字条立即塞进嘴里嚼烂吞下肚子说:"我吃下去的是'生'字条,不信,请开箱。"皇上说:"好吧!让他死无怨言。"旁边太监将箱子打开,取出字条,展示开来果然是个"死"字,清官拂袖而去。

小尼姑巧讽李鸿章

讲述:施士新
记录:陈伟功
1986年9月采录于海门镇

清朝末年,一天早晨,李鸿章登船离开通州,哪晓得河面封冻,船不能行。李鸿章就命令兵丁敲冰行船。

有一个小尼姑来到河滩头汰鞋子,看到兵丁在敲冰,觉得蛮有趣,就笑吟一联:"冰冻兵船兵敲冰冰碎兵走。"

正在舱内喝茶的李鸿章听了心想:这野外河滩哪来个秀才出此妙联。走出舱外一看,原来是一个小尼姑在汰鞋子,便念了一句:"乘船者并非是水手。"意思是说尼姑不是读书人。

小尼姑便回敬道:"得势的未必在考场。"意思是你做官不是凭真本事考来的,而是用钱买来的。

李鸿章碰了个钉子,但又不好发作,便故作镇静,反唇相讥,说:"出书者未必能自圆其说。"

小尼姑一想:哟!你答不出下联,反而讥笑我无能哩,便一针见血地斥道:"对答的竟如此仗势欺人!"说完,把汰好的鞋子朝李鸿章甩了几甩,转身走了。

手下人对李鸿章说:"大人,下联小尼姑自己已经对出来了!"

李鸿章仍莫名其妙,说:"咋对的?我怎么没有听到?"

手下人说小尼姑是这样对的:"泥沾尼鞋尼洗泥泥净尼归。"

夜宿十佛寺

讲述：关斌 64岁 退休职工 高中
记录：丁秀发
2008年11月采录于海门镇丁宅

清朝嘉庆年间，这年适逢京城会试。江南有个举子姓张，拜别父母，由小书童挑着行李书箱上京赶考。这天来到安徽地界，因为要多赶点路，一路上没有休息，眼看要夜了，却是前不着村后不着店，又紧走一段路，小书童隐隐看见前面有许多苍松翠柏，黑压压的树林间时有灯光透出，回头对小主人说："公子，前边定有人家。看，那里有灯光闪动。""好啊，待我们前去投宿。"又走了一程，见一座庙宇，红墙碧瓦，山门紧闭，门楣上写着"十佛寺"三个大字。张公子踏上前去，举手敲门，"师父开门，师父开门！"不多一歇，山门"吱呀"一声打开。只见面前一位老方丈，银须飘动，笑脸迎问："善哉！善哉！施主因何叫门？"公子抢上一步，深深一揖："大师，只因上京赶考，途经此间，适逢夜晚，望大师能予方便，一宿两餐，定有酬劳。"老方丈见这书生眉清目秀，举止文雅，一旁的小书童也一脸稚气，就笑着将两人让进庙来，领到后院一间禅房，老方丈说："禅房狭小，请施主见谅。"张公子说："多谢大师！"

用过晚餐，互相通了姓名，老方丈法号智能。言谈之间倒也十分投机，老方丈心里高兴，突然想起十年前当时建造这座庙宇的情景，于是脱口而出："万瓦千砖百木造成十佛寺。"张公子"噌"地一下立起身来，拍案叫绝："好一副嵌数上联，下联一定更为奇特！"哪知老方丈摇着头说："不瞒施主，让您见笑，此下联贫僧还未对上，望施主妙对佳句。"这辰光，声音突然停止，张公子一下子冥思苦想起来，渐渐地面孔涨得通红，无言对答。老方丈觉得尴尬，就说："贫僧胡言乱语，不足挂齿，请歇。"张公子与书童回到禅房，小书童催小主人早点睡下，哪知张公子就是不依，嘴里不停地哼着"万瓦千砖百木造成十佛寺"，可就是对勿出下联。第二天，天刚放亮，小书童收拾行囊催公子上路，公子不肯，还倔强地说："连这样的对联都对不上，到京城赴考，岂能金榜题名，羞煞我也！"老方丈走来也反复催他上路，张公子却决意不肯，非要对出下联后再走。如此在庙中连待了三天。张公子茶饭不思，神魂颠倒，最后竟郁闷而死。老方丈感到实在对不起这位公子，想想一句戏言竟害了一条人命，真是造孽！于是就将张公子的尸首埋在后院一棵白果树下面，小书童痛哭一番，离庙而去不提。老方丈也不敢对外提起因对联而闹出人命的事。

时隔三年，京都又举行会试，天下举子又将聚集皇城。又有一位江苏的范公子，主仆二人途经这里。这天傍晚时分，好端端的天气突然下起倾盆大雨，两个人只得上十佛寺避雨投宿，公子上前敲门，叫了几次不见回音。外面雨越下越大，书童着急了，举起双手将山门敲得如同擂鼓一般，大喊"开门，快开门！"过仔一歇，里面走出这位智能和尚。他比前三年瘦了许多，在门内不耐烦地喊着："庙内无人！""你不是人吗？快快开门，外面雨大，让我们借宿一夜！"小书童急得双脚直跳。

老方丈说："这里是佛寺庙宇，不是旅店饭庄！"

公子走上一步："大师，出家人慈悲为怀，方便为门，怎能拒危难人于门外而不顾啊。"

老方丈哑口无言，只得将山门打开一条细缝，拿头伸出来说："阿弥陀佛！"一看主仆二人的样子知道又是赶考的，就说："若要投宿，必须先答应贫僧一个条件。"

公子一想，庙内投宿，还讲什么条件。便说："一宿两餐，分文不少。"

"施主不要误会。"

"有什么条件，请大师明示。"

"今晚在此，必须早早安睡，如有什么声音响动，切莫计较，明日一早，必须离庙。"

范公子想，我是考生啊，只为求取功名，难道在此当和尚不成，便笑着说："大师放心，一切照办，明日一早，一准离寺而去！"

"如此请进。"老方丈领了这主仆二人进后院禅房安顿。晚饭用过素斋，老方丈催伊哩两人早早睡觉。

再说范公子被老方丈的一席话弄得丈二和尚摸不着头脑，一种好奇心使得他翻来覆去睡不着。约莫到仔半夜，雨停了，突然一种隐隐约约的声音在院内响起，似乎是有两个人在吟诗作对，一高一低，连续不断。因为夜深人静，听起来十分清楚，高声的"万瓦千砖百木造成十佛寺"，低声的"万瓦千砖百木造成十佛寺"，再仔细听听，两人确实念的是同样的字句，有时这声音好像就在窗前。这范公子倒也大胆，轻轻下床，用手指点破窗纸，从小洞中向外看去，却不见人影。难道是闹鬼？便上床重又躺下，但哪里睏得着。他反复思衬，啊呀！这是一副嵌数上联，万千百十，结构非常严谨，如果真是上联，那么下联呢？待明日一定向老方丈问个究竟。想着想着，天已放亮。小书童要紧起床整理行装。咯末昨天晚上院子里的声音小书童可曾听见？因为每天挑担赶路，吃力勿过，好睏来交关，所以，一句也勿曾听见，伊对仔小主人讲："公子，等用过早饭，快快上路。"范公子却没有答话，只是"嗯"了一声。

再说老方丈昨晚上也一夜勿曾睏，担心啊，就怕这位范公子听见院内声响会引出麻烦。所以天勿亮已将粥烧好，还盛仔两碗凉凉，只等吃仔早饭赶伊哩上路。

嗨！事体哎得恁便当。范公子刚喝下半碗粥，便开口问："大师，昨晚院内书声琅琅，'万瓦千砖百木造成十佛寺'。好像有两人在吟咏，是何道理？万望大师指教。"

哎哟！越是担心越是要出事体。老方丈忙说："施主，请遵守诺言，快快离寺。"

"只要大师能告诉我院内之事，我一定离开。"

"一言既出。"

"驷马难追。"

于是老方丈捋了一下胡子，就实梗长、实梗短地讲出了三年前张公子因对不出下联而死在庙内，后来院内夜夜有吟咏之声的原委。

"那么还有一个人的声音呢？"范公子打破砂锅问到底。

"第二年，皇上恩科会试，又有一个李公子也硬要在这里投宿，夜里也听到了这怪声音。我告诉拨伊听过后，叫伊快快上路。哪晓得他坚持要对出下联后再走。唉！四天之后还是对不上，就郁闷而死，也埋在这白果树下，所以每晚就有两个人的声音了。施主，事情经过就是这样，请快快离寺，我已经害了两条人命啦。"老和尚几乎要哭出来哉。

范公子站在那里一动不动，叫小书童放下行李，高声说："不走了，这张、李二生才是真正的读书之人，眼前现成的课题答不上来，上京赴考，岂能成功？他们死得其然。壮哉，钦佩啊钦佩！"

还壮哉，还钦佩，看来今朝又要出现第三个死人哉！老和尚急得白胡子根根发抖，指着范公子："你这读书人岂能言而无信！"

"大师，休要发怒，你可知道，读书人的脾气就是苦于钻研，才有得益。

今日这联非对不可。"说完范公子拎起行李书箱又回到禅房。老和尚急得直跺脚,只有念"阿弥陀佛"的本事了。小书童急得眼泪直滚。

眼看又是三天了,范公子只是反复吟咏上联:"万瓦千砖百木造成十佛寺。"该死的下联就是对不出,看看伊眼窝深陷,面孔铁青,饭勿吃,觉不眠。精神恍惚,眼看要不行了,小书童急得捶胸跺脚劝伊跑。伊就是勿肯啊!

这天夜快,小书童说:"公子,慢慢想,今晚我们出去散散心,放松放松。"说完就牵着小主人的手朝庙门外拉。两人走出山门,向东行了一段路程,见前面有条小河,河面菱荷漂泊,两岸垂柳轻拂,倒是一个好去处。河口停着一只小船,于是高呼:"船家,船家!"一歇歇走出一个老汉,"你要买菱?"小书童忙说:"勿是咯,我俫想上你的船,摇我俫去看看这里景致,铜钿照付。"

"好!"老汉让他们登上船,摇起双桨,向前驶去。不多一歇,小船从一条桥下穿过,小书童问老汉:"这是一座什么桥啊?"老汉哈哈一笑:"四平桥。"范公子突然一拍大腿"有了!老人家,快回去。"老汉调过船头回到原处,小书童付过船费上岸。范公子快步如飞,冲进庙门大喊:"大师,有了!大师,有了!"

老方丈以为范公子对勿出下联发疯了,吓得目瞪口呆,连念:"阿弥陀佛,作孽啊作孽!"范公子走到老方丈面前,背剪双手,踱着方步,高声吟咏:"你的上联是'万瓦千砖百木造成十佛寺',我的下联是'一舟双桨三人摇过四平桥。"老方丈一听赞不绝口:"万、千、百、十,数字下行,一、二(双)、三、四,数字上行;名词对名词,动词对动词。妙哉!妙哉!"

从此以后,这十佛寺内,再没有这吟咏之声了。这位范公子上京赴考后,高中状元,这是后话。

穷监生贴对联

讲述:徐庭贞 65岁 农民 小学
记录:刘凤翔 55岁 文化站站长 初中
1986年2月采录于天补乡徐宅

有个监生,教书没有人请他,其他事情他又做勿来,一连两三年,家里穷得无法可想。这年过年,他在自己门上贴了一副对联,两张大红纸上各写一个"穷"字。

大年初一，县官到庙里去烧香，从穷监生门前经过，看到当门贴着二个穷字，一路心中勿开心。回到衙门后，叫手下把门口贴穷字对联的主人请来。有个衙差认得穷监生，就说："这是个穷监生，请他做啥？"县官说："你们别多话，请他来就是了。"

穷监生跟着差役来见县官。县官对他很客气，问他，你监生考了几年，为啥贴穷对联。穷监生讲："我考了三年多了，年年贴好对联，而日子一年穷一年，今年索性贴穷字，看穷到啥地步。"县官又问道："你贴穷字有啥解释呢？"监生说："有，这'穷'字是天花宝盖一点中，一边身来一边弓，一日遇见天仙客，斩断穷根再勿穷。"①县官说："好，先生果真有学问，你就到我衙门里做师爷吧，月俸白银三十两。"从此，穷监生斩断穷根再勿穷了。

巧对"对子"

讲述：林古希 78岁 农民 初小
记录：沈桂凤 37岁 文化站站长 高中
1986年5月采录于三厂镇文化站

从前，有个秀才去赶考，路上经过一处车水的地方，被水道挡住了，不能过去，只好眼睁睁地等着。

这时，只见从水车里随水车出来一条泥鳅，不多一歇又出来一条黄鳝，最后还车出一条鲶鱼。车水的农民对秀才说："就拿这三样鱼出一个对子，如果你对得出，就让你过去，对勿出嘛，你也就别去赶考了，还是趁早回家吧。"说完，那个农民就出了一个上联："鳅短鳝长鲶阔口。"秀才想了老半天，还是对不上来，只好往回走。他一边走，一边口里念着："鳅短鳝长鲶阔口。"这时正巧来了一个捉鱼人，一听秀才说的上联，便接口道："龟圆鳖扁蚌无头。"

秀才见捉鱼人轻而易举就对出了下联，感到自己功夫下得还不够，红着脸，低头回家了。

---

① 又一说：天花宝盖两点空，饿得身弯像张弓；一日遇见天仙客，斩断穷根再勿穷。

穷秀才撰联戏财主

讲述：周林巧 59岁 农民 初小
记录：李翔
1986年采录于正余乡周宅

很早以前，有个财主家生了三个丫头，都嫁出了。财主平常最喜欢大女婿，为啥呢？大女婿家最有钱。

这一年，财主八十大寿，女儿、女婿全来祝寿。大女婿不识字，但为了装斯文想请一个有文才的人写一副寿对。有人告诉他，离这里不远处有一个秀才，家里虽然穷，但是很有文才，写的字也是呱呱叫。大女婿就去请那个秀才帮忙。

这个穷秀才平时对财主最恨，心想：机会来哉，包叫你不好下台。秀才主意一定，拿起笔来"唰唰"写了两行字，把笔一搁，对大女婿说："我有事出去一趟，马上就来。"说完就出去了。

大女婿等呀等呀，眼看已到中午，秀才还没有回来，再看对联上的墨迹已经干了，不等秀才回来就拿跑了。

丈人把大女婿接到堂间里，请人把大女婿的对子挂在堂间正中。对联一挂出来，满堂的亲朋好友哄堂大笑。

财主见大家哄笑，抬头一看，当时也气昏了。原来那对联上写的是："活像一只老乌龟，生下儿子会做贼。"

大女婿一个字也勿识，看到满堂间的人都看着他，还当大家恭维他呢。但一看丈人的脸色才发现不对。他见丈人发了火，才把事情经过说了出来。丈人一听，就叫四个打手去把那个穷秀才找来。

秀才晓得财主是不会放过他的，他早已想好办法在家里等着。秀才看到四个打手气势汹汹地跑来，忙用冷水湿了面孔。四个打手说："你个穷秀才，竟敢戏弄我家老爷，狗胆包天，你快点上门赔罪去。"穷秀才说："不要误会，这桩事情我也急得满头大汗，不晓得怎样好。现在你们来了，就请你们回去转告老爷，如果老爷诚心请我去说清楚的，就抬轿来接我，包你们老爷满意。"打手们也晓得秀才的脾气，只好跑回去告诉财主。财主一听，唔，还有这种事体："好，用轿接他来，看他怎样说，不对头的话，就好好教训他。"

秀才到了财主家里，一副笃定的样子。财主请秀才正厅里坐下来，便问他写对联的事情。秀才说:"对联写到一半时,我有要紧事体出去一趟,你家大女婿没等我回家就匆匆忙忙将对联拿跑了,我也正为这件事着急呢。"

财主说:"你不要摆噱头,我倒要看看你怎么把这副对联写全。"穷秀才说:"这个便当,你拿笔墨来!"

财主叫人把笔墨拿来,秀才大笔一挥,在原来对联上又写下了几个字,变成:"活像一只老乌龟与天同寿胜玉帝,生下儿子会做贼偷得仙桃献寿星。"

对联一挂出来,亲朋好友看了齐声称赞。

财主呢,他是瞎子吃馄饨——肚里有数,只是碍于面子不好发作。

三女婿对诗

讲述:翟金树 75 岁 农民 小学
记录:翟仰祖 62 岁 教师 高中
1986 年 3 月采录于四甲乡同德村

古时候,有个财主有三个女婿。大女婿是读书的,考中了文状元;二女婿是练武的,考中了武状元;三女婿老老实实在家种田,也交关聪明能干。但是丈人、丈母娘看不起种田的小女婿,讥笑他没有出息,弄出了不少笑话。

一天,丈人过生日,三个女婿都来送面祝寿。大女婿、二女婿一到,丈人、丈母娘老远就出来迎接,交关客气;小女婿一到,丈人、丈母娘冷冷清清,哼也不哼。小女婿看在眼里,恨在心里。吃酒的辰光,丈人和三个女婿同坐一桌,小女婿坐末席。丈人要难难小女婿,对大家说,今朝每人要说四句诗才能喝酒。大女婿开口先说:"笔头尖尖,笔杆圆圆①,连考三场,中了文状元。"丈人拍手称好。大女婿得意扬扬吃了杯中的酒。

二女婿接着说道:"箭头尖尖,弓儿圆圆,考完三场,中了武状元。"丈人同样叫好。二女婿也得意扬扬喝干了杯中的酒。

下面轮到三女婿了。三女婿早就做好了准备,不慌不忙立起来说:"刀头尖尖,刀柄圆圆,我一年辛苦到头,养活了文武两个状元。"气得两个姐夫面孔红得像猪肝,丈人也无可奈何。

---

① "尖尖、圆圆"的笑话还有:小女婿对不出,请小姨子代。小姨子说:"(我小娘子)小脚尖尖,肚皮圆圆,轧一姘头难上加难,一胎两个私囝,考中文武状元。"

出题考婿

讲述：樊筱林 76岁 农民 初小
记录：陆士冲
1986年9月采录于新海乡

有户人家有三个女婿，大女婿是教书先生，二女婿是做生意人，小女婿没多少文化，是个种田人。

一天，丈人家有事，三个女婿都到了。吃酒时，丈人想考考三个女婿肚里的才学，便说："今朝三位贤婿难得在一起，我老头子心里蛮高兴，我出道题，大家讲讲，热闹热闹。"三个女婿都喊好。丈人说："各讲一样家用东西，要用竹头做的，形状像个字，封它做个官，后来为啥又罢了官。"大家都推大女婿先说，因为他是教书先生，大女婿也不推辞，心想正好露一手，他想了想说："我讲个扁箕①，形状像个'非'字，封它为边关总镇，后来为啥罢官？因为它理事不清。"二女婿接着讲："我讲个灯台，（早先灯台用竹头做的）形状像个'高'字，封它为登台御史，后来为啥罢官？因为它照前不照后。"小女婿文化少，想来想去想不到合适的话，正在着急，突然看见丈母娘在灶口烧火，火熄了，正拿着火筒在吹。灵机一动，便说："我讲一根吹火筒，形状像个'一'字，封它做洪洞县官，后来为啥罢官？因为它两头出气。"丈人听了拍手称好，赞扬三个女婿都有学问。

三连襟

讲述：沈包干
记录：黄企成 45岁 文化站站长
1986年8月采录于海洪乡

连襟三个碰在一起上酒店喝酒。大连襟说："我们三个难得碰头，今朝我们边吃边谈，要指物为题，各自来一句，句中要有'大、小、多、少'四

---

① 扁箕：一种同木梳差不多，两面有刺的梳头用具。

个字,啥人要是说不出,酒钿就由伊来付。"

大连襟和二连襟是做官的,小连襟是种田的。大连襟充个老,先说。他指指身旁一把伞:"我这把伞,撑开来大,收拢来小,雨天用得多,晴天用得少。"

二连襟拍拍手中扇子也来了一句:"我这把扇子,张开来大,收拢来小,热天用得多,冷天用得少。"

最后轮到小连襟了,他眼乌珠一转,用手指着两个连襟说:"你们当官的,老百姓面前大,上司面前小,吃官饭的日子多,为百姓办事的日子少。"

两个当官的大连襟和二连襟被小连襟说得十分尴尬,红着脸忙说:"不说了,不说了,吃酒,吃酒!"

秀才与长工

讲述:施偶郎 76岁 农民 不识字
记录:丁士风 48岁 教师 中师
1986年8月采录于三厂镇厂陆村

从前,有个秀才,被一家粮户请到家里教书。这个秀才自命清高。

一天,粮户安排秀才同几个长工一道吃饭。秀才不高兴了,气得鼓起嘴来,连声说:"和下等人共餐,真是有辱斯文,成何体统!"但是又不敢违背粮户的话。

吃饭时,秀才要显显自己的身份,便大声说着什么"仕农工商,仕居首位"的话,把几个长工气得直冒肝火,就一同问他:"先生既然大话喧天,到底有什么本事呢?"秀才一听,神气十足,捋着胡子说:"要问本事吗?你们听着,笔墨纸砚一副,天地玄黄教过无数,倘若没有我们,你等下人全成猪啰!"

长工中有一个是泥水匠,他听了秀才的话,笑了笑说:"原来如此,我当有什么了不起哩。照你这样说,我的本事还要比你大哩,你听着:泥刀刮子一副,高楼大厦砌过无数,别说举人秀才,皇帝宰相也从我裆下钻过。"接着另一个长工也站起来说:"我的本事也比你先生大哩,你听着:锄头钉耙一副,高粱米麦种过无数,倘若没有我们,秀才先生就要饿肚。"

秀才听了,无言可答,面红耳赤,只顾埋头吃饭了。

老两口儿叹苦经

讲述：陆新华
记录：周静兰
1986年8月采录于江滨乡

从前，海门茅家镇附近有一对老夫妻，家里虽十分穷苦，苦日子却过得蛮开心。

一天，老太婆见新头巾上有一个洞，便在旧头巾上撕下一块补在新头巾上。老头子不解地问："为啥不另外用一块布补上，却要撕坏旧头巾呢？"老太婆说："这叫'撕旧巾补新巾，撕巾补巾，巾补巾。'"老头子哈哈大笑道："看勿出你老太婆一字勿识，倒能出口成章哩！"老太婆说："老头子你也出口成章一回吧。"老头子想了想说："借新债还旧债，借债还债，债还债。"

真是天然妙对！

四兄弟对"对子"

讲述：陆连祥 56岁 农民 初小
记录：周静兰
1986年8月采录于江滨乡

从前有四个人，因意气相投，结为异姓兄弟。

一天，闲来无事，大家聚在一起闲聊。老大说："我有一个对子，大家对对看。"随即念道："深末深点啥？浅末浅点啥？甜末甜点啥？苦末苦点啥？"

老二答道："深末是泯沟，浅末是邻沟，甜末是蜜糖，苦末是黄连。"

老三答道："深末是东海，浅末是阳沟，甜末是新婚夫妻，苦末是孤孀寡妇。"

老四答道："深末是喉咙，浅末是眼眶，甜末是八十岁夫妇成双，苦末是三岁孩儿死爹娘。"

诸位看官以为如何？请各人肚里思量。

聪明帮工难财主

讲述：潘德祥 51 岁 评弹艺人 初中
记录：潘德祥
1986 年 10 月采录于海门镇

从前，有个财主，年底帮工与他结算工钿时，他总要找些话与帮工比试，帮工要是比赢了可得双倍工钿；比输了，一年的工钿就得泡汤，有好几个帮工上了当。想不到这一年财主却碰到了对手。

财主指着前面几只鹅故意问："这几只是啥东西？"

帮工说："这几只是鹅。"

"是白乌龟！"

"是鹅！"

两人相争不下。帮工问："你说这是白乌龟为啥叫得这样响呢？"财主说："是伊颈巴子长才叫得响的呀！"

"那么颈巴子越长叫得越是响啰？"

"自然啰！"

"河里鳗鱼黄鳝颈巴子都长的，怎么一点声音都呒得？"

"鳗鱼黄鳝在水里厢，水里厢都勿响咯。"

"田鸡也在水里厢，为啥叫得响？"

"田鸡叫鸡哉。"

"鸡都响咯？"

"响咯！"

"我屋里一只烧箕（鸡）也叫鸡（箕）为啥一点声音都呒得？"

"烧箕竹头做的。"

"我屋里一根笛子竹头做的，怎么有声音的？"

"你笛子上有眼眼子咯！"

"有眼眼子，我屋里筛子都是眼眼子，怎么呒得声音？"

"筛子是扁的。"

"我屋子里一面锣也是扁的，'噌，噌，噌'，响来交关！"

"锣当中有个锣池凸出来的。"

"凸出来，我屋里灶上镬子底凸出来，怎么勿响咯？"

"镬子是铁的。"

"铁的呒得声音咯？"

"哎！"

"庙里的钟也是铁的，撞出来'哐哐哐'！响来交关。"

"钟是荡空的。"

"秤砣也是荡空的，怎么呒得声音？"

"秤砣实心的。"

"实心呒得声音咯？"

"呒得咯！"

"鞭炮也是实心的，放出来'噼里啪啦'交关响。"

"鞭炮里厢有药的！"

"前天一爿药店着火，怎么一点声音也呒得？"

财主被问得实在呒得办法再回答，最后只好认输。给帮工付了双倍工钱。

谈谈厅

讲述：施德丰 61岁 干部 高中
记录：顾振虞
1986年5月采录于常乐乡

老早的辰光，苏州城里有一幢新砌楼房，门口挂了一块匾，上头写着"谈谈厅"。

有个老先生，过年回家无事，跑到苏州城里去白相。刚到城里，第一眼就看到了新砌楼房外面挂的那块匾。老先生心想："谈谈厅"，大概是专门供闲人谈话白相的，我横竖闲着无事，不如进去看看。就朝楼房走去。

刚上楼，有个跑堂就来接待了："老先生是来谈谈？"老先生想：谈谈就谈谈吧，于是忙说："是的。"跑堂领他到桌旁坐下，告诉他，此地谈谈是做输赢的，数额五十两。老先生想：我谈今说古还可以，想必不会输，就说："好的。"跑堂又说："谈的东西很多，大多数挂在墙上，你可以自己挑。"

说完跑堂又端了些酒菜，叫老先生吃好了再谈。

老先生也不客气，坐下来就吃。吃好后，从里厢走出一个穿长衫的人，在老先生对面坐下，开口问老先生准备谈点啥？

老先生抬头朝墙上一看，见有一幅"垂柳图"，就说："我就来谈柳吧。"穿长衫的人说："也好，请先生先谈吧。"

老先生略微想了想说："风吹杨柳千枝动。"穿长衫的人站起身说："你输了。"老先生说："输在哪里？"穿长衫的人说："一棵柳树怎么刚好一千枝？可多也可少呀。如果被大风一吹，不但枝动，可能树根也会动哩。你把不认输的道理请讲出来。"

老先生一时也说不出道理，输了五十两银子，闷闷不乐地回家了。

老先生有个弟弟，十分聪明。他见哥哥从城里回来后闷闷不乐，就问为啥原因。哥哥就把在"谈谈厅"碰到的事情说了一遍。弟弟听了说："你不要生气，明天我去把银子赢过来。"哥哥说："算了吧，你肚里有多少东西我还不知道？去了保证上当。"可弟弟一定要去。

第二天，弟弟请了一部小车子，前往苏州城。跑到半路，看见一爿铁店，就叫车夫停下来，进店买了把大菜刀，放在车篮里，继续赶路。

不多一会儿，来到了"谈谈厅"，跑堂一看来了客人，连忙迎出来。同上次一样，先坐下吃。吃完后，穿长衫的人又来了，在对面坐下后，问谈点啥。弟弟说："谈你的头，有六斤四两重！"

穿长衫的人说："不对，我的头怎么这样巧，正好六斤四两？"

"你不相信？那好，割下来称！"弟弟叫车夫把菜刀拿了过来，往台上一拍，菜刀闪闪发亮。穿长衫的人害怕了，只好认输。

头有六斤四两重的说法，据说就是打这儿来的。

酉秀才巧赚宰相酒

讲述：周静兰
记录：许冠谦 51岁 教师 大专
1986年8月采录于江滨乡

从前有个宰相，人虽清廉，却很傲慢。这年，宰相年交花甲，想要大大庆贺一下,便吩咐下人整顿庭院,备办筵席。他自己踱着方步来到厅堂,环视四周,觉得应该有一副中堂寿轴,但又想不出有啥人能善写对联。正在为难,一个家人告诉他,"宰相府东南三里之遥有个酉秀才,文才超群,吟诗作对十分出色。只因家贫,郁郁不得志,大人要写中堂寿联,何不请他一试。"宰相一听,便对家人说道:"你去备办一幅大红绸料寿轴,送去叫他写了拿回来就是了。"

家人奉命去酉秀才家,见了酉秀才说明来意。酉秀才想:这个宰相道理全无,只叫我写寿联,却绝口不提请我喝寿酒。也罢,我只要如此这般,不愁吃勿到寿酒。便对来人说:"把轴放在这里,待我写好了送来。"家人答应了,回去复命,不提。

眼看离寿诞之日不远了,中堂寿轴还未送来。宰相便叫家人去催酉秀才。酉秀才却说:"急啥呀,写好了我自然会送来。"

明天便是寿诞之日,中堂寿联还未见送来,宰相又叫家人去催。酉秀才说:"急啥呀,明天上午写好了自然会送来。"家人只好又去复命。可是第二天,日上三竿,还未见寿轴送来。宰相怒火中烧,叫家人去酉秀才家催。家人不敢怠慢,奔到酉秀才家,却见酉秀才正在慢慢吞吞地磨墨,八字还没有一撇呢。家人便对酉秀才说:"还不快写,宰相正在发怒哩。"酉秀才笑笑,执笔蘸墨,横书"真老乌龟"四个大字。家人急忙拿了就走。到了宰相府大厅,不管三七二十一,正中高高挂起。诸亲好友,达官显贵一见"真老乌龟"四字,不觉目瞪口呆。宰相一看,气得忙叫家人速把酉秀才抓来。不一会儿,酉秀才来了。宰相大发脾气,要把他重重治罪。酉秀才笑道:"大人息怒。我这副寿联实在是字字金玉,只是尚未写完,就被你府上家人拿来了,怪得了谁呢?"宰相道:"你赶快续写,若写不好,一定重重治罪。"酉秀才讨了文房四宝,当场挥毫,续成四句:

真正宰相,老老之臣,
乌纱盖顶,龟鹤遐龄。

这四句联语,把宰相一生的荣华富贵、福寿双全统统表达了出来。诸亲好友,达官显贵无不拍手称好,宰相也心花怒放,热情邀请酉秀才入了头席,盛情款待。

千里镜

讲述：项雪龙 75 岁 农民 小学
记录：顾少丹 62 岁 农民 初中　　陈新 45 岁 文化站管理员 初中
1986 年 8 月采录于六匡乡

有个老财迷，有三个女婿。

大女婿在朝为官，二女婿边关带兵，三女婿在家种田。老财迷看得起大女婿、二女婿，就是看勿起三女婿。

这年，又到老财迷寿辰日子，该去给他拜寿了。三女婿心想，往年每次去拜寿都要遭他们奚落，受一肚子气，今年也该我治治这个老财迷，出出这口恶气了。想到这里，他从箱子里翻出一副不晓得哪代用过的破眼镜，塞进袋里，便朝老财迷家走去。

老财迷家前厅挂红，后厅张彩，中厅里寿联高挂，亲眷朋友来了交关。三女婿进仔大门，看见大连襟的珠灯大轿停在院心里，二连襟的高头白马拴在银杏树下。他不声不响地把一只鞋子脱下放在珠灯大轿里，又悄悄地走到银杏树下牵走了白马，骑上去，往马屁股上一拍，朝村外一个坟地飞快奔去。来到坟地，把白马拴在一棵柏树下，然后到路边人家换了一双新鞋，悄悄回到丈人家。

老财迷见三女婿空手而来，心中不快。坐在原处连身也不起。三女婿规规矩矩拜见丈人，说："小婿没备什么厚礼，只带来千里眼宝镜一副，望丈人收下。"

老财迷拿仔眼镜看了又看，又戴上试试，也试不出什么名堂来，便恶狠狠地说："什么千里眼宝镜，屁！竟敢来戏弄我，给我滚出去！"

正在这时，家人进来禀报："老太爷，二姑爷的高头白马不见啦。""这还了得？"丈人急得额头上的汗珠滴滴答答。这时三女婿不紧不慢地说："不要紧，不要紧。这副千里眼宝镜能日看千里，夜看八百。让我戴上看看，二姐夫的白马跑到哪里去了？"说着戴上眼镜，装腔作势地四边看了看，然后大声说："不好！不好！一个小偷偷了二姐夫的高头白马正朝村外骑去。现已到了坟地那儿，把马拴在柏树下。小偷现又跑到坟地东头弄什么去了。"

老财迷派了家人火速朝坟地追去。不一会儿，果然牵回了高头白马，并回话说，小偷没看见，肯定是吓得逃走了。

这回老财迷相信了，二女婿也相信了。就是大女婿不信，他是个文官，有心机，故意说："小连襟，你再看看小偷是啥模样儿？"三女婿又戴上眼镜看起来，看了一歇歇说："小偷也是有眼睛，有鼻头。"这不废话吗？他又说："好像是大姐夫府上的人。不信，我的千里眼镜还望见这小偷只穿一只鞋子，另一只鞋子还在大姐夫的轿子里呢。"

大家一起到大姐夫的珠灯大轿里一看，果然，轿子里有一只旧鞋子。大女婿再也不敢说话了。

老财迷心想：乖乖，三女婿送我这副千里宝镜作为寿礼，着实不轻哪，忙让三女婿坐了头位，那两个连襟也不敢再奚落他，都待他交关热络。

聪明的三弟

讲述：许玉廷
记录：郭建人
1986年8月采录于瑞祥乡许宅

从前有兄弟三个约好了去芦荡里割柴。中午时，大哥挖泥垒灶，二哥抱来芦柴当柴烧，三弟带来了高粱粉圆子。圆子下镬的辰光，大哥不小心，把镬子碰翻了，三个人只好饿了一顿。

后来，大哥投了军，两年后立功做了官。

小兄弟俩听说大哥投军做了官，就去看望他。两人来到营寨门口，守营军士问："你俫找啥人？"二哥是个老实人，回答说："我俫住在芦荡村，小弟他剃头为业，我老二割柴为生，今朝我哩来看望做了官的大哥。"守门军士一听是剃头、割柴的，就不让进去。小弟对二哥说："让我来试试。"他大模大样走近前去，对守门军士说："守门军士请听着，我俫虽住芦荡村，都有特殊的功勋！我大哥曾单人打败灰家将（圆子落在灶膛里），二哥杀败千里芦州城（指割芦柴），三弟我本领更高强，打倒了几百座黑毛山上数不清的黑毛兵（剃头）。"守门军士一听，就拱手作揖说："请进！请进！"

三弟一进营帐，见了大哥就说："官大哥、官大哥，做了大官勿要忘记过去苦。"大哥见是自家弟兄来了，回答说："军营里、官府里，永世不忘穷兄弟。"后来，两个弟弟也投营参了军。

勿识字先生

讲述：施雪明 76岁 私塾 农民
记录：施善达 52岁 教师 初中
1986年8月采录于三和乡施宅

从前有对弟兄，哥哥帮粮户教书，老二勿识字，在家里种田。

一天，老二在泥沟里掘泥，掘到两条黄鳝，回家煮了过过老酒，正在受用，突然见哥哥垂头丧气地回家来。哥哥说："那粮户尖刁刻薄，年底结算工钿时，说我教错了一个字，按规矩罚了我一年工钿，弄得我两手空空回家！"老二听后又气又恨，眉头一皱，对哥哥说："明朝你把身上的长衫脱下来给我穿，我去把工钿要回来。"

第二天，老二穿了哥哥的长衫，大摇大摆来到了粮户家。粮户见又来了个教书先生，心想：一个工钿被我赖了，又送来一个，也好，就叫老二先住下。

当晚，老二问粮户家的孩子："你学到啥程度了？"孩子说："学到四书、五经。"老二说："不多，今后我教你念九经、十一经、十三经①。"孩子蛮感兴趣，忙问："能背一段？"哪来个九经、十一经、十三经？老二是信口开河哩，但既然已经说了，就得背呀。他脑子一转，想到昨天吃黄鳝时，两只小黄狗争吃鳝骨的情景，便说："好，我背一段你听听：掘泥一日，得其一鳝，东赊盐，西赊油，无本讨酱油。饭罐儿蒸煮，其味无穷。"看看孩子听得出神，就又胡编了下去："一骨落地，两黄得利，小黄拾骨而走，大黄见骨就追，小黄让骨，大黄吞骨则喜也。"这孩子还从没听过这些，只当道理很深奥，忙去告诉父亲，说这个先生学问如何如何高。粮户半信半疑。

第二天，粮户有事请客，亲眷朋友来了不少。粮户想趁机考考老二，就请他作陪。酒过三巡，自然就扯在赋诗作对上了。亲眷朋友听说老二是主家新请的先生，就要他露一手。老二推说不敢献丑。粮户也有心要考考他，便激他说："要是先生能作出妙联，我愿付双倍工钿，并当场兑现！"

---

① 九经、十一经、十三经：编帘子时绳的根数。

亲眷朋友想看好戏,在一旁拼命助劲。老二见很难推托,就借口到外边解手溜了出来,想趁机思索思索。老二刚踏进茅坑,见里边有四只花斑狗,于是拎拎裤子就朝外跑。一抬头,见东南宅角有两只老黄牛在削角;西北角有一只乌春①,一只脚独立在茅坑沿上。心想:有了!老二重新走进堂屋,装模作样地想了一会儿,便摇头晃脑地哼道:"两黄四角相争,四花八眼同窝"。大家又问横批,老二想到刚才乌春立在茅坑边,便脱口而出:"独立朝中"。亲眷朋友都说:"妙联,妙联!"其实他们肚里也呒得多少学问,听听老二念得蛮顺口,并把"四花""八眼"误认为是:四个探花,八个榜眼。好口彩哩。

粮户见大家都说好,碍于面子,只得拿出双倍工钿给了老二,老二拿了工钿,高高兴兴地回家了。

秀才妙诗改伙食

讲述:姜秀豪 65 岁 离休干部 初中
记录:姜国华 34 岁 文化站站长 高中
1986 年 8 月采录于四甲乡

有个财主,请了个秀才在家教儿子读书,讲明:秀才教一年书,财主管一年饭,工钱没有。秀才人硬气,肚皮不硬气,为争一口饭,就答应了财主的条件。

开头几天,财主还请秀才一道同桌吃饭。时间一长,财主怠慢秀才了,他让佣人给秀才送饭,让秀才在学堂里吃。送点啥呢?三餐薄粥加咸菜。饿得秀才头重脚轻。秀才不好直说,他想到财主每隔三五天要查一次儿子的功课,就有了主意。

一天,秀才写了一首诗,让财主儿子背读、抄写。隔了几天,财主又来查看儿子功课了,问起近来先生教点啥,儿子就将抄写的诗拿给他看。财主见上面写的是:"粒米煮成粥一碗,鼻风吹起两条沟,遥看好似一面镜,照见先生在里头。"财主晓得秀才在挖苦他,可怕耽误了儿子的学业,只好改善了秀才的伙食。

---

① 乌春:一种类似八哥的鸟。

刘半仙

讲述：姜秀豪
记录：秦培鑫 31岁 文化站站长 高中
1986年4月采录于常乐乡文化站

某药店斜对过新摆了个测字摊头，测字先生是个姓刘的老头，自称"刘半仙"。

测字摊摆下后，凭刘半仙那三寸不烂之舌，前去光顾的人一直不少。这一来，惹得一个人不高兴了。谁？药店老板。俗话说："虾有虾路，蟹有蟹道，黄牛角，水牛角，角归角（角，方言念各）。"刘半仙测字又没碍你药店啥，为何会惹那老板不高兴呢？其中是有道理的。城里人喜欢换新鲜，乡下人喜欢轧闹忙。自从有了测字摊，那些久病不愈的药店常客、身患小病的过路市民，也会凑聚到测字摊来测个字，抽个签。俗话说："算算命，交交运"，想借此来消消晦气。这一来，弄得药店生意清淡不少。那老板岂能不冒火呢？发誓有朝一日要将那个测字先生赶跑。

药店老板姓张，此人为人精明，做生意有些手法，在小镇上小有名气。这天一早，他独自来到测字摊前，寒暄了一番，看看周围已围了几个人，便正色说道："久闻半仙大名，今特来此有一事相问。"

"张老板过奖了，不知您要问啥？"

"烦请半仙算算敝店今朝有多少银两进账？"

刘半仙心想：这老板大概是财迷心窍了，就顺他心，美言他几句吧。于是，刘半仙说："张老板气色甚佳，眉宇间瑞气流溢，这乃是财运降临之预兆，今朝你定有五十两银子进账。"

张老板听了哈哈一笑："好！我与你打一赌，算得准我愿将所说银两全数奉送；算得不准嘛，此地你也就不要再摆摊了，请到别处去发财吧！"

张老板回到药店后，立即关照伙计："今朝店门照开，但生意一个钱也不能做，违者看罚！"

转眼已到了傍晚。一整天，到药店去赎药的人，都是空手进空手出。刘半仙见状,只得自认倒霉,收拾摊子准备离去。正在这时,突然有一个人急匆匆朝测字摊走来。刘半仙定神一看,认出来人是小镇上开豆腐坊的小山东。三天前小山东作坊里一只拉磨的小毛驴丢失了,四处寻找,不见影踪,听说刘半仙测字占卦蛮灵,故特来求上一签。

刘半仙听完小山东的诉说,说道:"兄弟,恕我直言,看你眉宇晦暗,印堂发青,这乃是破财之预兆。丢毛驴只是开头,近日将会有更大的灾难降临。"小山东一听,傻了眼,忙求刘半仙相救。刘半仙手捋山羊胡,煞有介事地说:"别慌,别慌,兵来将挡,水来土掩,老身自有消灾解难之法,但要心诚意实,不知老弟能否做到。""只要能消灾解难,就是叫我下油锅、滚钉板我也敢!""好!看你如此虔诚,老身就告你一个解法:你到对过药铺,赎五十两银子的药,权当生病,回去煎后服下,定能消灾解难。毛驴嘛,三天之内定会归来。记住,药一定要在对过张老板那里赎,银两不能多一钱,也不能少一毫,一切都要在今朝打烊前办妥,切记,切记!"小山东见有了解法,便朝对过药店奔去。

伙计已把十六块排门板上了十五块,最后一块也上了一半时,小山东一只脚从外头伸了进来,嘴里嚷着赎药。伙计一看来了个山东蛮子,也不敢怠慢,忙赔笑说:"先生请明日再来吧,本店已打烊了。"说完就要关门。小山东急了,伸进门的那只脚不但不缩回,索性将身子也挤了进去,"小兄弟,你就帮帮忙,这药我非今天赎不可啊!"伙计见门关不住,干脆说:"不是我不帮忙,因老板关照过,今朝大小生意一律不做,你还是到别处去赎吧。"小山东一听冒火了,一把揪牢伙计嚷道:"岂有此理!开药铺理应积德行善,为民消除病痛,你们倒好,有药不卖,算啥名堂?叫你们老板出来,我要当面问问他!"小山东一嚷,伙计慌了,因老板有过规矩:伙计不得与顾客发生争吵,违者要被辞退。伙计想:今朝要是真的吵到老板处,我这饭碗岂不要被敲掉?趁老板不在,让他赎去算了。

伙计说:"哎哟,我的祖宗,你小点声音,我替你赎就是了,把药方拿来。"

"药方?我可没有药方。"

"这就是你的不对了,没有药方叫我照啥赎呢?"

"我给你五十两银子,你给随便抓点就行了。"

"这不行!吃错药人命关天哩。"

"你这人真笨!你给我抓些吃不死人的药。"

"这……"伙计见同他讲不清，便有心寻他开心了，替他包了一大包巴豆（一种泻药）。小山东接过药，掏出五十两银票往柜台上一丢，转身就走。伙计见一包巴豆换来五十两银子，赚了一大笔，忙到后院向老板报功领赏去了。

　　小山东拎仔一包药回到家里，关照娘子马上生火煎药。娘子问："你好端端的身子吃啥药？"小山东说："你少管闲事，叫你煎你就煎。"娘子把药发开，一看，是巴豆，心想：这可是泻药，这么一大包吃下去，人可要泻死。于是趁男人不在意时偷偷倒了半包。

　　小山东喝了药后，当夜药性发作，肚子里像开了锅，"咕噜咕噜"一阵乱叫，接着像走马灯似的来回跑茅坑。头几趟小山东还算有忍耐，次数一多，小山东冒火了，干脆蹲在茅坑上不走了，边拉边骂："拉！拉！拉！拉你娘的稀巴蛋！毛驴回来饶了你，毛驴不回找你姓刘的算总账！"

　　想不到小山东这一喊，却惊动了同小山东住在一个院子的刘皮匠。小山东的那头驴是刘皮匠囵的。刘皮匠为啥要囵小山东的驴呢？因为小山东平时做事不够检点，毛驴拉完磨后，便将它散放在院子里，弄得满院臭气冲天。刘皮匠趁小山东不在家，一怒之下把那头驴牵到乡下亲戚家囵了起来。今晚见小山东家整夜亮着灯，小山东朝茅坑来回穿跑，不知搞啥名堂，所谓做贼心虚，刘皮匠这一夜也没睡好，一直在观察对门动静，猛听小山东一喊，姓刘的心想：糟了，这山东蛮子一定发现了线索，这是冲我喊的，还是赶快把驴放了，免得事情闹大。于是便偷偷开了后门溜了出来，跑到乡下把驴放了。为解心头之恨，放驴时他砍断了这畜生的半截尾巴。

　　毛驴认得路，天刚亮就回到了主人院子。

　　小山东拉了一夜肚子，精疲力尽，此时正躺在床上养神，猛听得院内有驴蹄声，忙起身招呼娘子一同来到院里，夫妻俩见自家的毛驴果然回来了，高兴万分。只是小山东见毛驴短了半截尾巴，气得朝娘子吼道："贱货！可惜那半包药叫你倒掉了，全让我吃了这驴尾巴就不会少半截了！"骂得娘子哪敢还口。

　　故事完了，有人要问：刘半仙与张老板那场赌到底谁输谁赢？当然是刘半仙赢啰，但刘半仙没有去向张老板讨赢钿，只是测字摊子摆稳了，而且名气也越来越大了。

县官受骗

讲述：陆维昌 40岁 村干部 高中
记录：姚文冲
1986年9月采录于三阳乡群阳陆宅

　　从前，有一个人叫张义，他能说会道，经常为穷人打抱不平。他用各种办法戏弄富人，常常弄得他们哭笑不得。当地的富人对他又恨又怕。

　　一天，当地的富人勾结起来到官府里去告张义的状，说他戏弄富人，欺骗粮户。县官见了状子，觉得蛮有意思，他想：这个人到底有多大本事，我倒要见识见识。

　　升堂了，县官问张义："听说你骗人本事不小，你能不能骗我呢？今天，你要能骗得我相信，我不但不办你吃官司，还要奖你二百铜钿。"张义说："老爷，小民只能骗骗吃麦粞①的乡间老爷，哪能骗你这吃白米的堂堂县老爷？"县官问："你怎么知道我吃白米呀？"张义说："这不是明摆着吗，你胡子上还有米粒子呢。"老爷急忙抹了一下胡子，但马上发觉自己受骗了。张义说："老爷说话一定算数，这二百铜钿我是拿定了。"县官没有办法，只好拿出二百铜钿给他。

真本事

讲述：俞凤高
记录：顾永军
1986年8月采录于包场

　　有个财主故意刁难长工，过年这天，他把酒瓶交给长工说："打酒去！"
　　长工问："没有钱怎能买到酒呢？"
　　财主说："拿铜钿买酒谁不会？不拿铜钿买得到酒，才算有真本事哩。"
　　过了一会儿，长工提着空瓶回来了，交给财主说："酒打来了，请喝吧！"

---

① 麦粞：元麦磨成的粗粉。

财主一看，瓶里空的，便说："没有酒，叫我怎喝？"长工说："有酒哪个不会喝，没有酒喝酒才是真本事哩！"

财主被弄得哭笑不得。

大盗比本事

讲述：顾祯岐
记录：郭建人
1986年8月采录于瑞祥乡

江南江北各有一个大盗，被人称做江南第一名和江北第一名。

一次，江南第一名和江北第一名在一道偷末事①。两人来到江南一个大粮户人家，把金银绸缎都装到一只船上准备走了。江北第一名对江南第一名话："我哩既然偷了伊嘞②货色应该脱伊嘞话一声。"江南第一名话："这奈能脱伊嘞话呢，伊嘞晓得嘞，勿是要把我们打死的？""不会咯。你先撑船走，我去话"。江北第一名就趴到房顶上对粮户家里人话："我已帮你家看守好几年了，今朝我跑了。"粮户听见声音，出来一看，库房门都开着，东西都被偷跑了。只见那个大盗会飞檐走壁咯，一跳能跳一来里路，一眨眼飞到了船上。

江北第一名到嘞船上，江南第一名话："还是你本事大，我勿及你。"

两亲家

讲述：施友文 80岁 农民 不识字
记录：沈桂凤
1986年5月采录于三厂镇

有亲家公两个，男亲家富，女亲家穷。有一次，男亲家办喜事，发了大红帖子，请女亲家公去吃喜酒。女亲家老夫妻俩接到帖子就急了，亲

---

① 末事：东西。
② 伊嘞：他们。

家公难得请一次,这人情勿能勿送,可是屋里穷,拿啥送呢?老夫妻俩商量来商量去,最后只好把牵在钥匙上的一个铜钿充当洋钿,用红纸包包送了去。

吃过中饭,两亲家坐在一起闲话。男亲家公先开了口:"有一桩事体讲出来你也勿相信。"

"啥个事体?"

"喏,前几天隔壁人家,门勿开户勿开,屋里丢掉八仙台,勿晓得奈①拨伊拿出来。"

女亲家公一听,懂哉,这是说我人情送得少,一个铜钿拿勿出手。伊稍微一想,有了回话:

"哎,我说亲家公,如今稀奇的事体多着呢,我话出来你也勿相信。"

"噢,你倒讲讲看。"

"喏,我家住在海滩头,地都塌光了,呒得办法,我就织了一口海攀②,在海滩头捕点小鱼小虾卖卖。前几天,月半汛,网里钻着一只大甲鱼,随你奈张也张勿出来。"

男亲家公听了,心想:你倒厉害,我想拿话刺刺伊,反倒被伊讲了去。

到了吃夜饭的辰光,天刚刚有点黑,男亲家公叫人偷偷地在场心里竖了一卷帘子③,他从屋里走出来,故意大声地问:"场心里是啥人?假如认得的请进来,便夜饭吃一顿,假如要回转,天已经暗了,也好走了。"他转过头对女亲家公说:"亲家公,你出来看看,问伊勿响,赶伊勿走,到底是人还是鬼?"

女亲家公接口讲:"亲家公,这勿是人,是鬼!"

"你奈晓得呀?"

"你看,伊肚皮也呒得个。"

男亲家公本想气气女亲家公,赶他回转,想勿到被女亲家公讽刺说没有气量,心里有气也发勿出,只好自认晦气。

第二天起床后,主人领亲家公到后面竹园里看看,看到沟里有两只鸭,男亲家公一转歪念头,就又有了话头。他假意用脚一蹬:"喔唏——"一声

---

① 奈:怎么。
② 海攀:渔网的一种。
③ 帘子:一种晒东西的用具。

赶鸭，见两只鸭勿动，就对女亲家公说："这两只鸭像死了一样，你看我赶伊也勿动。"

女亲家公心想：你倒促狭，话我已经死了，赶也勿动。便接口说："是死了，要是活的话要溜溜（留留）的。"

男亲家看勿起女亲家，几次用话刺他，但女亲家聪明机智，每次总有回对，男亲家反而一直落在下风。

麸皮煮大肠

讲述：施友文
记录：秦培鑫
1986年4月采录于常乐乡文化站

有两个人寻一个瞎子开心，同那个瞎子讲，我们扛柜①吃。瞎子说："好啊，吃啥呢？""冬瓜烧肉，"那两人说。并约定由两个亮子负责采办。

菜烧好后，两个亮子欺瞎子看不见，专拣肉吃，并把冬瓜拣在瞎子面前，嘴里还一个劲地说："瞎先生吃呀，瞎先生吃呀！"瞎子嘴里不说，肚里有数哉，晓得上了他俩的当。

时隔几天后，瞎子找到那两个人，也提出要扛柜吃。两个亮子想：这瞎子吃冬瓜吃出瘾来了，他既然不怕吃亏，我们只好奉陪了。吃啥呢？瞎子说："吃猪大肠。"

同上次一样，仍然由两个亮子采办。烧菜的时候，瞎子趁两个亮子不在时，把早已准备在口袋里的麸皮，偷偷往锅里撒了一把。大肠烧好后，两个亮子发觉不对头，那沾在大肠上的麸皮，星星点点的就像没有洗去的猪粪，便小声地互相埋怨没洗干净。因此，吃的时候两人吓得连筷子也没动，挑了瞎先生一个人受用。吃完后，瞎先生忍不住哈哈大笑，嘴里还哼了两句："麸皮煮大肠，挑②了我瞎先生！"两个亮子一听才晓得挨瞎子还了一报。

---

① 扛柜：各人出钱合伙吃。
② 挑：便宜。

一句勿漏

讲述：陆维昌
记录：姚文冲
1986年7月采录于三阳乡陆宅

有对弟兄，靠说书过日子。有一次，哥哥被一个财主叫去说书。书说完了，财主说："我听书有个规矩，漏脱一句勿付钱，一句勿漏加倍给钱。刚才你说书时漏了一句，钱也就不付了。"哥哥呒得办法，只得自认晦气。

这事被弟弟晓得哉，他对哥哥说："你勿要生气，下次伊请说书让我去，我有办法对付伊。"

过了一些日子，财主又想听书哉，这次弟弟去了，规矩照旧。

开始说书哉，弟弟三句引子后，说："两军对阵，双方共有十万八千只战马，只听得这马蹄声'的笃、的笃、的笃'……"一连说了几个时辰。财主见老是说"的笃"实在听得勿耐烦了，说："你怎么老是'的笃、的笃'还有没有个完？"弟弟勿慌勿忙地说："哎，老爷，你勿是要求一句勿漏吗？我这里十万八千只战马还没跑完呢，马勿到，仗就打勿起来，我这书也勿好往下说呀。"财主说："算了，算了，就算你没有漏掉，现在你往下说。"弟弟将弦子一收说："对勿起，辰光已到哉，今朝的书到此结束。老爷，刚才可是你自己说的，我是一句勿漏，请加倍付钱吧。"财主一听，晓得上当了，碍于面子，只好忍痛付了双倍的钱。

巧语破海话

讲述：陆士冲
记录：施菊生
1986年8月采录于新海乡

有个商人，顶喜欢摆富，身边有五个铜板，他要说有五百。一天，他雇了一部车出门。推车的是他村上的熟人，一路上他就向推车人摆起富来。看到高宅大院，便得意地说："这是我的姑母家，那是我的娘舅家。"一路上摆个没完。推车人心里明白，但又不好意思直接说破他。

走了一段路，推车人也指着一些人家说："这是我的姨妈家，那是我的姑夫家。"商人见推车人指的人家全都是破破烂烂的小草房，便说："你真苦命，没有一个好亲眷。"推车人笑着说："先生，沿途的富贵大户都给你认去了，我只得认剩下的穷人家啰。"

张才斋招子

讲述：顾祯岐
记录：郭建人
1986年8月采录于瑞祥乡

有个典当老板，家当交关，手下有七八爿当铺，夫妻俩六十多岁了还呒得儿子。一天，他对老太婆话："我要招个儿子，今朝带把破扇子跑。有一天招勿着，有一天勿回转。破扇子回家了，儿子也就招着了。"

当天来到街上，沿街喊："啥人叫我爷喂，拨我饭吃吃"。喊了半天也呒人睬伊。反而被人家骂了半天。第二天又到另一条街上，又是这样喊着。

这天，有个小夫妻俩，娘子织了布，叫男人去卖，伊听到这个老头子在喊，也勿曾睬伊，回到屋里，告诉拨娘子听。娘子话："今朝织的布，明朝再去买，碰到这个老头子，你就叫声伊'爷'，然后领伊回转拨饭伊吃。"

一夜过去了，男人拿仔娘子织的布又来到街上卖，真巧又碰着这个老头子了。连忙喊"爹爹，我拨饭你吃。"老头子就跟着来到了伊家。小两口儿天天端汤端饭，蛮孝敬，一年半载从来勿曾有过半句怨言，也勿曾冲气过老头子。并且老头子话啥听啥。

秋天，落小熟了，老头子叫伊俩拿所有地皮种大麦。大麦还勿曾熟，常归①是碧青的辰光，老头子又叫伊嘞割脱。小两口儿虽然有些想勿通，但做还是照做。恰好，这年是个大荒年，粮草大减收。人家养了许多牛马，呒得草吃，只好高价到伊勒屋里去买。小夫妻俩卖到了蛮多铜钿，但算算，要砌房子还缺蛮多一笔铜钿。这辰光，老头子就拿出这把破扇子，叫儿子去当了，砌房子。

---

① 常归：还。

儿子开头有些勿相信，听仔爷话只好去当。来到老头子话的这个当铺，拿出扇子，朝凤先生（典当先生）一看，问了几句，连忙拿了破扇去里厢见老板娘。老板娘一看见这把破扇子，连忙叫账房和伙计开库房拿金银，拨了那个人。铜钿有了，当小夫妻俩商量砌房子的辰光，老头子把事情原委统统告诉拨伊俩听。

小夫妻俩一听，睏梦头里也勿宁想着。后来，房子也勿造了，做了八爿当铺的小老板。这个男人就叫张才斋。

王小二过年

讲述：徐少熙
记录：徐维萃
2008年11月采录于刘浩镇徐宅

从前，有个叫王小二的青年农民，一年到头帮地主杨财东做长工。这个杨财东平时说话总要翻白眼，因此长工们就给他取了个绰号叫"杨白眼"。杨白眼对人阴险毒辣。王小二在杨白眼家做生活赛过牛马，受尽欺诈，过着食不饱肚、衣不遮体的苦日子。

大年三十夜，杨白眼在厅堂里装香点烛、八仙桌上摆满了丰盛的祭祖供品，杨白眼要图吉利，把吃过晚饭的长工们赶到柴房里睡觉。柴房跟正厅只隔着约三尺阔的弄堂。杨白眼特别对平时爱说俏皮话的王小二说："王小二，今天是过年，我敬利市的时候，你可不能说不吉利的话，否则，别怪我不客气。"

王小二说："老爷你只要不问我什么事，我死也不开口！"王小二说了个"死"字，杨白眼已是很不高兴，就默默跑去敬利市了。

王小二坐在柴房门口面朝着厅堂瞪眼观看，当杨白眼双膝跪下磕头时，忽然从大门口进来一只大黄狗。杨白眼"嘘"了一声，大黄狗赶紧调头逃走，哪知撞翻了一筛子汤团，汤团"骨碌碌"滚了一地。王小二在柴房里看得一清二楚，故意"嘿嘿"一笑。杨白眼听到笑声，连忙站起来跑到柴房间问王小二，你为什么笑！王小二见问，俏皮地说："老爷，你关照我敬利市的时候叫我不说话，又没有关照叫我不要笑呀。不过说来说去，都是你敬这个死人利市不好，偏偏还撞进来一条断命狗，碰翻了筛子，送死汤团统统滚了一地，真是倒霉千年，老爷你说对不对？"

没等到王小二把话说完，老爷早已翻着白眼气急败坏地说："哪个叫你说这么多的倒霉话！快住嘴，快住嘴，这不是你说的话，是你放的屁！"

王小二说："老爷，你说我是放屁，可我说的是真话，我也想呀，老爷过年想图个吉利，可我王小二图什么呢？我王小二过年是一年不如一年呀！我也不敬这个死人利市了。"接着哈哈大笑起来。睡在柴房里的长工们憋在心底的一肚子气终于吐了出来，一个个都大笑起来！

公馆先生难做

讲述：黄乃兰 76 岁 农民 不识字
记录：顾小凤 65 岁 干部 初中
1986 年 8 月采录于江滨

从前，有个老板娘，请公馆先生教儿子念书。但所请的先生教不多时，都被说成没本事，回掉了。问题就在附近有个阴阳先生作怪。被请的先生如果不先上门去孝敬拜访这位阴阳先生，他就要在老板娘面前串火①。下面就是个阴阳先生串火的故事。

公馆先生刚到，阴阳先生就教老板娘对先生说："我从镇上回来，看到告示上有个字像擀匙②，请问这是啥字？"先生问："是一头有柄还是二头有柄？"老板娘说："这我倒没在意，那请问一头有柄是啥字，两头有柄是啥字？"先生说："一头有柄是'由'字，两头有柄是'申'字。"老板娘想，阴阳先生说他没本事，他还不错呢。过几天，老板娘又受阴阳先生挑唆问先生，"我看到一个字像牌位，请你说说是啥字？"先生反问："这牌位装不装脚？"老板娘一呆，说："装脚的是啥字，不装脚的又是啥字？"先生回答："装脚的是'具'字，不装脚的是'且'字。"又过了几天，老板娘又问先生："我看到一个字像蹲着的猫，请问是什么字？"先生说："那猫儿尾巴露不露？"老板娘又一呆，反问："露尾巴的是啥字？不露尾巴的又是啥字？"先生说："露尾巴的是'及'字，不露尾巴的是'乃'字。"

---

① 串火：挑拨。
② 擀匙：擀面杖。

阴阳先生见难不倒公馆先生,继续在老板娘面前串火,他教老板娘如此这般。老板娘问:"我看到一个字像棺材,请问是啥字?"先生说:"这棺材带绳杠不带绳杠?"老板娘吃惊道:"这有啥花头?"先生回答:"带绳杠的是'西'字,不带绳杠的是'四'字。"老板娘接着一面伸平两手,一面又问:"我看到一个字像这样庹手庹脚的,请问这是啥字?"先生说:"是男的,还是女的?"老板娘说:"男的是啥字,女的又是啥字?"先生说:"男的是'太'字,女的是'大'字。"因为阴阳先生早有指点,老板娘面孔一板,抖抖胸口里的两只奶子说:"先生你错了,我这两只奶子不比你那鸡巴小啊,怎么不算在其中?"这公馆先生"呸"了一声,转身就跑。

"外孙八岁"的由来

讲述:陆少山 67岁 农民 不识字
记录:杨方 73岁 教师 私塾
1986年8月采录于江滨陆宅

传说,从前有个恶讼,代人写状,谁送钱谁有理,惹是生非,从中渔利,谁都怠慢不得,人称"地头蛇"。

一天,一个青年手拎两条鳞白如银的鲥鱼,故意从恶讼身边走过。恶讼一见,垂涎三尺,上前攀谈:"喂,小伙子,鱼卖哦?""卖!"小伙子回答很爽快。恶讼想,你的鱼不卖也得卖,现在你自觉自愿卖,再好没有了。恶讼佯言要出多少银子买。小伙子早知恶讼底细,依自己的计划随口说:"拿去好了,何必算钱!"恶讼故作正经:"这怎么可以?"小伙子调皮地说:"我与你有前情后意嘛。"就这样,恶讼拎了鱼心安理得地回家了。

这是奈一张事呢?原来恶讼有个女儿,人家为她做媒,恶讼不是嫌人家穷,就是嫌彩礼少,把个女儿当做摇钱树。日子一长,女儿的年龄越来越大。女儿想,假使人老珠黄,怎么办呢?所以瞒着父亲,私自许配给了这个捉鱼郎,也偷偷结了婚,不再回娘家了。这件事只有恶讼的老伴知道,恶讼一直蒙在鼓里。

恶讼自女儿离家后,时时为女儿不在身边问娘子。娘子不是用到外婆家去了,就是说到姑娘家去了来搪塞。时间久了,恶讼也就把女儿的事忘得干干净净。

一天，恶讼外出，见一个少妇在河边淘米，走近一看见是自己的女儿，便责问道："这么长时间，你死到什么地方去了？婚姻大事怎么办？"女儿回答："你吃鲥鱼吃昏了头，我儿子已经八岁了。婚姻大事嘛，你去问问送鲥鱼的小伙子！"恶讼一听，跺着脚说："朝得我晓得，外孙已经八岁啦！"

叫尸

讲述：陆士冲
记录：沈裕辉
1986年3月采录于新海乡陆宅

清朝光绪年间，海启地区流传着这样一个故事。

说的是有户人家，家里只有婆媳二人，两代寡妇，十分凄凉。附近有座古庙，庙里有一老一少两个和尚，因庙里香火不旺，生活清苦，所以心生邪念，计谋骗取年轻寡妇和她们的家产，议定得到后利益大家享受。于是年轻的和尚，身穿袈裟，头带僧帽，脚着布靴，手执木鱼，边敲，边念，走到寡妇家，敲念了一阵，故意仰面环视屋顶四周，然后拱手向两寡妇说："贫僧能知天地阴阳，你家瑞气萦绕，福星高照，本无夭寿之灾，错死的人阎王不收，阴魂四处漂泊，若能每天五更时分，以黄豆七粒，代表人的七窍，撒在死者棺墓四周，并叫声你男人的名字快快出来，至七七四十九天五更，你男人皮肉五官长成，撬开棺木，可得再生。但要说清，因皮肉五官都是新生，与原貌有些两样，万万不要害怕。"婆媳两人大喜，依法行事。等到七七四十九天，两个和尚事先偷偷来到坟地，把棺木撬开，搬出尸骨，抛到沟里。年轻的和尚便坐进棺材。不一会儿，一老一少两寡妇手执斧头撬棒等家什也赶到，撬开棺木，只见一人端坐棺中，当然十分高兴，马上将人扶了出来，搀扶到家，香汤沐浴，夫妻之间说不尽的甜言蜜语，道不完的别后怀念，过着幸福美满的日子。

再说庙里的老和尚，心中痒痒的，装作化缘也经常到年轻和尚家，索取利益。可屡次遭到小和尚冷遇。老和尚大怒，心想，你既得娇妻又得财产，却将我抛弃，我决不饶你。便将如何定计，如何设计骗局和盘向两寡妇托出。两寡妇听了，眉毛倒竖，一面哭喊，一面与小和尚厮打。年轻的寡妇更因身体已被奸污，恨不得要咬他的肉，剥他的皮，抽他的筋，小和尚见势不妙，夺路而逃，畏罪隐居别处，再也不敢露面了。

偷牛贼骑虎

讲述：陆士冲
记录：沈裕辉
1986年3月采录于新海乡陆宅

相传有个农户人家，丈夫病死，只有母女两人，开了爿磨坊靠替人磨粉苦度光阴。磨房漏雨，大雨大漏，小雨小漏，却无钱修补。

距离磨房不远的山上，有只猛虎，它看见磨坊场上，拴着一头黄牛，悠闲地嚼着干草，很想下山吃掉它。但白天人多势众，不敢冒险。等到黄昏时分，便下山从破洞里钻进磨房，躲在牛吃的干草堆里，想等到夜深人静时再动手。

说也巧，有个偷牛贼，以为磨坊里只有母女俩可以欺侮，想偷她们的牛。这天天气不好，他恐怕下雨，便穿上棕榈制的蓑衣，好像怪兽的一身长毛，掘壁打洞闪进了磨房，躲在黑暗的角落里。

天突然下起大雨来，磨房里又多了几处漏水，女儿拿着油灯进了磨房，用木盆接水，因房内有饲料干草，娘叮嘱女儿当心火。女儿说："火倒不怕，就怕漏。"放好盆就拿着油灯走了。

老虎把"火"听成了"虎"，心想，我是百兽之王，哪个见我不害怕？她倒不怕我。却怕"漏"，难道"漏"比我还要威武凶猛吗？一定要当心点。

将近三更天了，老虎腹中饥饿，身不由己，便从草堆里钻出，两只前爪朝地上一按，竖起像钢鞭一样的尾巴，瞪起铜铃般的眼睛，张开血盆大口，发起威来，伺机向黄牛扑去。

这时躲在角落头的偷牛贼，也以为动手的时候到了，便从墙角边摸出来，把眼前威武的老虎误认为是黄牛，纵身一跃就跨上了虎背，用开锋钻子在老虎屁股上猛刺了几下。老虎一阵狂奔，逃离了磨坊。

老虎心想这定然是遇到了"漏"。再看看，"漏"的身上长着一身蓬松的长毛，非常害怕，心想今天不知性命如何？而偷牛贼只顾逃命，就不断地猛刺"老虎"。老虎只好向山上拼命奔跑。

天马上就要亮了，老虎也跑得筋疲力尽，脚步不得不放慢。慢慢地，老虎觉得骑在背上的好像不是"漏"，是个人。偷牛贼也发现骑的不是黄牛，低头一看，是只老虎，心里不禁紧张起来。完了！骑虎难下呀。这时忽见前面有一棵大树，横着树枝。偷牛贼一伸手抓住树枝，用劲一缩身爬上了大树。

这时老虎回过身来看清是个人，心中大怒，想一口吞吃掉人，但它又不会爬树，在树下转了几圈，只好离去。

钝女婿

讲述：顾祯岐
记录：郭建人
1986年8月采录于瑞祥乡

有户人家有两个女婿，一个谦笑来交关，一个钝①来交关。

这天，两个女婿都在丈人家屋里白相。丈人先领大女婿在宅上转转。跑到坑棚头，丈人指着一棵桑树话："这棵树长得蛮快，呒得几年就大了。"大女婿说："是呀，臭气吞吞，长到天门。"丈人又把伊领到宅沟边，指着沟沿话："这几年，沟沿奈塌？"大女婿说："这个嘛，就叫鹅游游，鸭逗逗，鹅搂鸭塌呀。"丈人听了蛮开心。俩人说说话回到门口，又对大女婿话："哎，这几年，我为啥头发白得这样快？"大女婿回答话："这就是年老血衰，加上平常辛苦啊。"丈人听了大女婿的话蛮窝心。

接着丈人领着二女婿出去了。来到坑坑头，丈人也指着桑树话："呒得几年这棵桑树长到这样大了。大官人话，是臭气吞吞，长到天门。"二女婿听了，说："勿对，勿对！那粪勺柄一直塞在坑缸里个，也一里（一直）能粗，勿宁长到天门！"丈人听了勿响。又领伊到宅沟沿，指着沟沿话："这几年沟沿塌来交关。大官人话，这是鹅搂鸭塌。"二女婿又钝了："哪里，那南海里呒得鹅勒鸭个，照样一大片一大片的塌脱个！"丈人晓得伊话说话钝来些，与你呒啥话个，就回到屋里去了。跑到屋里，又对二女婿话："唉，这几年我头发白得快来交关，大官人说，这是年老血衰，平时辛苦嘞。"二女婿话："也勿是，那我屋里一只小猪捉来就是煞白。"丈人听了，呼哧呼哧直喘粗气。

---

① 钝：憨。

粮户脱地皮※

讲述：顾祯岐
记录：郭建人
1986年8月采录于瑞祥乡

有个大粮户，墙门深似海，家当呒清头①。

年三十夜，门上贴了一副对联："家有万担金银田，一世荣华不靠天。"过了几天，来了一个叫花子，看看伊像个十怪离。伊把把细细地看了看对联话："这副对联只有上联呒得下联。"粮户耐勿气地问："那你话话下联呢？"叫花子说道："下联是'枉遭一场空人命，地皮脱到宅角边'。"粮户一听火了，今朝是大年初一，你话这啥倒霉话？一气之下，叫人拿伊打出去，想勿到竟把叫花子打死了。

勿多一歇，一个人哭着进来了，说要赔伊亲哥哥。粮户怕吃人命官司，只好脱田赔人命。第二天，又有一个哭着进来了，话要赔伊亲人活夫（丈夫），第三天，又来了一个哭着要爹爹的，第四天又来了一个喊着要公公……粮户为了勿吃人命官司，只好天天脱地皮赔人命，真的脱到宅角边了。

七天过去了，一天清早起，一个叫花子进宅来了，粮户一看，竟是那个被打死的叫花子。身上龌里龌龊，笑嘻嘻地朝粮户话："你勿相信哦。"话好隐脱了。

假尼姑

讲述：陆人会 76岁 初小 农民
记录：郭建人
1986年8月采录于磨匠镇陆宅

山上有个尼姑庙。

一天，有个姑娘到娘舅家去。跑到半路，天上落阵头雨。姑娘朝庙里

※ 脱地皮：卖田。
① 呒清头：无其数，很多。

躲。哪晓得雨越下越大，直落到夜，姑娘只好在庙里过夜。

庙里有个尼姑，看到有个漂亮姑娘来躲雨，天也黑了，叫伊住在庙里和伊一道睏。夜里，尼姑动了歪心，在姑娘身上动手动脚。姑娘想：这个尼姑勿正经。正当儿，姑娘感到不对了，尼姑竟是个男人，姑娘被奸污了。尼姑话："今朝这个事你千万勿要话，拨你五十两银子，有机会再来。"

天刚亮，姑娘回家了。把夜里的事体话拨阿哥听。阿哥对伊话："小仔妹，勿要哭了，今朝我来去弄点苦头伊吃吃。"马上夜了，阿哥着上仔妹的衣裳裤子，扮了一个小姑娘上山去了。

尼姑见这个姑娘又来了，就接到里厢，夜来又睏在一道。尼姑又动手动脚，只见那姑娘任伊摆布。在尼姑最高兴的辰光，只听伊突然叫了起来："哎哟，痛煞我啊。"原来，姑娘的哥哥扮成小姑娘，并把下身用线系着向后牵住，身边还备了一根丝线。在紧要关头上，用丝线扣成一个活络圆圈放在三岔口，等"尼姑"动了下来，两手一拉，拿"尼姑"下身的那个一系两段。

当尼姑痛来交关的辰光，姑娘翻起身，将尼姑捆绑住，捐下山，抛在长满杂草的山旁。原来，这个尼姑是个恶和尚，在这尼姑庙里造了勿少孽，直到今朝才有恶报。

上楼顶吃面

讲述：顾松林 72 岁 评弹艺人 高小
记录：姜明田
1986 年 6 月采录于海门镇

以前，苏州观前街上有一爿两层楼面馆，叫"松鹤楼"。到松鹤楼里厢吃面有一个规矩：吃浇头面的到楼上坐着吃，吃光面的在楼下站着吃。穷人多数是吃光面的，只好在楼下站着吃。

有一个读书人叫朱福宝，晓得这个规矩后，想想勿服气，决心改改这个规矩，为穷人出出气。

有一天，朱福宝来到了松鹤楼，跑堂的问："先生，你要吃啥面？"朱福宝说："我要双浇面，一块爆鱼，一块排骨。"一歇辰光，面送来哉，跑堂请伊到楼上去吃，朱福宝说："勿！你帮我弄张高梯来。""先生，你要高梯做啥？""喏，你们这里勿是有规矩吗，吃光面楼下站着，有一样浇头面楼上坐着吃。我现在要了两样浇头面，这里呒得三层楼，我只好上屋顶去吃！"跑堂一看打招呼也勿行，只好把老板请出来。老板出来一看，认得是朱福宝，知道他有点名气，连忙赔笑打招呼，求朱福宝多多包涵，放他一马。朱福宝说："我的要求也勿高，今后随便吃啥面，都得有座位，你若答应，我就不跟你顶真。"老板只得答应。据说打那以后，上松鹤楼吃面的人都有了座位。

用计得金盆

讲述：黄成其
记录：朱映球
1986年8月采录于秀山乡

有个粮户，万贯家财，家里连脸盆也是金的。有一天，粮户请了个裁缝在家做衣裳，饭后请裁缝洗脸，裁缝见了金脸盆，心想：如果我能得到它，就可以吃穿不愁，坐享清福了。

裁缝有个娘子，人长得不错。一天娘子有事，到粮户家来找男人，正好被粮户看见了，粮户十分眼馋。裁缝见了暗暗得意，心想金脸盆可以到手了。

娘子走后，裁缝就对粮户说："我愿与你打一次赌，我出一组谜，你三天之内能答出，我愿把这几天工钱和娘子输给你；如果三天内答不出，你把那只金脸盆输给我。"粮户想：只把脸盆，区区小事，只要能弄到这漂亮女子，我也就满足了。就请裁缝把谜面说出来。裁缝说："重重叠叠，不稀不密，两头尖尖，半白半黑。"

裁缝出好谜面，当夜回去，把打赌一事告诉了娘子。娘子心想：自己男人是个穷裁缝，跟着他吃尽了苦，粮户家有万贯家财，日子胜过天堂，我何不先问好谜底，私下告诉粮户，让他对出了，我也就有了出头日子。于是就骗男人说出谜底。男人算准了女人的心思，告诉娘子："这谜很好猜，是四种屎，牛屎、羊屎、老鼠屎、鸡屎。"娘子得到谜底，十分高兴，私下去告诉了粮户。

三天期限到了。裁缝跑去问粮户："对出了吗？"粮户说："早就对出了，你可勿要赖哟！"裁缝说："大丈夫，一言既出，驷马难追，你若不信，可用车把我娘子接来,脸盆同人放在一起,到时谁赢了,谁领了就走,绝无反悔。"粮户巴不得哩,连忙派人将裁缝娘子接了过来,自己也捧出了金脸盆,人和物放在一起。粮户怕裁缝赖账,还请了地保来作证人。

一切就绪后,粮户说谜底了,他说:"重重叠叠是牛屎,不稀不密是羊屎,两头尖尖是老鼠屎,半白半黑是鸡屎。"说完,高兴得牵了裁缝的娘子就要走。

裁缝伸手一拦,哈哈大笑,对大家说:"亏你粮户是个读书明理之人,怎么想到用尿屎作谜底,你是输定了!告诉你吧,重重叠叠是一卷经,不稀不密是天上星,两头尖尖是梭子,半白半黑是八卦。"说完,拿了脸盆,带了娘子回去了。粮户气得直翻白眼,只得自认晦气。

秀才碰壁

讲述:赵邦德
记录:姚新僧
1986年8月采录于三星

从前,有个自称为"百有理"的秀才,尖嘴利舌,喜欢作弄别人,但是也经常碰壁。

有一次,邻居家办喜事,热闹得很。百有理写了一副门联,准备去吃白食。许多来贺喜的人见他来了,都像躲瘟神一样避开他,怕触霉头。百有理还自以为得意,大摇大摆地正要进门,却被木匠、农夫和裁缝三个人拦在门口。他们三个人异口同声地对百有理说:"听说你肚里学问交关,今朝我俚比试比试,比赢了放你进门,比输了请你乖乖地回家。"

百有理哪把他们放在眼里,冷笑一声说:"我毛笔举到天,黑字分两边,没有我笔头举到天,大门上哪有这对联!"

木匠听了哈哈一笑,说:"我斧头举到天,木花分两边,没有我斧头举到天,秀才先生要睏路边!"

农夫接着说:"我镰刀举到天,稻谷分两边,没有我镰刀举到天,秀才先生肚皮要饿扁!"

裁缝也说:"我剪刀举到天,衣料堆两边,没有我剪刀举到天,秀才身子精光无体面!"

百有理自知不是对手,只好灰溜溜地回去了。

石二买桶

讲述：施德丰
记录：季作群
1986年8月采录于德胜乡

石二先生听说某镇一爿圆竹店里有一个媳妇非常聪明，便去拜访。

到了圆竹店。这个媳妇马上起身招呼："这位伯伯请进屋坐。伯伯尊姓大名？"石二先生回答道："我姓一斗半、二斗半、三斗五升四斗半。"聪明媳妇马上说："噢，伯伯是石二先生。"石二先生又说："我想买件东西，不知你店中可有？"聪明媳妇说："先生要啥东西只管说。"石二先生笑眯眯地说："我要买朝朝桶、夜夜桶、朝天桶、合扑桶，上头碰仔下头动，当中还有个出火洞。"聪明媳妇一听，马上笑嘻嘻地说："石二先生，你要的这些桶我们店里都有。不过，小女子不聪明，不知我想的和石先生说的是不是对得起头来，让小女子说来，请伯伯指教。朝朝桶是面盆，夜夜桶是马桶，朝天桶是脚盆，合扑桶是蒸锅上的气盖，上头碰仔下头动的是吊水的吊桶，当中有个出火洞的是早饭店里烘缸爿饼（大饼）的缸炉桶。"

石二先生一听，实在服了聪明媳妇。忙说："对，对！"

挖凤根

讲述：许玉廷
记录：郭建人
1986年8月采录于瑞祥乡许宅

有一次，织布的娘子叫丈夫上市去卖布。娘子叮嘱丈夫："这些布要卖一千二百铜钿才能脱手。"

这个笨丈夫到了布庄上，不一会儿就卖脱了，正好一千二百铜钿。回家的路上，碰到两个人你一句我一句在讲话，笨丈夫心里正在高兴，就插上一句说："你俫晓得我卖到多少铜钿呢？"这两个人见他不大聪明，就故意捉弄他:"你无故打断了我俫的话柄,要你赔一千二百铜钿话柄钱。"笨丈夫本来就不会讲话,一时吓得六神无主,只好把袋里的一千二百铜钿交给了那两个人,两手空空回家了。

娘子一听,叫他第二天再到那个布庄上去摸清那两个人的住址。第二天,笨丈夫把这两个人的住址摸清爽哉。娘子叫他拿一把钉耙,去那两个人家的田里乱翻。有人问,就说是挖风根。

笨丈夫掮仔一把钉耙,来到那两个人的田里乱挖一通。那两个人走出来骂道:"痴子,你到我田里挖啥啦?"笨丈夫边挖边答:"我挖风根。"那人说:"风哪里有根呀,还不快滚。"笨丈夫盯牢仔问:"那话哪有柄呢?"那两个人自知理亏,问清这是巧媳妇出的主意,就把一千二百铜钿话柄钱还给了笨丈夫。

卖布

讲述:翟双庆 77岁 农民 小学
记录:翟仰祖
1986年2月采录于四甲乡同德村

有个妇人,手交关巧。她织出来的布又结实又光滑,一到市面上众人都抢来买,大家背后都称她"织女"。可她嫁个男人不太聪明,脑子不灵活,说呆嘛又呆不过,我俫通东叫"半痴朝天"。织女织的布经常叫他去卖。

一天,织女对男人说:"你到镇上把这四匹布卖掉。卖得掉顶好,假如人家身边没有现钱,只要有地址,就赊给他。"男人卖布去了。他东街跑到西街,一声高一声低地喊:"卖布!卖布!"快落市的辰光,有个人要向他赊布。他问赊布人家住在哪里,姓啥叫啥?赊布人说:"我家住在鬼门东,前头有棵皂角树,后头有座闹哄哄。我姓弓长。你记牢,明朝叫你女人来收钱。"男人记下赊布人的地址,就回去了。

到了家里,他把赊布人的地址告诉了织女。第二天,织女去收布钱。在一片乱坟场东边,果然见这人家门前有棵皂角树,后面一爿闹哄哄的学堂。织女走进去问:"张先生在家哦?我是来收布钱咯。"

张先生很佩服织女的聪明,请织女落座后,笑嘻嘻地付清了布钱。

小阿姨难倒姐夫

讲述：翟双庆
记录：陈汝琛
1986年2月采录于天补乡

有户人家，三个丫头配了三个女婿。一天，老丈人把三个女婿叫到屋里，要比试哪个女婿家最发财。

饭桌上大女婿先说："我家发财来交关，有面大鼓，三百个和尚和三百个道士一块睡在鼓里碰不到身子。"

二女婿说："你家的鼓哪有我家的一只盆大呀！有多大呢？上熟几担元麦，下熟几担稻，粒粒摊平了放，互相碰不到头。"丈人听了交关高兴。

小女婿想想没有什么东西能超过他哩，情急之下想出了一个主意："你俫说的都不稀奇，随便怎么说也比不上我家的一只老白虱。平时我都是骑它出门走亲眷访朋友的。"大女婿、二女婿问："你今朝为啥不骑它来呢？"小女婿说："今朝路近，就用不到了，骑仔来也没有地方系。"

"明朝我俫一块到你家去看看这只老白虱。"两个姐夫说。吃完饭，三个女婿都回去了。

小女婿牛皮吹好了，想到两个姐夫明朝要来看老白虱，心神不定来交关。娘子见丈夫一副愁眉苦脸的样子，就问丈夫为啥不开心。小女婿把自己的心事说了。娘子说："这点小事，有啥难处，明朝我来对付他俫。"

第二天，大女婿先到。他一进门就问："小阿姨，小弟说你家有一只老白虱，大的能骑人，我今朝专门来看看咯。"

小阿姨把大姐夫迎进门，回答说："不错，听说江南有只老牛，头能伸到江北来吃芦青头。"

大姐夫说："哎哟，小阿姨呀，天下哪有这样大的牛呀？"

"没有这么大的牛，你用啥个皮来蒙你的鼓呀！"一句话就难住了大姐夫。大姐夫红着面孔走了。

一歇歇，二姐夫又来了。"啊呀，小阿姨呀，听说你家有一只交关大的老白虱，我今朝特意来看看咯。"

"哎，是咯。二姐夫，我听说有根毛竹长来要顶破天了，今朝特意叫他去踏倒它。"

二姐夫说:"瞎说,哪有这么大的毛竹呀?"

小阿姨笑笑问:"没有这么大的毛竹,用啥来箍你家的大盆呀。"二姐夫一听瞠目结舌,灰溜溜地走了。

小阿姨想了两个法子,把两个姐夫都难倒了。

聪明媳妇胜秀才

讲述:顾宝芳 68岁 农民 初小
记录:姜国华 34岁 文化站站长 高中　蔡春
1986年8月采录于四甲乡

从前,有个男人叫阿牛,不但人长得忠厚老实,连嘴巴子也不大活络,平时与人讲话也要脸红。阿牛的女人叫小兰,却能说会道,方圆一带蛮有点名气。

一次,阿牛正弓腰在田里插秧,恰巧有个秀才骑马打秧田旁经过,见阿牛忙个不停,便取笑他说:"插秧哥,我有个问题要请教你,不知你能不能答出来?"阿牛说:"说来我听。"

秀才道:"那你听好,插秧哥,插秧哥,你一天到夜插了几千几百棵?"阿牛呆住了,心想:我一天到晚插秧,从来没有数过多少,哪里答得上来呀。回家后,就把这事对小兰说了。小兰说,这有啥难,下次他再问你,你就如何如何回他。

第二天,阿牛又去插秧。正巧,秀才又骑马来哉。他看见阿牛又问:"插秧哥,插秧哥,你一天到夜插了几千几百棵?"阿牛按照小兰教给他的话,回答道:"秀才,我也来问问你。"秀才说:"你要问点啥?"阿牛道:"那你听好,骑马猴,骑马猴,你一天到夜叩了几千几百个头?"秀才感到稀奇,这位插秧哥昨天没对上,今朝答得好妙呀。就问阿牛:"是谁教给你的?"阿牛禁不住秀才三盘二问,老老实实地照直说了。秀才早闻小兰姑娘是个灵巧女子,有心要结识她,便叮嘱阿牛说:"既然你家女人会对对子,明朝我就到你家去和她对,请你家女人准备一下,明朝我要在你家吃午饭,要吃七样饭、十样菜,还要坐圆圆台子滚滚凳。"

过了一天,秀才果真骑着马来到阿牛家。小兰见秀才来哉,连忙出来迎接。

秀才一只脚骑在马上，一只脚踏在地上问小兰："你晓得我是上马还是下马？"

小兰一只脚踏在门里，一只脚踏在门外，反问秀才："你晓得我是出门还是进门？"

秀才下了马，见门口挂着两只篮子，就说："大篮也是篮，小篮也是篮，小篮装在大篮里，两篮并一篮。"

小兰随口答："秀才也是才，棺材也是材，秀才放在棺材里，两才并一材。"

头两个回合，秀才都落了下风。中午了，秀才想：我昨天出的难题，看你怎么办。吃饭时，小兰端出了一碗饭一盆菜，放在屋角的磨盘上说："绿豆烧米是七样饭，韭菜炒葱是十样菜，这磨盘和碌碡嘛，就是圆圆台子滚滚凳。先生请用饭吧。"

秀才见此，心里暗暗佩服这女子确实厉害，赶忙跑掉了。

巧妇妙胜恶和尚

讲述：赵显其
记录：朱映球　杨秉伊
1986年8月采录于秀山

有一家人家正在办喜酒，请了厨师斩肉。哪晓得隔壁庙里养的一只猫儿，跳上砧板抢肉吃，厨师一刀斩下去，正巧把猫儿一劈两半。主人马上到庙里去打招呼。和尚想：这下可以敲一笔竹杠了，就板着面孔说："我这只猫，早捉鼠、夜捉鼠，银子要值二千四，这就对勿起了，你赔二千四百两银子，限十天交到，如果过期不交，我与你一同去见官！"主人回家一说，全家人又气又急，一时不知怎么办才好。

新媳妇看到全家人闷闷不乐，就多心哉，同丈夫说："要是你们家厌弃我，我可以回娘家。"丈夫见妻子误会了，就把事体经过同妻子讲了。新媳妇听了说："庙里那个和尚以前有没有借过我们的东西？"丈夫说："去年开庙会，庙里办酒席，和尚向我家借过一把铲刀，后来归还时缺了一个柄。"妻子说："好了，现在和尚反欠我家一千二百两银子，叫公公去算账吧。"丈夫问："这账怎么算呀？"妻子说："就说我家的铲刀柄是月亮上梭婆树做的，早盛肉、夜盛肉，盛到豆腐也变肉，银两要值三千六。"

公公听了媳妇的话，到庙里算账，和尚无话可说，结果只得乖乖地倒赔了一千二百两银子。

罚银五两

讲述：杨炳千 61岁 农民 不识字
记录：黄企成 46岁 文化站长 高中
1986年8月采录于海洪乡杨宅

从前，有对兄弟，平时经常吵嘴巴、抬杠子。一天，阿哥对弟弟说："今后我俚兄弟应该和和气气，勿要再抬杠子、吵嘴巴哉，一直这样下去要给人家看笑话的。"弟弟说："好呀，朝后啥人再抬杠子、吵嘴巴，就罚银五两，买和气酒吃！"

过了几天，阿哥对弟弟说："前天东宅上被人偷掉一口井。"弟弟不相信："井怎么会被偷呢？"说着两人又抬起杠来哉。阿哥很生气："说好我俚朝后不抬杠、不吵嘴，看你今朝老毛病又犯哉，罚你五两银子买酒吃！"弟弟想想是自己不对，只好回家拿银子。

这桩事体被弟弟的娘子晓得哉，她对男人说："你勿要去，让我去！"

阿哥见弟媳妇来哉，就问弟弟为啥勿来。弟媳妇说："你弟弟肚子痛，要生小孩了。"阿哥不相信，说："哪有男人家生小孩的，你勿要瞎说。"弟媳妇说："喏！你阿哥又抬杠子哉，也罚银五两，前头你弟弟罚五两，这次你罚五两，正好拉平。"

洪三姑

讲述：施雪富 57岁 农民 初中
记录：金 冲 28岁 文化站图书管理员 初中
1986年7日采录于三阳乡合东村

沙和庄有个恶霸名叫黄占才，他雇了个长工叫阿宝。

阿宝是个孤儿，为人忠厚老实，二十五岁那年，娶了个漂亮媳妇。媳妇娘家姓洪，排行第三，人家都叫她洪三姑。三姑娘家穷，没有进过学堂，但天生聪明,眼乌珠一转主意交关。

阿宝成亲后不久,害了一场病。三姑四处奔走为男人请医治病。有一次,回家途中碰上了黄占才。这家伙一见三姑长得漂亮,就起了邪念,想要霸占洪三姑。

一个月以后,阿宝病好了,便去黄家干活。黄占才一见阿宝就说:"你装病不来干活,罚你办一桌酒菜赔礼,要用圆台子、空心筷,铜酒杯和吃不醉的好酒,要做一百二十样菜。八月中秋节那天,我上门来,要是办不到,就叫你娘子服侍我三天三夜。"

阿宝回去告诉了三姑,三姑听后笑笑说:"放心吧,到时我自有安排。"

八月十五中午,黄占才带着管家来了。三姑从屋里迎了出来,热情地说:"按照老爷吩咐,我把东西都备好了。"黄占才十分奇怪,心想莫非她会变戏法,跨进屋一看,只见屋中央颠倒扣一只坏木臼,上面放了一只水缸盖,缸盖上面放着一把芦苇节,一只脱底酒杯和一壶冷水,还有一碗百页汤,一碗五香豆,一碗绿豆芽炒韭菜。黄占才眼乌珠一转,脸上堆起横肉说:"这算啥名堂,是寻我开心!"三姑说:"这些都是照你的吩咐办的。喏,圆台子、空心筷,铜(洞)酒杯,吃不醉的酒……"黄占才不等三姑说完,抢着说:"叫你烧的一百二十样菜呢?"三姑指着台上的菜说:"百页、五香豆、韭(九)菜,绿(六)豆芽,并起来不是一百二十样吗!"说得黄占才呒啥还口,只得带着管家灰溜溜地走了。

洪三姑心里知道,黄占才是不会死心的。果然不出所料,隔了几天事体又来哉。这天上午,阿宝在黄家干活时不小心踩坏了一只旧坛子,黄占才连忙捧起它,大惊小怪地说:"这只坛子是我儿子刚从海里捞来的,是只宝坛子哩,摇一摇一坛麦,颠一颠一坛米,价值一千两银子,看你穷得叮当响,就把你娘子作抵押吧!"说完,叫管家写了卖身契,强迫阿宝按了手印。

夜快,黄占才领了一帮人到阿宝家来抢人,消息一传开,邻近的男女老少都赶来了。

阿宝家的门紧关着。黄占才叫管家上去喊门,喊了半天还是不开,黄占才火了,一脚将门踢破冲了进去。门槛里边放着一把旧扇子,被他一脚踩坏了,洪三姑闻声赶出来,拾起扇子大吃一惊:"啊呀!老爷有话好说,为啥把我这把宝扇踩坏了,我爹爹刚从南山拾回来,扇一扇一捧银,拍一拍一捧金,价值一万两银子,退掉阿宝踩坏你的宝坛,你还倒欠九千两。"黄占才瞪起眼睛说:"哪有这种道理?分明是敲竹杠!"三姑说:"那你说阿宝踩坏了宝坛子,要赔一千两银子,这算不算敲竹杠?"这时周围邻舍也纷纷指责黄占才,这家伙一看苗头勿对,只得领着家人灰溜溜地走了。

韩翠英与县知事

讲述:杨召清
记录:李漱泉 62岁 干部 初中　　梁学平 48岁 县文联秘书 大专
1986年10月采录于江滨付南村

从前,有个穷汉叫张云选,娘子叫韩翠英。翠英智慧过人,可惜家贫如洗,全靠翠英织布度日。

五月初三,翠英对丈夫说:"后天端午节,人家买鱼买肉,裹粽子搓圆子,你明朝到镇上把布卖掉,换点荤腥回来,也好过过节。"张云选听了妻子话,第二天天刚亮就起床去卖布。布卖掉以后,见一个赌场里人头碰人头,正在那里"押宝"。他看得心痒,也想试试运气。谁知天不尽如人意,输得精光。呒得办法,只好空手回家。妻子见他没精打采,问清了原因,没有争吵,只恨自己命薄。于是在破桌上写了一首诗:奴奴命薄嫁穷夫,明日端阳件件无,只有一诗掷桌上,满斟清水共菖蒲。以发泄心中的不满。张云选看了,自知理亏,也不计较。这天夜里,他背着妻子去陈员外家偷了一头牛,以二十两银子卖给了好贪便宜的袁老爷,买了些东西回家过节。哪知人还没到家,衙役已来捉拿。

县太爷升堂审问那天,翠英赶到堂上,下跪禀告:

滔滔江水往东流,难洗奴脸今日羞;
本来妾身非织女,何故我夫欲牵牛?

说的是我本来就不是天上的织女,丈夫为啥要偷人家的老牛呢?害得我实在羞人,连长江水也洗不干净。

县令膝下无儿女,见这民女如此聪明伶俐,能做出这样的好诗,心中有所感动,便命翠英起立,以"砚"为题,以"牛"字收底,赋七绝一首,如能当场做出,可判丈夫无罪。翠英不假思索,随口吟道:

本是山中顽石头,作成端砚伴公侯,
轻轻磨起香烟墨,写出文章射斗牛。

县令听罢，赞叹不绝，便认翠英为养女。韩氏夫妻俩以礼相见，张云选免予处罚。

拔亲※

讲述：金玉成 54岁 会计 初小
记录：郭建人
1986年8月采录于瑞祥电镀厂里

姐姐已经拨脱，吭得几天就要嫁嘞。在嫁之前的几天里，公出相头里死脱嘞。照老章里话法，要拔亲咯，姐姐勿高兴做拔亲，一个人经常偷偷地哭。妹妹晓得了，对姐姐话："勿要哭，我来代你去，好哇？""好咯，你去喔。""不过，见面礼我要个。""这也好咯。"这样，姐姐同意妹妹去拔亲。

妹妹坐了轿子到了姐姐的婆家。

一下轿，连牵拿揩面布掩住面孔，跑到孝堂，连婆家来勿及发孝①，伊就跪在死人面前诉诉说说地哭了起来，"姐夫个爷啊——姐姐个公，亲家大娘个活天啊……"诉诉说说哭来蛮像。伊咯哭拨在一边念经的老和尚听见了，老和尚一头念经一头话："我活到六十六，勿宁听见过这样哭。"这个辰光，妹妹听见老和尚咯话，一边哭一边话："你和尚逆畜，我情理弯曲，你哪晓得我段段落落。"

婆家听了伊个哭，才晓得弄错了，这是勿能拔亲个，只好放伊回去。

尼姑排醉汉

讲述：马益兵 31岁 厂长 高中
记录：郭建人
1986年8月27日采录于瑞祥电镀厂里

一个夜快，有个吃酒人吃醉了，跌在尼姑庵门口，给一个尼姑看见了。

※ 拔亲：姑娘攀了亲，在未结婚之前夫家死了公或婆，姑娘去吊孝后要结了婚才能回娘家。
① 发孝：发孝服。

这个尼姑连牵拿伊排出来,扶到庵房自己的床上,帮伊解开纽扣敞开胸口,用冷毛巾掩在吃醉人的面孔上,还拎汤抬水伺奉得蛮到家。

哪晓得这件事体给老师太晓得了,话这尼姑勿正经,犯了佛戒,告到县里。县官坐堂审理,只听见尼姑话:"酒人妻弟尼姑舅,尼姑舅姐酒人妻。"县官一听,什么乱七八糟的,有些发火了。尼姑晓得县官勿宁听懂伊个话,磕了三个头,又一字一句地话了一遍。县官仔仔细细地分析了尼姑个话,把惊堂木一拍:"无事,退堂!"这辰光,老师太拨县官弄来莫名其妙,不知里面有什么名堂。

那尼姑却搀扶着这个老头走下了公堂。

原来,这个醉汉勿是别人,是尼姑的爷老头子(父亲)。

巧养媳盛圆子

讲述:徐庭贞 65 岁 农民 小学　张淑芝 66 岁 农民 小学
记录:刘凤翔　梁学平
1986 年 10 月采录于海门镇

一个养媳妇二十出头了,婆婆要考考她。一天,婆媳俩做圆子,总共做了一百个。婆婆对媳妇说:"今朝考考你,盛圆子辰光碗数要逢六;每只碗里的只数也要逢六,能盛到,年底替你们成亲。"养媳妇聪明伶俐,等圆子熟了,很快盛了六碗,第一碗盛六十个,第二碗盛十六个,剩下的二十四个盛了四碗,每碗六个。婆婆一看笑了,心中暗暗夸着巧养媳。

忌口

讲述:姜金章 68 岁 农民 初小
记录:姜明田
1987 年 6 月采录于国强乡

陈家儿子得急病过世后,媳妇守寡已经三年哉。这媳妇不仅美貌过人,而且心灵手巧,聪明绝顶,是这一带有名的巧媳妇,因此有不少人动她的脑筋,要娶她为妻。

仇利九有财有势,人称九少爷,绰号叫"九瘌痢",是这一带的土霸王,他也想娶陈家媳妇,三番五次地派人上门提亲。陈家伯伯对九瘌痢平时仗势欺人看不入眼,就找借口回断了这门亲事。

九瘌痢见陈家媳妇弄不到手,吃不香来睏不着,早也想来夜也想,又不敢硬抢。一天,九瘌痢又请了个利嘴媒婆来说媒。陈家伯伯讨厌煞哉,对媒婆说:"我俫陈家有个忌,叫'媒不说九,亲不攀仇',你死了心吧!"媒婆碰了个钉子,回去告诉了九瘌痢。九瘌痢气得像老鼠落在面缸里,只顾翻白眼。

媒婆在陈家吃了亏,怀恨在心,就出了个鬼点子,她说:"我倒要看看陈家是真忌还是假忌。"便向九瘌痢献了个计策。

一天早上,趁陈家伯伯上镇还没回来,家里一下子来了九个客人,只见他们个个左手提着一瓶酒,右手拿着一把韭菜,口口声声说:"我俫同陈家伯伯是多年好友,今朝带了些韭菜和酒送给他,还要请陈家伯伯九月初九去喝酒。"陈家媳妇晓得是九瘌痢派他们来寻事咯,因此格外小心,就说:"这些东西我家公爹是不收受的,请你俫带回去,免得我遭骂,你俫的话等他回来我一定转告到。"这些人不听劝告,丢下东西就走了。

太阳上角①,陈家伯伯回来了,看到这些东西,就问媳妇啥人来过了。媳妇知道如果直说了,就中了仇家的计策,以后麻烦事就多了,她想了想,便说:"刚才来了四位大爹、五位相公,他俫左手提着醉咙哄,右手拿把扁叶子葱,还请公爹重阳日子去喝一盅。"

陈家伯伯会意,捋捋胡子笑了。

九瘌痢派来送礼的那些人没有走远,躲在宅角落里,陈家媳妇的话他俫听得清清爽爽,果然没有带上"九"字,也不提"仇"字,只得灰溜溜地走了。

穷丫头巧嘴得财

讲述:顾秀章
记录:朱映球　杨秉伊
1986年8月采录于秀山

从前有个财主,生了三个女儿,配三个女婿。大女婿是教书先生,二女

---

① 太阳上角:指早上八九点钟。

婿是撑船游码头人，小女婿是种田的，而且家里很穷。老丈人一直看不起那个小女婿。

有一年，老丈人做寿。大女婿、二女婿都是肩挑手拎送了好多礼，老丈人当然很开心。小女婿呒得钱，呒法送，同娘子一商量，到宅上婶娘家借了一挂钱，到镇上称了三斤面粉，买了一对小蜡烛、一罗香。东西备好后，同娘子抱了小孩一起上路了。

到了老丈人家，老丈人叫小女婿揩台擦凳，搬盘端菜做杂活。大女婿、二女婿都是衣冠端正，坐在客厅里吃茶陪客。小女婿搬到最后一桌，肚子饿了，见有个空位就想坐上去吃，老丈人看到了，把他拉了下来，说："你们连襟三个同我另开一桌，今朝要话话吃吃。"

吃酒了，老丈人用小绢头包了一百个大洋，放在台角上，等小女婿筛好酒，就说："今朝啥人讲得圆络①，包里的一百个大洋就赏给啥人。"

大家推小女婿先讲。小女婿说："我活了这么多年，从未见过黄瓜颠倒长哩，应该大哥先讲。"大女婿见推不过了只好先说，他想了想说："天上一只黄鸟（读jiāng），地上一只绵羊，台上一篇文章，房里一个梅香。"

二女婿接着说："天上一只画眉，地上一头毛驴，台上一本《史记》，房里一个小女。"

轮到小女婿讲了，这时三个丫头和丈母娘一道过来看热闹，小女婿见这么多人，有点怯场，不敢讲。小丫头拉拉他衣角，叫他随便讲点啥。小女婿壮了壮胆说："天上一只老鹰，地上一只老虎，台上一把火刀，房里一个男孩。"大家一听，哈哈大笑，都说他讲的不圆络。小丫头却抢着说："他讲得很有意思，这个钱我们拿定了！"大家要她讲出道理来，小丫头说："天上一只老鹰正好把你们的黄莺、画眉都吃掉；地上一只老虎正好把你们的绵羊、毛驴也吃掉；台上的火刀起火正好把你们的文章、《史记》烧个精光；房里的男孩正好娶你们的梅香、小女做大小老婆。他讲的有哪点不圆络？"

老丈人想想小丫头讲得也有道理，就把一百个大洋给了小女婿。小夫妻俩拿了钱，高高兴兴地回家了。

---

① 圆络：合情理，顺口。

寡妇择偶

讲述：倪国龙 62 岁 教师 初中
记录：施永昌 45 岁 文化站站长 高中
1986 年 8 月采录于德胜乡倪宅

从前，有个年轻寡妇，又标致又聪明，婆媳俩一起过日子，因为屋里没有个男人，很不便当，因此想要招一个能干点的女婿。一天，媳妇出了个哑谜，门口贴了一张纸，上面写"媳妇伴婆眠"，并讲明：谁要是猜中，谁就能当上门女婿。

哑谜贴出后，引来很多人围看，但都摇着头不解其中意思。

有一个拾柴小伙子，看到这么多人看一张纸，也凑上去看热闹，伊大字不识一个，正要转身走，不料背后的招耙①一横，将那张纸扒了下来。这时正巧被寡妇家的佣人看到，只当他揭了谜，于是一把将他拉住要带他去见女主人。拾柴小伙子说声"吭工夫"挣脱佣人走了。

佣人连忙进去告诉寡妇，寡妇问："他刚才说了什么？"

佣人说："我拉他进来见你，他说吭工夫。"

寡妇一听，忙说："他猜中了，快去追他。"

拾柴小伙子后来就成了上门女婿。原来他说的"吭工（公）夫"正巧是那个哑谜的谜底。

巧嘴媒婆说亲

讲述：丁兵 30 岁 工人 高中
记录：丁士凤
1986 年采录于汤家乡

有户穷人家的儿子找不到媳妇。巧嘴媒婆上门说："只要给我点好处，找媳妇包在我身上！"这户人家当然答应啰。

---

① 招耙：一种拾柴工具。

巧嘴媒婆又跑到一个较远的地方，找了个女家，说："我帮你女儿找了个婆家，这户人家门前青青望无边，家有两只油盐船，开关门用转个儿，每餐轮班来吃饭。"

女家一听，"门前青青望无边"，定然有良田无数；"家有两只油盐船"，肯定是个做生意人家；"开关门用转个儿"，住房也很讲究；"每餐轮班来吃饭"，佣人很多，连吃饭也得轮班哩。女方越想越开心，便一口答应，定下了这门亲事。

成亲那天，大红花轿将新娘子抬到海边一间茅草棚前。女方说："莫错了人家。"巧嘴媒婆说："不错不错，正是这家。"女方的人来火了，巧嘴媒婆笑笑说："一开始我就对你们讲清楚的嘛。'门前青青望无边'这里不是青青大海无边吗？'家有两只油盐船'，喏，男家那两只生蛋鸭子不是油盐船吗？'开关门用转个儿'，因为没有门臼，开门关门用圆竹替代的，'每餐轮班来吃饭'，棚小，人多，吃饭时屋里站不下，只好轮班来吃了。"女方这时才知道上了媒婆的当。

清和桥

讲述：徐少熙
记录：徐维萃
2008年11月采录于刘浩镇徐宅

有一天，一个和尚，一个秀才，一个村姑，同时在"清和桥"对面的凉亭中避雨，凉亭内只有一条石凳。

和尚道："我们在此避雨，三人同坐一条石凳，实在太挤，我们必须每人做一首诗，否则就主动让座。"

秀才接口同意。

和尚又说："我们作诗必须有个范围，要按这'清和桥'三字为题，各人取其中一字，第一个人做'清'字，第二个人做'和'字，第三个人做'桥'字。你们二位意下如何？"

村姑说："请你们二位先做。"

和尚道："我做个'清'字。有水也是清，无水也是青，去掉清边水，添争便念静，静修静道人人爱，身边常带烧香袋，有朝一日成正果，上得西天见如来。"

秀才道:"我做个'和'字。有口也是和,无口也是禾,去掉和边口,添斗便念科,科举科甲人人爱,身边常带锦绣袋,有朝一日中状元,光宗耀祖乐开怀。"

村姑道:"我做个'桥'字。有木也是桥,无木也是乔,去掉桥边木,添女便念娇,娇女娇娘人人爱,身边常带子孙袋,有朝一日登床坐,生下两个小男孩,一个念经做和尚,一个读书做秀才。"

和尚、秀才气得冒雨而逃。

幻想故事

仙鹤图

讲述：赵兰英 70 岁 工人 小学
记录：郁艺秋
1986 年采录于厂洪供销社

从前有个员外，姓黄。夫妻俩天天吃素念经，烧香拜佛，盼望将来能超度上天。后来，黄员外的心意感动了南海观音，观音准备下凡来超度黄员外。

这天，黄员外的娘八十大寿，家里张灯结彩，吃面请客，好不热闹。观音菩萨变了个讨饭老太婆，来到黄员外门口。

黄员外正在陪客人吃酒，突然间看见一个老太婆进来，心里厢勿高兴了，皱着眉头叫手下人赶伊出去。老太婆呢，却勿肯走，反而又跑到厨房门口去要饭。黄员外呒得办法，只好叫手下人随便给点，然后催老太婆出去。这时老太婆开口了："你修道行善，再拨点我点吧。"员外心想，这老太婆一点也勿识相，要饭还嫌多嫌少，一发火叫手下人连打带踢将老太婆赶出了门。

老太婆被赶出来后，在外头哭哭啼啼。村里一个姓李的刚巧从山上打柴回来经过这里，问清了原委，表示愿意带老太婆回家养老。老太婆话："这万万勿能，我晓得你家也勿宽裕，养一个老人哪里吃得消呢！"打柴人说："老妈妈，勿用担心，有我哩夫妻俩做吃的，绝勿会饿着你的。"老太婆千恩万谢，跟打柴人回家了。

再说打柴的女人也是个好心肠人，把老太婆当做亲娘看待。平时，她宁愿自己少吃少穿，也要让老太婆吃饱着暖，老太婆当然非常感激，一天，老太婆说:"丫头啊,你去把我原来穿的衣裳拿来,我要换一换。"女人话:"新个有,做啥要穿破个呢?"可老太婆横勿肯竖勿肯,要穿旧个,犟伊勿过,只好把老太婆的旧衣裳拿来。

老太婆换好衣裳,指着堂间里一幅双鹤图,对夫妻俩说:"这鹤肚子饿了,快拿点饭来喂喂伊。"画上的鹤哪会吃饭呢?夫妻俩只当老太婆寻开心。哪晓得,老太婆用手一招,两只鹤真的飞了下来。夫妻俩看呆了,连忙弄仔点饭给鹤吃。鹤一面吃食,一面朝夫妻俩点点头。老太婆话:"两只鹤是在叫你俩坐到伊背上去。"夫妻俩开始勿相信,勿敢坐。老太婆又说:"放心,我勿会骗你们的。"夫妻俩大着胆子往鹤背上一坐,老太婆用手一招,两只鹤就飞了起来。这时,老太婆也现出了观音菩萨的真形,随李家夫妻俩一同上天了。

李家夫妻俩乘鹤升天的事,正巧被村里一个小倌看见了,因此这事很快传遍了全村。大家赶到他家门前一看,只见墙头上留下四句话:

> 本想来度黄员外,
> 员外伪善心肠坏,
> 李家夫妇有好心,
> 叫伊乘鹤上天庭。

四句话下面,落款是"南海观音"四字。黄员外知道了事情经过,就活活地气死了。

孝子成仙

讲述:彭寿祥 73岁 农民 不识字
记录:施裕时 65岁 教师 初中
1986年采录于三厂青龙村

从前,有一个人叫张邋遢,靠卖咸鱼过活。张邋遢待娘很孝顺,每天做好生意回家,总要带点新鲜东西给娘尝尝。家里的事,里里外外都由他一个人做,不要娘操心。他的一片孝心,感动了菩萨。一天夜里,菩萨托梦给他,说明天某一条桥上有八仙经过,叫他早点去,等在那里,求求他们给个仙方。

第二天，张邋遢天勿亮就跑到桥头去等仙人。眼看天将放亮，竟打起瞌睡来了，哪晓得就在这辰光，八仙过来了。七个仙人走过了桥，铁拐李走得慢，一跛一拐正要上桥，张邋遢醒了。他也不管三七二十一，揪牢子铁拐李不放，并跪下来求他给个仙方。铁拐李被他缠得呒办法，就在身上剥点癞疮疤，搓成一团给了他，告诉他，回家后弄点水，把咸鱼放进去，再用这个团子在里面拌一拌，咸鱼就会变成活鱼。说完，一拐一拐地走了。

张邋遢回家一试，果然灵光。从此他天天卖鲜鱼，赚了好多钱。

旁边人家见张邋遢天天卖鲜鱼，都感到奇怪，于是跟在他后头，偷看到了他的"戏法经"。张邋遢见戏法已破，忙把团子往嘴里一塞，吞到肚里去了。哪晓得张邋遢吃了团子后，顿觉身轻如燕，能腾云驾雾了。

到了年三十夜，吃团圆饭了，张邋遢的娘突然伤心起来。张邋遢问娘为啥伤心？娘说："你弟弟一个人在外，年三十夜也不能回来团圆，所以我想想难过。"张邋遢说："别急，别急，我去叫他马上回家。"他到外头，腾空而起.一歇歇就到了弟弟身边，对弟弟讲："娘在屋里①想你，快回去吧。"弟弟一见哥哥突然出现在眼前，觉得很奇怪，这里离家有几千里路哩，要我今天回去，哪里来得及呀？张邋遢说："你不要管，把眼睛闭上，伏勒我背上，一歇歇就到家了。"弟弟听了，真的闭上眼睛，伏勒哥哥的背上，只听耳边呼呼作响，不到一歇歇，就回到家里，见了母亲。年三十夜，一家人团圆了。

后来，张邋遢咸鱼生意也不做了，背着娘成仙去了。

阿弥陀佛

讲述：黄德贤 74岁 农民 不识字
记录：高燕群 61岁 教师 初中
1986年采录于厂洪乡

有个长工叫阿弥，在粮户家干活，每顿只能吃到一张面饼，既吃不饱，又要不停地做生活，饿得面黄肌瘦。

---

① 屋里：这里指家里。

一天，一个老太婆，穿得破破烂烂，到粮户家讨饭。粮户不但不给，还一脚把她踢倒在门口。阿弥看了，心想，她这么大年纪了，饭没讨到一口，还挨了一脚，多可怜，就把自己的一张面饼给了老太婆。老太婆吃完面饼，说："谢谢你救了我，可我实在走不动了，你驮我走吧。"阿弥心好，饿着肚子驮起了老太婆。哪晓得刚走到门口，就向天上飘去了。

原来，老太婆是个仙佛，把好心的阿弥带到天上去了。"阿弥陀（驮）佛"就是这样来的。

两把稻

讲述：黄文科 68岁 农民 初小
记录：王德忠 34岁 文化站站长 高中
1986年3月采录于黄宅

有户人家兄弟两个，哥哥心善，弟弟心黑。

有一年种稻，哥哥向弟弟借稻种，弟弟平时最怕别人收成比他好，因此借给哥哥的稻种是放在开水里煮过的，只有漏在灶沿上的一粒稻种没有煮过。

弟兄俩天天车水，弟弟田中的秧苗出得又好又齐，哥哥的田中心只长出了一棵稻。一天，来了一位白胡子老头儿，对哥哥说："不要灰心，只要天天车水，会收到好稻的。"哥哥真的坚持天天车水，那棵稻越长越大。收割的时候，白胡子老头儿又来了，他说："我来帮你掼稻。"老头儿把一小捆稻往稻床上轻轻一掼，稻谷满场，足有十来担，把哥哥都看呆了。老头儿连掼了七八掼，哥哥家中缸柜都装满了，哥哥连忙喊："不要掼了，不要掼了，再掼没处放了。"这一切都被弟弟看到了，分外眼红。

第二年的种稻季节，弟弟也把自己的稻种煮了一下，只留一粒没煮，结果也只长出一棵秧苗，同样天天车水。收割的时候，弟弟也只收到一小捆，白胡子老头儿也来帮他掼，同样掼了七八掼，稻谷有了百十担。可弟弟心黑，对老头儿说："再掼，再多掼点。"老头儿说："我已掼了不少了，还要掼？"弟弟说："你只顾掼，掼得越多越好。"老头儿用力一掼，顿时火星直冒，满场的稻谷全烧光了。

心黑不过海

讲述：曹素英 77岁 农民 小学
记录：崔桂成
1986年采录于树勋乡富民村

从前，有一个人叫张文秀，夫妻俩生了三个丫头。三个丫头都出嫁以后，屋里只剩下老夫妻俩，冷冷清清。老太婆想念三个丫头，整天躺在床上流眼泪。老头子问伊为啥，老太婆话："我俫老来勿成用了，身边又没得个亲人，朝后日子怎么过呀？"老头子说："勿要紧的，我俫还有三个丫头呢，你别急，明朝我叫伊俫来商量商量。"第二天，老头子把三个丫头和三个女婿请了来。吃过中饭，老头子话："今朝请你俫来把屋里的事情和你俫说说，我们老夫妻俩年纪渐渐大了，朝后靠啥人养老？"丫头、女婿话："勿要紧咯，我俫大家养你。"老头子一听交关欢喜，话："既然你俫同意养我俫，现在就把家里的财产、田地、房屋一分三全部分给你俫。"老太婆不放心，话："朝后我俫生活怎么过法？"二女婿说："一个人家轮一个月，这样月月换新鲜，先从大姐夫家轮起。"

老夫妻俩把家私分光后，在大丫头家住了一个月，三十天；二丫头家住了一个月，三十天；三丫头家住了一个月，二十九天。三个月刚轮过，老大、老二两个女婿出来话哉："三女婿屋里只住二十九天，应该补一天。"三女婿说："讲好一个月一轮，没有讲大月小月。"男的吵架，女的帮腔，最后动手打了起来。丈人、丈母娘上前劝慰，反而怪伊偏心，老糊涂了。老夫妻俩晓得哉，原来伊俫是得了财产忘了本，勿肯养我俫。老夫妻俩又气又恨，向大女婿要了两只小布袋，向二女婿要了两只碗、两双筷，向小女婿要了两根棒、两只篮，出去讨饭了。

老夫妻俩讨点吃点，饱一顿饿一顿，话不出的苦处。一天，讨饭讨到一个姓李的做官人家。这人家有个丫头叫李三春，伊见张文秀双手过膝，一副福相，不像个讨饭人，就跑下楼来问了原因。李三春听了交关同情，陪老夫妻俩流了不少眼泪。伊话："你俫两个无家可归，就住在我家好了。"张文秀话："勿来事格，自家丫头也不要我俫，我俫哪有面孔住在你家呀？"李三春话："勿关个，我父母常在外地，屋里由我一人做主。我认你俫寄爷寄娘，住在一起大家有个依靠。"张文秀见李三春一片诚心，想想自己无依无靠，说不定朝后要饿煞在路上，就同意住了下来。李三春把伊俫当做亲爷娘看待，把家里金银财宝、田地财产全部托张文秀掌管。张文秀为了报答李家恩德，兢兢业业地为李三春管好家，交关讨李三春欢喜。

　　再话那三个丫头，是一个也不争气，好吃懒做，日子越过越穷。一天大丫头听到人家话，伊俫爷娘现在发财了，认了个寄丫头，吃不愁，用不愁。大丫头连忙赶到屋里，把消息告诉两个妹妹。两个妹妹正愁没米下锅，听说爷发了财，顾不得面子夹里，就去李家认爷去。一路查访，三个丫头总算来到李家门口。张文秀听佣人话伊丫头来哉，心里火不打一处来，叫佣人赶伊俫出去。三个丫头和佣人吵起来，被楼上的李三春听到了。小姐连忙从楼上下来，问清了情况，领伊俫到屋里，叫伊俫父女相认。张文秀见三个丫头蓬头赤脚，衣衫勿整，又气又可怜，看到李三春这样仁慈亲热，就忍气把伊俫留了下来。

　　三个丫头一到李三春家，就贼头贼脑地东翻翻西看看，越看越眼红，竟动起坏心思来。大丫头话："我屋里缺米，问伊要咯几十担米回转。"二丫头话："我哩大人官小吭得穿，问伊要咯几十匹布回转，穿勿脱也好卖钱。"三丫头话："我哩吭钱用，问伊要咯几百两银子回转。"都想多弄点东西。大丫头还说："横竖来一趟，干脆问伊要个金和尚回转。"商量好后，姐妹三个做好做丑，懒哭懒笑，向爷要银子。爷说："我把全部家产送拨你俫哉，你俫只晓得吃，勿晓得做，弄成这样，是自作自受，我是再吭得银子拨你俫，李家的东西你俫也不要空想念头。"三个丫头不死心，就转向李三春要。李三春心好就拨伊俫三十担米、三十匹布、三百两银子。伊俫看李三春慷慨，索性厚着面皮说："李小姐，你家大富大贵，再给我俫每人一个金和尚，省得一直来麻烦你了。"李三春又叫人送给她们一人一个金和尚，话："这些东西你俫拿不动，我叫只船送你俫回转。"

　　姊妹三个欢天喜地，把金和尚用包袱包好，放在心口，乘船跑了。船行到海当中，伊俫胸口动起来哉。用手一摸，金和尚活起来哉，发开包袱一看，三个金和尚跳到海里去了。正想叫人去捞，三个和尚从海里又跳到船上，一个站在船头，一个站在船尾，一个站在船当中，把船摇来摇去，一用力把船弄翻了。

　　三姊妹被永远留在海底里了。

　　当张文秀得知三个丫头淹死在海里，伤心地说："这就叫心黑不得过海。"

宝磨

讲述：沈锡昌 71岁 农民 小学
记录：陆瑛 26岁 教师 高中
1986年采录于江心沙

东海边上住着一户人家，因为爷娘死得早，只留下弟兄俩。哥哥心肠黑，待人刻薄；弟弟呢，是个老实人。爷娘死后，哥哥得了大部分家产，弟弟只得了一条破船。哥哥靠吃老本过活，成天勿做正经事，弟弟呢，勤勤恳恳，靠下海打鱼为生。

一天，弟弟摇着破船下海捉鱼，突然起了大风，船被吹翻了，弟弟沉到了海底。海龙王晓得有好人沉入海底，连忙来救他的性命。龙王对他说："善良的小伙子，你勿会死的，船沉了，你今后勿能生活，我送你一部磨子。这磨子能磨出盐来，你可以靠卖盐过日子。"弟弟谢过龙王，要回家去。龙王又说："小伙子勿要急，磨盐是有诀窍的，你要磨时就对它讲，'磨子磨子请磨盐，磨出盐来勿赚钱，大家吃了身体壮，好捕鱼来好种田'，这样它自然会转起来。如果你要它停就讲，'磨子磨子停一停，唱只盐歌给你听，盐花盐花味道鲜，吃了盐花浑身劲'，这样它就停下来了。"弟弟都记住了，龙王派一只大海龟把他送回到岸上。

从此，弟弟按龙王教他的办法，天天磨了盐送给大家。大家吃了盐，身强力壮，鱼也捕得多了，田也种得好了。东邻西舍都来感谢他。今天东家送谷，明天西家赠衣，日脚过得蛮称心。

这事被贪心的哥哥晓得了。他想，弟弟多傻，天天磨这么多盐，要是卖钱，准能发大财。他想得日夜睏勿着，就去找弟弟商量，把磨子借他用一用。他对弟弟讲："我磨出的盐也送给大家吃，勿赚铜钿。"弟弟老实，信以为真，就把磨子借给哥哥了，并把法子也教给了哥哥。哥哥借到了磨子，心想，在家磨要被人发现，不如弄条大船，在海里磨，磨好后运回来再卖，这样准能发大财。他雇了一只大船，把磨子搬上船，航行到海里，把口诀一念，磨子真的转了起来。不多辰光，白花花的盐堆满了大舱小舱。

由于哥哥黑心，没有听弟弟叫磨子停下的诀窍，所以磨子不停地转，连舱面上都堆满了盐。眼看船要压沉了，急得他大喊救命，可是磨子根本不听他的,还在不停地飞转。船终于沉到了海底,贪心的哥哥被淹死了。由于这磨子一直在转,盐溶进了海水,所以海水也就变咸了。

奇鼓

讲述:曹素英
记录:龚廷楷
1986年采录于江滨乡

从前有户人家,弟兄两个。老大夫妻俩奸刁滑赖,老二夫妻俩老老实实。

爷娘死后,弟兄俩分家了。老大夫妻俩把值钱的家产全部吞占了,吃不愁,穿不愁,过着舒适的日子。老二呢,身无半分文,家无隔宿粮,无法,只好每天上山打柴换钱度日,妻子在家纺纱织布,生活十分清苦。

有一年冬天,特别冷。一天,老二穿着破烂的棉衣,拿起扁担、斧头上山砍柴。夜快,当老二把柴捆好,准备下山的时候,看见八个衣着考究的人走到一棵树下,围坐下来。其中一个对大家说:"天快暗了,你们要吃点啥?"其他七个七嘴八舌,点了好多好酒好菜。只见他从衣兜里拿出一只神奇的花鼓,"笃笃笃"敲了几下,把所需的酒菜说了一遍。勿多一歇,许多酒菜从空中慢慢地落下来,落到一条十分干净的毯子上。八个人围坐上去,吃酒猜拳,好不痛快。过了好久,酒足饭饱,那些人又慢慢地飘向天空,一歇辰光就不见了。

奇怪,老二晓得碰着仙人了。这辰光老二也感到有点饿了,因此顾不得面子就跑到那棵树下,想寻点仙人们吃剩的东西充充饥。不想一抬头,看见那面神奇的小鼓仍然挂在树上,他满心欢喜,把那只鼓塞在怀里带回了家。

回到家,老二把刚才遇到的稀奇事体告诉了妻子,并照着仙人的样子在奇鼓上敲了几下,点了些饭菜,果然,一歇歇工夫,所要的饭菜都摆到了桌子上,热饭热菜香味扑鼻。老二夫妻俩十分开心。从此,夫妻俩再不担心饥饿了。老二的妻子也不必再起早熬夜纺纱了。

稀奇事传得快,这件事被老大的妻子晓得了,告诉了丈夫。于是,老大第二天也穿身旧衣裳,背着扁担、斧头上山打柴,等到夜快,果然也看见了八个仙人坐在那棵树下敲鼓点菜。老大心想,机会来了。真是贼胆包天,他也不顾众仙人还在饮酒、吃菜,急忙偷偷地爬过去,想偷那面奇鼓。哪晓得他还没走近那面鼓,其中有一个仙人大喊起来:"有人偷鼓!"老大心里慌了,东躲西藏,最后还是被仙人捉住了。八个仙人轮流拉他的鼻子,鼻子被越拉越长,长得肩上搁,腰里盘。

老大想黑心偷鼓,结果被仙人罚了个长鼻子。

金畚箕

讲述:许玉廷
记录:郭建人
1986年8月采录于瑞祥乡许宅

有个穷人,穷来交关,但心地倒蛮好。仙人拨伊一只坏畚箕,叫伊在家里实在呒办法咯辰光,到山上畚点小石头,抛二十抛,一边抛一边话:"金畚箕、金畚箕,今朝吃用就靠你。"畚箕里就会有金子。

穷人有了这只畚箕,平常也勿瞎弄,等到呒得吃,呒得用咯辰光才用用,生活就慢慢好转了,衣裳添了点,房子也砌了一间,还寻了一个娘子。

娘子到了屋里,晓得男人有只会变金子的坏畚箕,就对男人话:"咋勿用金畚箕多抛点金子,放点勒屋里今后受用受用。"男人家话:"只要够事用就好了。"娘子一直勿开心。

一天,男人出去了。娘子一个人在屋里,就动了歪脑筋,到山上畚了满满一畚箕石头。一边抛一边话:"金畚箕,金畚箕,今后发财全靠你。"随伊奈抛,随伊奈话,畚箕里的石头勿但勿变金子,反倒变成了一座小山,把畚箕也压平了。男人回转恨娘子太黑心了。

突然一阵大风,仙人搬了山,把畚箕拿脱了。

攀鱼人遇龙王

讲述:陆志方 75岁 农民 不识字
记录:周静兰 许冠谦
1986年8月采录于江滨乡

很早以前,海边头有一家人家,娘俩,靠攀鱼为生。

有一天，攀鱼人从早攀到夜，连一个鱼鳞也没有网到。想要回转，但两手空空，生怕娘伤心落泪，于是随手又攀了一网。真巧，这一网攀到一条小鲤鱼。小鲤鱼朝攀鱼人点了三下头，攀鱼人觉得稀奇，便说："小鲤鱼，小鲤鱼，你若是再点三下头，我便放你回海。"小鲤鱼真的又点了三下头。攀鱼人便将小鲤鱼放回了海里。勿多一歇，就听到海里传来喊声："谢谢救命恩人，今后若有难事，到此连喊三声海老爷，定会有人相助你。"攀鱼人听了，朝海里也点了三个头，扛着网空手回家了。

第二天，攀鱼人又去海边攀鱼，一天下来，又是空手。以后连续三天都是这样。眼看屋里就要断顿了，攀鱼人急得团团转。突然，他想起三天前小鲤鱼的话，不妨试一试，就向海里连喊了三声"海老爷"。果然，海里响起了回音："恩人，有啥难事，照实讲来。"攀鱼人把家中难事一讲，海里又响起了回音："把网放下来。"攀鱼人把网放下，一会儿，起网一看，网里尽是大鱼，连下几网，网网不空，攀鱼人高兴极了，以后天天如此，娘俩的生活有了着落。

一天，攀鱼人正在攀鱼，突然背后有人喊："喂，攀鱼老兄，我俫老爷请你去吃酒。"攀鱼人回头一看，是巡海夜叉，就答应了。巡海夜叉说："你闭上眼睛，伏在我背上，叫你开眼你再开眼。"攀鱼人就伏在夜叉背上，闭上了眼睛，只听耳边潮水"哗哗"地响，不多一会儿，夜叉叫睁开眼，他睁开眼一看，原来到了东海龙宫。长眉白须的老龙王把他迎进水晶宫，各自坐下。龙王说："前次你救了我家公主，无以报答，听说你还没有成家，我想把公主嫁给你。"攀鱼人听了，说："救人性命，实属本分，无须报答。"龙王无奈，命设宴招待，山珍海味，应有尽有。龙王亲自为攀鱼人斟酒。快要吃完时，龙王抱出三只大小不一的猫儿给大家逗乐。三只猫只只玲珑乖巧，特别是最小的一只，格外惹人喜爱。攀鱼人眼睛一直盯着这只小猫，龙王看出他的心思，说："看来你喜欢这只小猫，就送给你吧。"随后，就叫夜叉把攀鱼人送出龙宫。

攀鱼人回家以后，十分喜爱这只小猫，一有空就抱在胸口里，并且亲自喂它鱼吃。

说也奇怪，过了几时，攀鱼人外出攀鱼，一回到屋里，总是菜是菜，饭是饭，烧得香喷喷、热腾腾的。再看屋里，地扫得清清爽爽，衣裳汰得干干净净，弄得攀鱼人丈二和尚摸不着头脑，勿晓得啥人在相帮，连瞎眼老娘也莫名其妙。四邻八舍都说攀鱼人讨了个能干的新娘子，他面孔涨得通红，说根本没有这回事，把大家也弄得稀里糊涂。

为了弄清楚是谁家姑娘帮的忙，攀鱼人想了一个主意。一天，他故意对娘说："娘今天我出去，要到夜里才能回来，你勿要老早望我。"娘话："晓得了。"攀鱼人出了门，根本没有走远，而是躲在宅角头柴堆里，一眼不眨地望着屋里。将近中午，只见一个漂亮的姑娘，拎着烧箕从屋里出来，去河滩淘米。攀鱼人悄悄上去，一把将她拉住，姑娘终于讲出了原因。原来她就是龙王的公主，遵照龙王的旨意，变成小猫，让他带回来，跟他做夫妻的。攀鱼人十分高兴，两人就结为夫妻，过着恩恩爱爱的好日子。

公鸡和蜈蚣

讲述：徐少熙
记录：徐维苹
2008年11月采录于刘浩镇徐宅

从前，有一位书生，平时除攻读四书五经外，还养了一只公鸡，十分爱护。日复一日，年复一年，书生年方十八，准备进京赶考。一天夜里书生做了一个梦，梦见公鸡对他说："主人，你在赶考路上，凡遇到别人有难，千万不可随便帮助。"次日，书生带上公鸡上路了。走到一座高山前，感觉阴风阵阵，书生隐约听到山洼里有女子哭声。这位书生便寻声寻去，只见一位美貌女子在哭，书生上前打招呼，问道："小姐，家住何方？为何在此啼哭？"小姐说："我们村中有位财主要逼我成婚做他的小老婆，我死也不愿意，就逃到这里躲避。若书生不嫌小女丑陋，我愿随了公子。"书生连忙摇头，这万万不能。女子说："难道相公不愿救人吗？小女子只有一死了之。"说完就要跳崖，书生急忙拖住女子，无奈之下，只好带上这个女子来到一个村庄。

当天晚上，书生把女子安排好，自己又回到书房攻读，约莫在半夜前后，突然一阵怪风把火吹灭，门也开了，这女子随之进房而来，她说："小女子特来谢相公救命之恩，今晚来陪你。"说着就来抱书生，书生连忙后退，说："不可这样轻薄。"此时，女子不见了，变成一条大蜈蚣精直扑书生而来，书生吓得魂不附体。就在这时，书生随身带来的公鸡"扑哧"一声直扑蜈蚣精而去，双方展开了激烈的搏斗，最后，蜈蚣精被大公鸡啄死了，但公鸡也受了重伤，流血不止。临死前，公鸡对书生说："今后考了状元做了官，不可被像蜈蚣精变成的美貌女子所迷惑，遇事总要三思而后行啊！"

老鼠鹰衔脱帽子

讲述：黄乃兰 76岁 农民 不识字
记录：杨志才
1986年8月采录于黄宅

一家酒店请了个酒师傅做酒，要求每天做两缸。不知什么缘故，近一个月来，老是做不满，老板硬说他偷吃，扣了他好多工钿，真冤枉煞人了。一天夜里，他偷偷躲在酒窖旁边想弄个明白。半夜后，突然跳进去一只大黄狼，掀开酒缸盖偷酒吃。酒师傅轻手轻脚跑进去，一扑，全身克在黄狼身上。那只黄狼吓得浑身发抖，开口说："酒师傅饶了我，让我今夜再吃一顿，我一定给你好处。你向东北走五里，乱坟堆旁有棵大树，在大树的西面两步有个洞，就是我的家。你来找我，我给你宝贝。"酒师傅一见黄狼会说话，又要给他好处，并说只今夜再吃一顿，就松开手，吃完后放走了它。

过了好几天，酒师傅凭着试试看的想法去找黄狼精，他向东北走仔五里光景，果然见一个坟堆，有棵大树，再向西两步，真有一个掩蔽着的洞。他侧身钻进去，转了几个弯，突然眼前一片明亮，亭台楼阁，富丽堂皇。一歇歇，里面走出黄狼精，热情招待他了好几天，酒师傅要回去了。这时，黄狼精将他领进一仓库，叫他任意挑选礼物。他见里面奇奇怪怪的都是宝贝，但都不合自己的心意。最后在屋角里选了一张小巧的老鼠皮。黄狼精说这也是宝贝，你只要把它往头上一戴，人家就看不见你，你就可以任意拿你所要的东西。黄狼精亲自把酒师傅送出洞口，最后说："你如果遇有危险，只要高喊三声'黄天爷救命'，我就会来救你。"

酒师傅回家后将信将疑，在家里把老鼠皮一戴，用手扳住母亲的纺纱车,母亲就摇勿动了。他一脱手,又能摇了。他到外面脱下鼠皮,进门问娘,"刚才你有没有见到什么?"娘说我没见什么,只觉察一忽儿不能摇一忽儿又摇动了。他想这鼠皮真灵,于是经常戴着它,到粮户人家拿自己所需要的东西。真是取之不尽,用之不竭。一天他看到粮户家楼上有一个漂亮的小姐,他戴着鼠皮进了小姐屋里,与小姐私通。后来,小姐有了喜,肚子渐渐大起来,瞒不住娘了。在娘的追问下,只好如实告诉。娘告诉丫头等这个人上床睡后,把他的老鼠皮藏起来,由娘来发落他。丫头听了娘的话,结果把这酒师傅带到衙门,由包公亲自审问。衙役们叫他跪下,问清事实,包公不信这老鼠皮有隐身术,把鼠皮丢给他,说你变给我看看。他拿起鼠皮往头上一戴向堂外溜逃。里边公差向外追,他见大院内四面是墙,只有一根旗杆,于是就直往旗杆顶上爬。包公和众公差抬头看看,见一只老鼠在旗杆顶上。大家一商议,就在下面锯旗杆,并捉了好多猫儿来。眼看旗杆要倒下,他想起了黄狼精,就连喊三声"黄天爷救命!"当即从东南天飞来一只老鹰,把老鼠衔着飞走了。后来大家传说包公审清七十二件无头案,就是这第七十三件——老鹰衔老鼠,没有审清。"老鼠鹰衔脱帽子——告诉天去",就是打那时候传开的。

神奇小铜锣

讲述:黄乃兰
记录:杨志才
1986年8月采录于黄宅

从前,有一座破庙,人人都说一到夜里,破庙里经常作怪。

一个姓张的讨饭人不信,有一天夜里孤身一人进破庙想看个究竟。只见菩萨供桌前香烟缭绕,供桌上满是糕点瓜果。他吃了点糕点,看到旁边有面小铜锣,觉得好玩,衣裳里一夹拿出了庙。回家后,他无意间敲敲小铜锣说:"要是有座房子就好了。"刚说完,面前果真出现了一座房子,他觉得很奇怪,于是又敲了几下,要点家生①。咿!真的都有了,屋

---

① 家生:生活用具。

里布置得称心如意。他的弟弟见了非常眼馋，也偷偷溜进庙去想拿铜锣。这时，庙里仙人闻到生人气味，当场捉住他，揪住他鼻子，敲着铜锣喊"长长长"，把他鼻子拉出三丈长，在他腰里缠了好几圈，掼出庙门。他回家后，哥哥看他可怜，敲着铜锣说："缩缩缩。"结果把他整个人都缩掉了。

西瓜皮丢瘌痢

讲述：洪德英
记录：李漱泉
1986年8月采录于江滨付山村

有个小瘌痢，靠替人挑水生活。一天，挑水路过阁老员外楼前，员外小姐正吃西瓜，把西瓜皮随手丢向楼下，恰巧掉在小瘌痢的光头上，小瘌痢抬头望去，见小姐对他甜甜一笑，就起了爱慕之心，于是就托西隔壁张家伯伯去说媒，并交代一句话："西瓜皮，丢瘌痢，必定有跷蹊。"作为见面礼。张伯伯依计前往，被员外铁棒打出。小瘌痢叫张伯伯再次前去，又交代一句话："只要姻缘对，铁棒打勿退。"员外被纠缠烦了，愤愤地提出要有三样宝贝才能成亲：一只活的犀牛角，一颗老龙嘴里的珍珠，一对东台头跑到西台头的金狮子和银狮子。张伯伯回话后，小瘌痢无奈，决意到西天佛国去问仙求宝。

途经一座高山，遇到一只犀牛，犀牛要求托他代问一个仙："为啥多年老牛勿上天？"小瘌痢欣然答应，继续赶路。遇到一条大河，无法过去，恰巧河中冒出一条老龙。小瘌痢要求摆渡，老龙要求代问一个仙："为啥多年老龙勿上天？"小瘌痢说行，渡过河去。一天夜宿一座古庙，老和尚也要求代问一个仙："为啥多年老庙造勿住？"小瘌痢到达西天佛国，舍己助人，叩问菩萨："为啥多年老牛勿上天？"菩萨说："折一只牛角给瘌痢能上天"；小瘌痢又问："为啥多年老龙勿上天？"菩萨："嘴里珍珠吐给瘌痢能上天"；小瘌痢接着问："为啥多年老庙造勿住？"菩萨说："把庙里一对金狮子和银狮子送给瘌痢就能造得住。"小瘌痢回转，如实相告，老牛当即撞下角，老龙立即吐出珍珠，老和尚也捧出金银狮子。小癞痢三宝齐全，回家即托张家伯伯送到员外府上，员外只好将女儿配与小癞痢。

李黑心

讲述：王兴中 68岁 工人 初中
记录：施菊生
1986年6月采录于新海乡新窑村王宅

从前，有个财主，人送绰号"李黑心"，奈黑法？大斗进，小斗出，向伊借铜钿，东风东利钿，西风西利钿，无风对掼钿，啥人借伊铜钿就要恁多利钿。

有个仙人晓得后，想要试试伊，看看伊个心到底有多黑。一天，这个仙人来到李黑心家，仙人话："我有一粒西瓜籽要卖给你。""这粒西瓜籽要卖几钿呢？""不要多少，只要几个铜板就可以了。"李黑心话："西瓜籽有啥用呢？"仙人话："这西瓜籽一更天种，二更天就出苗了，三更天抽丝，四更天结果，五更天开出来，里厢有棵摇钱树，摇摇都是金元宝、银元宝。"李黑心就买仔下来。

果然，一更天种，二更天出，三更天抽丝，四更天结果，五更天西瓜开出来，里面真个有一棵摇钱树，摇摇，都是金元宝、银元宝。李黑心开心来交关，叫手下人去寻这个仙人，再去向仙人买，反复叮嘱有多少买多少，有十粒买十粒，有一升买一升，有一斗买一斗，这心实在黑得不得了。

手下人四处打听，寻着了。仙人话："我身边只剩一粒瓜子给你吧，也照第一粒办法去种。"手下人回转，交给李黑心，与上次一样，一更天种，二更天出，三更天抽丝，四更天结果，五更天西瓜开出来，哪晓得统统是火龙、火剑、火老鹰，把李黑心全部家当烧得精光。李黑心没办法只好躲到茅坑里，结果茅坑棚又倒下来，人被烧杀。李黑心转世变了只钻粪虫，浑身漆黑。

卖香屁

讲述：王兴中
记录：施菊生
1986年6月采录于新海乡

从前，弟兄俩一个叫张三，一个叫张四，老头子死了，传下四亩土地，张三问兄弟，今年种花地①，你要上面的，还是要下面的？张四话我要下头个。阿哥心坏，种了四亩高粱，高粱刷头②长在上头全归自己，下头长的高粱秸全给兄弟，阿哥黑心啊！

第二年，阿哥问兄弟："今年你要上头，还是要下头？"兄弟话："我要上头，你要下头。"阿哥种四亩芋艿，下面全部是芋艿，上面全部是芋艿荷叶，芋艿荷叶没得用场，兄弟只好去讨饭。

第三年，阿哥问兄弟："今年你要上头还是下头？"兄弟话："今年我上头也要下头也要。"阿哥更坏了，就种玉米。这玉米棒子掰了去，剩下玉米秸又没有用场，兄弟弄来弄去还得去讨饭。

张四在讨饭路上碰到一个仙人，仙人问伊为啥讨饭？张四就把阿哥算计他弄得走投无路出门讨饭的事告诉了仙人。仙人说："不要紧个，我给你一只篮，篮里放一个铜钿，到夜呢，就会变成一篮子。"兄弟话："谢谢！"拿回转后真的放了一个铜钿在里面，到夜里变了一篮子铜钿。二三天下来，二三篮铜钿，张四的大房子砌了好几间。

阿哥晓得哉，问兄弟："你奈会发这么多财的？"兄弟说："我碰到一个仙人，他给了我一只篮，说放一个铜钿进去，到夜里变成一篮子铜钿，我照伊个办法做了，几天下来，就几篮子铜钿。"阿哥说："你这只篮子借拨我用用。"兄弟态度交关好，满口答应。

阿哥拿着篮子回转，放一块铜钿在里面，一天、二天、三天仍然是一块，阿哥一看火冒三丈，把这只篮子踏扁了，放在灶肚里烧脱了。

兄弟过了几天来向阿哥要这只篮，阿哥话："篮子烧脱了。"兄弟就到灶

---

① 花地：庄稼。
② 刷头：穗。

肚里寻来寻去,耙耙寻到一粒黄豆,兄弟就把黄豆吃了。

吃了黄豆放出来的屁,香来交关,于是兄弟就到市镇上去卖香屁,铜钿得了好多。阿哥问伊,"你奈弄到恁多铜钿?"伊话:"你把篮子烧脱了,我在灶肚里寻着一粒黄豆,吃过后放出的屁香得很,像桂花味道,把香屁卖了铜钿能得很多呢!"

阿哥心想:你吃一粒,我炒两三升,吃了专门卖香屁去,成个卖屁财主。哪晓得,黄豆吃多了,滑肠哉,来到镇上,许多老百姓在话:"我好几天胃口不好,闻了香屁,我立马吃了两碗饭。""我爷重伤风,闻了香屁,两个喷嚏一打,马上就不伤风了!""我头痛了好几天,闻了香屁,头也不痛了。"一个娘子走过来问:"昨天一个卖香屁小伙子屁香来交关,还能治百病,你这屁香勿啦?"伊话:"香!香!"这娘子要紧把鼻头凑到伊屁股后头,只听"啵噗"的一声,哪晓得放出来全都是粪,还喷了人家一脸。阿哥被老百姓一顿打,打得半死半活,只好爬回家。

兄弟分家

讲述:徐昌 65岁 教师 初中
记录:徐森 34岁 新闻干事 初中
1986年8月采录于厂洪乡

老早,有个老头子带着两个儿子勤勤恳恳种田,省吃俭用,一年到头日子过得还算不错。

后来老头子病倒了,临死前叮嘱两个儿子千万要照灶墙上那块木牌上写的去做。木牌上写的啥?写了"勤俭"两字。

父亲死后,两个儿子就分家了,最后把那块木牌也对分了。大儿子分了个"勤"字,他就牢记父亲的叮嘱,照着"勤"字办事,一天到晚勤勤恳恳,从不偷懒,可是日子并不好过。

小儿子分了个"俭"字,他也牢记父亲的话,照着"俭"字去做,熬吃省用,一个铜板瓣成二半花,可是日子也不好过。

这到底是为啥呢?兄弟俩就去请教邻居。邻居说:"你们一个只勤不俭,一个只俭不勤,怎么能过好日子呢?还是把木牌合在一起吧,你们照合在一起木牌上的字做,日子才会好起来。"兄弟俩听了邻居的话,又勤又俭,日子果然好了。

家传珍宝

讲述：徐昌
记录：徐森
1986年8月采录于厂洪乡

以前，有一个老头子，带着两个儿子辛苦劳作，日脚过得倒蛮好。一年春天，老头子得了重病。临终前，他把两个儿子叫到跟前，对他们说："儿啊，我们家有一个祖传珍宝，就埋在那三亩地里……"话还没有说完，就两眼一闭断了气。

两个儿子料理完父亲的丧事，就下地挖宝去了。哪晓得挖了七七四十九天，把那三亩地挖到六六三十六寸深，还是没有挖到珍宝。兄弟俩一看再挖下去也呒得希望了，就只好停了手。

后来就在这片深翻过的土地上种上了庄稼。想不到这年的庄稼长得特别好，兄弟俩非常高兴。到这辰光，兄弟俩才明白过来，原来父亲所说的祖传珍宝就是这个"精耕细作"。

风吹抖抖

讲述：沈步清
记录：姜明田
1986年4月采录于沈宅

春天到了，百鸟齐鸣，其中一只小鸟在叫着："风吹抖抖，风吹抖抖"，这鸟个儿小，羽毛由黄、绿、棕色组成。传说它是一位老太太变的。

从前有母女俩靠织麻过活，丫头十分懒惰，老娘苦口婆心地教她手艺，她一点都不愿意学，连理顺麻丝这样简单的活也不会做。娘无奈，只好一个人靠双手养着她。

几年后，娘生病去世，丫头单独生活，自己想接过母亲的旧业，可对织麻又一窍不通，眼看生活无法维持。此时，她方恨当初为何不向娘学会织麻的手艺呢！想想心里十分难过，就对着娘的灵位大哭起来："娘啊，娘啊，你害苦了女儿啊，女儿不会织麻，怎么活下去啊！"正哭得昏天黑地时，忽听到耳边传来鸟叫声，说也怪这鸟站在窗口直对着自己叫："风吹抖抖，风吹抖抖……"女儿心想：对了，理麻丝是在刮风时，拿到风头里一抖就展开了，啊，这是我娘教过我的！于是她就照着办了，果真麻丝在风中理得像梳过的头发一样顺直。女儿十分高兴，就请东邻大婶、西邻大娘一起来教她理麻丝、上布机。从此她虚心学习手艺，以后成了村里有名的织麻高手。

小财星

讲述：陆人会
记录：郭建人
1986年8月采录于磨匠镇陆宅

河里有只船，船上有三个人，老夫妻俩和一个十八九岁的丫头，丫头长得蛮漂亮。

一天夜来，老头子梦见仙人对伊话：有小财星经过，石桥要断脱了。老头子这几天一直候在石桥头，一天夜快，有个小伙子经过石桥。老头子一把拉住他，话："小伙子，看你像好人，我有个丫头把你做娘子。"

小财星到了船上，老头子做篮子，让伊就卖卖去。哪晓得伊拿了篮子出去，一直勿回转。老太婆对老头子话："小财星，小财星，我看伊是讨饭星！"

其实小财星是到山上去砍柴。响浪①，伊拾到一个大来交关的乌龟壳，想到珠宝店去卖。珠宝行老板看到这个蛮值钱的大龟壳，就用一爿木行和他调换。小财星眼睛一眨就当了木行的老板。

一天，姑娘来到木行拾柴火，把小财星看见了，就跑上去问姑娘："认得我哦？"姑娘一时呼头勿出。"我是小财星呀！"因衣裳换了，姑娘一时认不出，再认真一看，对咯！是小财星。小财星说："你×日×时来拿衣裳，我脱你结婚，奈话？"姑娘同意了，又回到了小船上。

小财星花钱帮丈人、丈母娘砌了新房，做了新衣裳，连搭办酒水的铜钿也是小财星拿的。拣了一个好日子，小财星就和姑娘结了婚，日脚过得蛮好，还常常接济丈人、丈母娘。

---

① 响浪：中午。

学样子

讲述：金玉成 54 岁 会计 高小
记录：郭建人
1986 年 8 月采录于电镀厂

有个人家三代人，老老头子七十多岁，爷老头子五十多岁，孙子二三十岁。老老头子①年纪大了，吃了几年现成饭，爷老头子厌恶来交关。

一年，老老头子生病了，睏了床上，饭倒吃得落咯。一年到头看了儿子、媳妇的不少面孔，肚里吃满了滚鸡蛋②。伊肚里气是气来交关，人渐渐仔消瘦，呒得力气了。

眼看老老头子病得越来越瘦，爷老头子等勿得伊死，就带活把伊放勒筒篮③里，叫儿子搭伊一道把老老头子扛出去。扛到哪里去？爷俩拿老老头子一扛扛到海滩头，"扑通"一声拿老老头子扔进南海里养大鱼。

爷俩把老老头子扔进了南海后，这只筒篮也准备勿要了。儿子对爷话："爹爹，这只筒篮还是拿回去。"

"呒啥用了！"

儿子说："我等你像老老头子这样子咯辰光，我也要像你那样拿你放在这只筒篮里，和我儿子也拿你扛到这里，扔到海里！"

爷老头子听了儿子个话，骂了一句"孽坯"！

自拣夫妻最为好

讲述：沈步清
记录：姜明田　施菊生
1986 年 6 月采录于新海乡

有个种西瓜的姑娘，说要卖瓜拣郎君。

---

① 老老头子：爷爷。
② 滚鸡蛋：白眼。
③ 勒筒篮：海门旧时装棉花用的一米高、长圆、方底的大竹筐。

到了瓜熟季节。一天，有个公馆老先生路过，推开瓜舍竹门要买西瓜解渴。姑娘说："我有个对子你对上了白送给你，对不上嘛，你就不能吃。"老先生心想：一个姑娘，还能难倒我？就说："你说吧。"

姑娘说："啥叫无数？啥叫无影？啥叫最难？啥叫最好？"老先生马上答道："万座高山计无数，大刀劈水实无影，百篇文章最为难，四世同堂最为好。""不对，'万'字本身就是数字，大刀劈水时水面上就有倒影，朝中考试，千篇文章做出来又有啥难，张公九世同堂也难算最好。"这位老先生被姑娘说得难以答对，气得很，回去后气呼呼地把这事告诉了学生。学生说："先生别生气，此非是先生答错了，而是村姑卖瓜拣亲。您是长辈，当然不知村姑话的实意，明天我去就是了。"

第二天，学生来到了瓜园，村姑也像昨天一样出了题。学生答道："天上星星无其数，月亮勿明物无影，人前缺钱最为难，自拣夫妻最为好。"村姑听了非常满意，忙走出瓜园笑脸相见，两人一见钟情，终于结为百年之好。

解冤结义

讲述：张淑兰 66岁 农民 小学
记录：瞿仰祖
1986年3月采录于四甲镇同德村

眼看过年了，刘小昆家灶上锅下，还缺粮少草。以前借人家的还没有还，也不好意思再去借了。没有法子想，刘小昆就在腊月二十八这天把家里一只唯一的大木桶放到路口来卖。有个过路人看看这只桶蛮称心，想要买，问刘小昆要卖几个钱。刘小昆怕价钱要多了吓跑了人家，就狠狠心压低了价钱说："四块钱。"这个人正掏钱时，旁边一个人说了一句便话："年三十夜了，买这只桶做啥？"过路人听他这么一说，便把拿出来的钱仍旧放回袋里走了。刘小昆急煞哉，卖掉木桶才能马虎过个年，却不想被旁边人一句便话话脱哉。他认得这个说便话的人，心想：你弄我过不成年，我弄你也过不成年！

刘小昆这只桶到底没有卖掉。气哼哼地回家以后，拿把菜刀拼命磨，磨得旺亮锋快。娘子问他磨刀做啥，他说要杀人。娘子吓煞了，不晓得他要杀哪个。但她晓得男人家的脾气，又不敢多问。

那个说便话的人叫张才发。他回家以后，自己想想也觉得后悔。说了句便话把刘小昆到手的钱回掉了，刘小昆恐怕是不得过年才卖桶的，桶没卖掉，年怎么过哟？翻来覆去睏不着，他把这件事告诉了娘子。娘子怪他，说："哪个叫你多嘴，我晓得刘小昆家里穷得伤心，你一句话多伤阴功！"她想了想又说："你把自家准备过年的东西分成两份，自己留一份，另一半明朝送给刘小昆家里，向他赔个罪，也算过年做件好事。"张才发听了娘子的话，马上照着办了。

腊月二十九一早，张才发挑着重甸甸一担年货来到刘小昆家。刘小昆正趴在床上生闷气，听到有人，起来一看，恶狠狠地说："好呀！我正要来寻你，你倒送上门来哉。"

张才发赔礼说："怪我说了一句便话，害得你木桶没卖掉。晓得你没有钱过年，我把家里的年货分一半给你，算我赔你咯礼。"

刘小昆的火气马上平息了，他请张才发进门，并告诉他说："我刀也磨好哉，为你一句话，我桶卖不脱，不得过年，准备年三十夜来和你拼命的。既是这样，我东西也不要，和你冤仇一笔勾销。"张才发哪里肯依，硬是把年货留下了。

在回家的路上，张才发边走边想："家有贤妻，夫不遭横祸。我如果不听娘子的话，年三十夜性命只怕也保不住了。"

后来，两人结成兄弟，两家娘子也像亲姊妹一样。

雷打张饥饱

讲述：姜汉文 73 岁 农民 初小
记录：姜国华
1986 年采录于国强乡校东村

当年，有个四十多岁的寡汉，名叫张天寿，靠讨饭求生。人家都有子孙，他还是光棍一条，讨饭人到哪里去讨老婆呀。

有一天，张天寿在路旁边拣到一个小囡，看看是个男的，连忙抱起来兜在心口头。张天寿自己是跑饭的，吃了上顿不晓得下顿在哪里，哪里有奶水给小囡吃呢？只好向人家讨。讨得到就有得吃，讨不到就没得吃，小囡经常饿得哇啦哇啦吵。小囡饱一顿饿一顿，总算活下来哉，张天寿就帮小囡取名叫张饥饱。今朝三明朝四，小囡十几岁了。张天寿用讨饭要来的钱送饥饱上了学。一年又一年，饥饱读书刻苦，学问交关好。有一年正逢皇上开考，张天寿东挪西借拼了点钱送饥饱进京赶考。到了京城,饥饱住在张三丫旅馆里。考试完了,皇上发榜,饥饱中了个状元。皇上问他亲事可攀?饥饱说没攀。皇帝就招他做了驸马。

张饥饱做了驸马,也不思量屋里爷哉。张天寿早也望夜也望,天天望儿子归来。后来,有人把饥饱中状元的消息告诉他,他就一路讨饭,到京城去寻儿子。寻到张三丫旅馆,探得儿子真是中了状元。第二天,就请张三丫领路,到状元府去寻认儿子。状元府看门人听说伊是状元咯爷,连忙跑进去通报。张饥饱问看门的:"是轿来咯还是马来咯?"

看门的说:"跑来咯,穿得破衣烂裳。"

张饥饱肚里晓得是爷哉,但他不想认这个爷,怕塌台,只吩咐拿一吊钱送给这个叫花子,打发他回去。

张天寿想:我跑这许多路来就为你这一吊钱?不要!

看门的只得又进去禀告状元,状元吩咐再加三百钱给叫花子,赶他动身。天寿一个钱也不要,只求见儿子一面。饥饱就是躲着不出来。张天寿想,就是死在这里,我也要等到他。

三天过去了,天寿空着肚子宿在露天,状元府里没有一个人出来问他,饿得倒在府门口的墙沟里。张天寿越想越气愤,对天叹道:"天呀,我从小一口一口讨饭给伊吃,送伊念书,做了官连爷也不认得哉,我死了也闭不上眼睛。"张天寿一口冤气冲破天门,正好太白金星从京城上空经过,连忙去报告玉皇大帝,把张天寿的事一五一十说了。玉帝一听,天底下哪有这种忤逆不孝的孽坯,就派五雷七响去打张饥饱。张饥饱是皇帝御口封过的状元,有乌纱在身,五雷七响不能近他的身,只好在状元府四周边转来转去。

雷在状元府旁边不断地响,吓得张饥饱出了一身冷汗,他脱下帽子来揩汗,乌纱刚离了身,五雷七响便冲下去把他打死了。

一封家信

讲述:陆士冲
记录:沈裕辉 施菊生
1986 年 3 月采录于新海乡陆宅

相传有一对夫妇,日子过得很恩爱,但家中田少,丈夫只得外出做工。

一去三年，妻子在家日里盼，夜里想。一天，忽然收到丈夫的来信，连忙拆开来看。信上写有："鞋如江，帽如海；日行千里，足不出户；若要回家，只得觅便船步行而归。"说点啥呢，妻子看不懂，去请教私塾里的教书先生。先生看了后告诉她说："你丈夫在外，帮人家推磨，这叫日行千里足不出户；因没有盘费回家，须寻到便船帮工拉纤绳回家。江无底，海无边，你丈夫穿的鞋子没有底，戴的帽子破得没有边了。"妻子听了边掉眼泪边说："天下乌鸦一般黑，没钱到哪里都受罪。"

走马看花

讲述：陆士冲
记录：陈梯贤 65岁 教师 初中
1986年3月采录于三和乡陆宅

从前一家人家有个丫头，面相倒生得蛮好，可惜是个驼背，爷娘担心嫁不出去。

有个能说会道的媒婆晓得了，跑去对那姑娘的爷娘说："你家丫头的婚事包在我身上，保证帮伊找一个称心如意的郎君。"姑娘的爷娘见有人打包票，心里蛮高兴。

过了几天，那个媒人领仔一个骑马小伙子来相亲了。那个小伙子是个瘸子，因为骑在马上，所以别人也勿在意。驼背姑娘呢，按照那个媒婆的安排，站在院子里两只手撑在膝盖上，在看金鱼。

那个媒人朝骑马小伙子说："看看仔细，那个姑娘是驼①的，对不对由你自己做主。"

骑马小伙子见姑娘长得蛮漂亮，就一口答应了那门亲事。

时隔不久，结婚了，男的才晓得女的是驼背，女的也晓得男的是瘸子。夫妻俩都去怪媒人，媒人说："怪我啥呢？当初不是跟你们讲明白的吗？小伙子瘸不瘸，你姑娘亲眼看的，姑娘是驼的，当时也告诉了你男方，你们怪啥人？"夫妻俩哑巴吃黄连，有苦说不出。

---

① 海门方言将"大"读做驼。

一笑姻缘

讲述：徐进
记录：朱映球　杨秉伊
1986年采录于秀山

有个员外的丫头，每天在高楼上，总听到东南方向有一个小伙子在唱山歌，这山歌调子糯得像糯米团，把小姐个心唱得要跳出来。小姐想：这小伙子一定很漂亮。小姐日思夜想，想见见这个小伙子。想啊想，结果害了相思病，茶不思，饭不吃。员外夫妇见了这情况，也摸不清丫头生的是啥病，请了许多郎中看，总不见效。哎，只要听到山歌声，小姐就特别有精神。员外夫妇观察了多时，晓得丫头得了相思病，就请佣人顺着山歌声，去寻找那个唱歌人。佣人找到唱歌人把情况一说。唱歌人想：我从未与小姐见过面，今天特来请我，不知凶吉如何？他不敢去。在佣人再三催促下，只好去了。一见员外，马上双膝跪地，说道："请员外恕罪。"员外连忙将他扶起，问他："每天唱山歌的可是你？"唱歌人答道："正是。"员外立即请小姐出阁相见。小姐一见，不禁出声一笑。为什么笑？原来这个人不是小姐想象中的美男子，而是个百脚麻①、歪嘴、扛肩头，实在难看得惹人好笑，而且又是个弄鱼的穷汉。但正是这一笑，闷在小姐肚里的一股气回了过来，小姐的病从此好了。员外夫妇认为，这个人相貌虽难看，但能治好小姐的病，功劳不小，决定把丫头许配给他。于是马上择日摆酒席，为他们完了婚。

争做"孝子"

讲述：高锦荣 51岁 农民 小学
记录：陈志才 42岁 文化站站长 初中
1986年9月采录于东灶乡

有一户人家，娘老早死了，剩爷儿四个人。三个儿子一个一个成家后，

---

① 百脚麻：脸上麻点很多很大。

动脑筋要分老头子的家产。老头子想：孩子都成家了，分就分吧。

大儿子说："我会种田，把土地统统分给我吧。"二儿子说："我会做生意，把钱统统给我做本钱吧。"三儿子说："我朋友最多，把房子统统给我吧，我用来接待朋友。"照这样子一分呀，老头子家产分得精光，吃饭怎么办？吃轮饭。老头子在三个儿子家里轮流过日子。

时间一长，儿子、媳妇对老头子一天不如一天了。老头子吃不饱，穿不暖，还要受儿子、媳妇的气，老头子又气又恨，日子实在过不下去了。

有一天，老头子借了六只箱子，叫了三部车，他对儿子、媳妇们说："外头还有一点债没收回来，这次到崇明西沙头要债去。"儿子、媳妇们听了又惊又喜，从来没有听到老头子说过外头还放过债，要是收回来，又可以得到外快哉。

三天过后，果真三大车装得满满的六只箱子"吱吱呀呀"推回来了，儿子、媳妇几个一看，欢喜得不得了，连忙发车的发车，抬箱子的抬箱子。箱子抬到肩上都很重，只只箱子用锁锁着。三个儿子、媳妇心里各自盘算，里头到底有多少货色？就日夜观察老头子的动静。

有一天，媳妇们听到老头子在"叮当、叮当"地数银钱，数了半天才数完，心里都痒痒的。其实，老头子只是用两块银钱在手里颠来颠去。

从此以后，儿子、媳妇们争着对老头子孝顺起来。大媳妇说："我顶孝顺公公，公公就是我的亲爷。"二媳妇说："我顶孝顺公公，哪怕自己讨饭去，也要让公公过上好日子。"三媳妇说："公公顶喜欢小儿子，弟兄三个当中，小儿子顶孝顺公公。"就这样，你争我争，个个儿媳都争着孝顺老头子，老头子的生活过得蛮称心。

几年以后，老头子生病了，三个儿媳妇想趁老头子还有一口气的辰光，把六只箱子里的东西分掉。老头子却不同意，他说："等我断仔气，你们弟兄三个人再分箱子里的东西，里头金银财宝怎么分法，只要开箱子一看，我都写得明明白白，你们就照我写的去做。"不多日脚老头子死了，三个儿子为老头子办了一个隆重的葬礼。棺材一入土，弟兄三个马上来开箱子了。大家眼睛瞪得滚圆，心里想：熬了几年，今朝总算能到手了。

开箱子一看，里面放了一张纸条子，纸条子上写着："石子，石子，好得石子；没有石子，饿煞我老子。"儿媳妇们一看，六只箱子装的全是石子，个个气得鼻塌嘴歪。

家有活菩萨

讲述：翟双庆
记录：翟仰祖
1986年2月采录于四甲乡同德村

从前有个忤逆儿子，对娘从来没有好嘴脸，动不动就大声责骂，娘见到他就像老鼠见了猫，眼泪常常哭湿了枕头。

儿子结婚多年还未曾得子。有一年春天，他到南海观音菩萨面前去烧香求子。经过千辛万苦到了南海，要进观音殿时被庙门口一个老和尚挡住了，问他来做啥。他说来烧香敬菩萨，老和尚说："我这里是烂泥做的死菩萨，你屋里有活菩萨却不烧香，辛辛苦苦跑到这里来做啥？"儿子说："我没有看见屋里有活菩萨呀？"老和尚说："你回去，只要看见家里有反束罗裙倒拖鞋子的，就是活菩萨。"

他没得进庙门，只好从南海回来，到家时近一更天了。这天，他娘子回了自己娘家，娘一个人睡在屋里。一听到儿子喊开门，娘的魂也吓脱哉，一惊慌灯盏也顾不上点，跌跌撞撞出来开门。儿子进门点灯一看，见娘被吓得索索抖，罗裙反束着，鞋子倒拖着。其实是娘心慌，那里顾得上正反呀！儿子突然想起老和尚说的话，跪下来就拜。弄得娘丈二和尚摸不着头脑，心想今朝儿子为啥哉？

原来是老和尚风闻这儿子忤逆不孝，特意点化他。从此以后，这个忤逆儿子变成了孝子。

以画代字

讲述：施士新
记录：陈伟功
1986年9月采录于海门镇

有对夫妻，都勿识字，男人外出做工几年了，一直没空回来。娘子在家里等急了，便在纸上画了一幅画，请别人带给男人。

男人收到信，只见上面画着一条石头船，一个女人，女人身上放了一把锯子。男人一看便懂得意思了。信上是说："石（若）船（然）不归，我就要锯（嫁）人哩！"乖乖，这还了得！男人马上也"写"了封信，说写信，实际上也是画画，他画的是八棵柏树，九只羊，还拿六十四块洋钿，托这个人带回去。

那个带信人心想：带铜钿一般都带齐头数咯，这信上也勿曾写几钿，六十四块洋钿就给六十块吧，还有四块落在自己口袋里。

哪晓得娘子接了信就说："勿是六十块哩！"

带信人一愣："咦！你是从啥地方看出来的？"

娘子说："我哩男人画八棵柏树，是八八六十四块；九只羊，是九九重阳，重阳一定回转哉！"

带信人只得又乖乖地交出扣下的四块洋钿。

丈母娘平风波

讲述：吴福顺 52岁 干部 初中
记录：崔桂成
1986年采录于树勋乡文化站

一天，小夫妻俩趁空看望丈人、丈母娘去。丈人见丫头、女婿来哉，十分高兴，忙到镇上买菜舀酒招待。

晚上，一家人围着桌子吃吃讲讲蛮开心。因为大家高兴，女婿多喝了几杯，头晕得坐不住哉，说要睏去了。嫁出去的女儿是客人，小阿姨见姐夫要睏觉，连忙捧了一床新被头给伊。这时，姐夫酒性发作站不住了，东倒西歪，一只脚踩住了小阿姨的裙子，一只手扶在小阿姨的肩膀上。小阿姨一肚皮火，认为姐夫在调戏伊，气呼呼去告诉姐姐："好心好意侍奉伊，恶意踩我香罗裙，当伊好人勿做人，动手动脚骨头轻，若不看你阿姐面，打断伊个鼻梁筋。"姐姐一听丈夫不规矩，一把拖起丈夫，一记耳光把伊打醒哉。男人昏头昏脑，勿晓得做啥，吓得动也不敢动："我本酒醉入梦境，理该侍奉才是情，为何趁睡将我打，今朝请你说分明。"娘子骂伊："酒醉糊涂太轻浮，拈花惹草呒良心，人家真心侍奉你，你却趁机起坏心。你做海蜇呒头面，我做娘子难见人，今夜暂且饶过你，回转家法不留情。"丈夫被骂得摸不着头脑,一问才晓得伊哩误会了,连忙向丈母娘讨救兵,把事情经过一长一短告诉给丈母娘。丈母娘弄清了原因,就把女婿和两个丫头喊到一道,先请女婿讲。女婿说:"酒醉糊涂心不明,不知踩了香罗裙。踩脏香裙我有过,跪地认错赔姨情。娘子勿要冤枉人,棍棒底里请留情。"丈母娘过意不去,对小丫头话:"小倌勿能瞎介意,姐夫本是规矩人,酒醉不慎踩花裙,勿要瞎想起疑心。"又对大丫头说:"你别吃醋恨男人,恶言恶语伤感情,棍棒拳头动不得,夫妻和睦赛黄金。"又对女婿话:"吃酒贪杯要生祸,酒醉误事人难做,君子不记妇人过,事体话过就算数。"最后对大家话:"事体虽小是教训,朝后说话要留情,家丑不能讲出门,给人听到笑煞人。一场误会就此消,勿要互相冤枉人,茶干百叶炒豆腐,亲亲热热一家人。"丈母娘各打五十大板,平息了一场风波。大家又像以前一样客客气气,亲亲热热了。

瞎师徒借宿

讲述:陆新华 25 岁 泥水匠 高中
记录:周静兰
1986 年 8 月采录于江滨乡

从前,茅镇街上有瞎师徒俩,靠算命为生。一天,两人外出算命,跑到日头落山,一个铜钿也没到手。师徒两人跑得又饥又渴又累,师傅对徒弟说:"前面大路转弯处这户人家是我知交好友,你去打个招呼借宿一夜,我跑勿动了。"徒弟领命而去。他到了这户人家,说明来意。主人想试试这个小瞎子肚里的货色,就说道:"我出个对,你对得出,就和你师傅来这里住夜,对勿出,请另找他家。"说完就念道:"啥个物事最香?啥个物事最臭?啥个物事最高?啥个物事最厚?"那徒弟想了想,对道:"花最香,粪最臭,天最高,地最厚。"主人听了道:"非也非也。看来你不是我那好友的弟子,冒充的,去吧,去吧。"瞎弟子垂头丧气地跑回师傅身边,如实相告。瞎师傅说:"你再去,如此这般对答,就好了。"徒弟听了,又来到主人家,对道:"饥最香,饱最臭,恩最高,义最厚。"主人一听,点头笑道:"对,对。快去请你师傅一道来吧。"

黑心阿嫂做寡妇

讲述：周静兰
记录：许冠谦
1986年8月采录于江滨乡

从前有户人家，兄弟两个，爹娘早死，阿哥成了家，阿嫂待小叔子很凶。弟弟十五岁时，便被阿嫂逐出家门。

弟弟含着眼泪出了门，住进一间更舍里，没有一粒米，没有一根柴。一天，他空着肚子往外跑，一跑跑到一个小市镇。看到一爿肉店，门口两个人正在刮猪头。弟弟就对这两位师傅说："白话客，白话客，白话客人来撞着。两位师傅猪头刮得来煞白，可否送我一个白话客？"两位师傅见这小倌一副可怜相，就说："话得好，话得好，就送一个给你吧。"

弟弟道了谢，拿着猪头回到更舍里，放到坏镬子里烧起来。香味四溢，被阿嫂闻到了，立时跑了过来。她看见猪头，忙问："哪里来的猪头？"弟弟把实情一说，黑心阿嫂哈哈一笑，扭头就走。

第二天，弟弟又出了门。跑啊跑，跑到一座大宅子，正好看见三位大姐在舂米，就说："白话客，白话客，白话客人来上宅，三位大姐把米舂得来煞白，可否送我一点白话客。"三位大姐见这小倌一副可怜相，就说："话得好，话得好，操几斤给你吧。"

弟弟道了谢，装了米回到更舍里，煮了一锅白米饭。饭香四溢，又被阿嫂闻到了，她立时又跑了过来。一见白米饭，忙问："哪里来的白米？"弟弟把实情一说，黑心阿嫂冷冷一笑，扭头就走。跑到家里对着男人大骂道："你像只死乌龟！有个屁用？你看看你弟弟，只出门两天话白话，话到肉是肉来米是米。你今朝勿要蹲勒屋里死做哉，也学学你弟弟出去话白话，话些米、肉回来。"阿哥想想也对，便到弟弟那里去讨教话白话的法子。弟弟说："便当来西，你就说：'白话客，白话客，白话客人来撞着'接下去你就见啥话啥好了。"

第二天一早，阿哥就高高兴兴地出了门，一直往东南走了十来里路的光景，进了一座大宅子。劈面碰见长得漂漂亮亮的三位大姐。阿哥一见就说："白话客，白话客，白话客人来上宅，三位大姐生得来煞白，可否送我一个白话客？"三位大姐一听气昏了头，大喊抓流氓。宅上的人闻声赶到，一顿拳打脚踢，竟把他活活打死了。

黑心阿嫂就做了寡妇。

好心有好报

讲述：徐少熙
记录：徐维苹
2008年11月采录于刘浩镇徐宅

有一位老先生在财主家里教书，每年工资一百二十块银洋钿。老先生省吃俭用，平时舍不得瞎用一分钱。放年假了，老先生领了工钿回家过年。路上见一个财主拉牢一个穷人的娘子去抵债，弄得大人哭小倌号。老先生于心不忍，问财主："他欠你多少钱？"财主说："欠我一百二十块钱。"老先生拿出自己的一年工资，替那穷人还了债，这家人感恩不尽。老先生回到家里，老太婆正在纺纱，老先生问："你纺了多少纱？"老太婆说："前天买了半斤棉纱，今朝纺的，还在纺车上，过年一分钱也呒得。"老先生想想呒办法，就写了"天地良心"四个字到典当里去当。典当铺门口人山人海，老先生四个字当了一千二百文钱。刚收好钱，典当铺就关门了，这辰光，只见有一个人掮仔一个死小倌来当。老先生说："死人典当不收，你缺多少钱？"这个人说："要一千二百文钱派急用。"老先生说："我有一千二百文钱，你拿去吧，死小倌你背回去。"这人拿了一千二百文钱，把死小倌丢在地上，就走了。老先生想：死小倌放在人家典当铺门口不吉利，就把死小倌掮到典当铺旁边，放下来一看，是个金和尚，金光闪闪耀眼睛。他立即又去敲开了典当铺门，典当老板说："这个金和尚我收下，这爿典铺当全部归你。"老先生好心有好报。

清官断案

讲述：陆士冲
记录：沈裕辉
1986年3月采录于新海乡陆宅

清朝光绪年间，海门县有一位县官，办案既公正又机智。

茅家镇西南市梢有家双开间四门面的绸缎店，生意兴隆。有天来了个顾客，为儿子结婚买了一大包衣料，因另有急事要办，把一大包衣料寄放在这家店里了。下午这个顾客来拿包裹，老板不承认，两个人你一句我一句便吵了起来。

店门廊下有个塌鼻子皮匠想讨好店老板，便凑过来说："我看你挟着包裹出门的，说不定是忘记在别的地方了？"顾客被塌鼻子一说，急得话也说不出了。

顾客只好到县衙门告状。县官传店老板到堂，店老板矢口否认，连说冤枉，并请出皮匠作证。县官道："我不逼你，暂且不用刑，只请你写一纸条给你婆娘，可以吗？"店老板连连点头："听大人吩咐。"县官说："你写：事情已经真相大白，请把包裹给送条人带来，免得我受皮肉之苦。"店老板一听惊呆了，但又不敢违抗，只得照写。

店老板的婆娘一看条子，见是他男人的字，晓得事情已坏，又惊又怕，急忙把包裹交给送字条的衙役。

真相大白，县官喝令重打店老板四十大板。打完，又指着塌鼻子皮匠道："你一个出门做生意人，善恶不分，舔人家屁股。"即令塌鼻子去舔老板屁股。

县太爷劝贼

讲述：杨亦茂 60岁 农民
记录：沈裕辉
1986年3月采录于新海乡杨宅

乡下有个毛贼，偷窃东西方法巧妙，一次被衙役捉住。县太爷升堂审问，惊堂木一拍，喝道："你一共做了多少案子，偷得多少财物，从实招来！"巧贼说："我做的案子多，偷的东西也多，没有算计过，一时答不上来。""你什么东西都能偷到吗？""是的，凡我要的东西都能随手偷来。"县官不信，便道："南山庙里老和尚养的一只大猪，有三百多斤，你如果今夜能偷到，本官便判你无罪。"

原来南山庙里和尚养了一只大肥猪和一只猴子。猪棚紧靠一棵大松树，树叶茂盛，老和尚在树上用木棍搭个猴窝，窝里铺上细草，暖乎乎的，猴子住在窝里，挺舒适。老和尚给猴子一面小铜锣，经过训练，夜里只要听到什么声音，或看到有人跑近猪棚，猴子就会敲打小铜锣。巧贼早就知道猴子守夜的本领。当天夜里，巧贼直闯猪舍，猴子立即敲锣，巧贼马上隐蔽暗处，和尚出来见没有什么踪影，便回僧房休息，如此惹弄几次，和尚便骂猴子："畜生！没有人来，你敲什么锣？如再瞎敲，剥你的皮，吃你的肉！"隔了约莫半个时辰，和尚刚睡，猴子又打锣了。和尚穿衣冲出来，还是一无动静，大肥猪还在打着呼噜呢。老和尚一看，气不打一处来，便用木棍揍猴子，猴子"吱吱"叫着，非常生气。和尚走后，猴子把小铜锣一丢，去窝里睡觉去了。于是巧贼出来，把庙里的大肥猪偷走了。

第二天，巧贼大摇大摆地把大肥猪赶到衙门前。县官升堂，看到了大肥猪，气得双手发抖，愤恨地对贼说："你若能把我老婆贴肉的裤子偷去，明日此时，送到堂上，我才佩服你！"县太爷退堂，拂袖回后院去了。

到了夜里，巧贼爬上县太爷的卧室屋顶，掀开瓦片，点燃闷香用嘴把烟慢慢吹进房内，一会儿工夫县太爷夫妻俩就睡着了。巧贼跳下，把预先浸湿打烂的草纸从县太爷的老婆裤脚管里轻轻塞进去，自己又躲在一旁。县太爷的老婆醒来一摸，裤衩里湿漉漉的，啊呀，晦气！遗尿了，忙将裤子脱下往外一掷，换好干净裤子又匆匆睡下。巧贼拿了官太太的内裤又爬上屋面，悄悄地远走了。

第二天一早，县官知道老婆的裤子已被偷走，就在大堂上等候，一歇歇，巧贼把裤子送上堂。县太爷和颜悦色地对巧贼说："将军难免阵上亡，梁上君子终被擒。你虽然本事大，总有一天要被群众捉住，会把你打死，或打成残废，你将遗臭万年。改邪归正，才是出路，才能对得起你的妻儿老小。我今天不办你的罪，你且回家吧。"县官将巧贼放了。

过了个把月，巧贼又犯了案，被衙役捉住上了大堂。县官流着泪，埋怨自己无能，不能感化巧贼。便对巧贼说："你为什么不把自己的聪明智慧用在正业上，为家里人争口气，为你的祖宗争口气呢？本官不想再在大堂上见到你，回去吧。"巧贼看到县太爷泪流满面，想想就是我的爷老子也不会这样对待我，便发誓道："请老爷放心，自今日起，如果不改，我就是龟孙子！"

巧贼回家后再也不偷了，勤勤恳恳种田，还学了木匠手艺，雕刻的花板远近闻名，每逢过年过节总要拿些土特产送给县太爷。

死也放心

讲述：徐少熙
记录：徐维苹
2008年11月采录于刘浩镇徐宅

有个大财主膝下有三个儿子。一天，大财主得了病，一天比一天重，眼看快要死了，他把三个儿子都叫到床前，交代后事。他先对大儿子说："我这病恐怕看不好啦，我死之后，你打算怎样安葬我？"

大儿子回答说："您老人家归天后，我用最好的棺材，最上等的寿衣，多请些和尚、道士……"

大儿子还没有说完，大财主便气得大骂："滚！混蛋，败家子！"

他又问二儿子："你打算怎样安葬我？"

二儿子说："我看还是简单一些，随便一埋就算了。"

大财主摇摇头，没理他，最后又问三儿子："你打算怎样安葬我？"

三儿子知道爹的脾气，不假思索地说："爹爹一生只愿进钱不愿花销，你死了我还得赚几个钱。"

大财主一听，忙问："你怎么赚法？"

三儿子说："剥了你的皮卖给做鼓的，剁了你的肉卖给点心店。"

"剩下的骨头呢？"

"卖给做骨胶的。"

大财主一听眉开眼笑地把钥匙交给了三儿子，紧紧抓住他的手说："这个家交给你，我死了也放心了。"

中国民间故事丛书

江苏 南通

海门卷 笑话

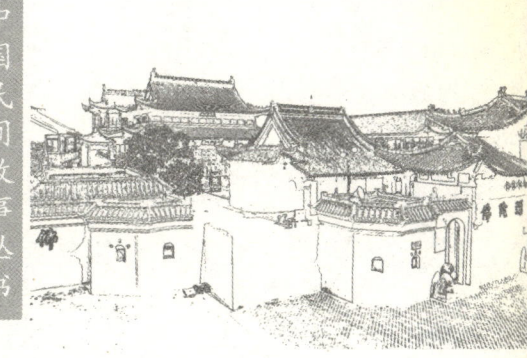

吃白食

讲述：施友文
记录：秦培鑫
1986年8月采录于常乐乡文化站

从前，有个老兄专喜欢吃白食，村里的人看见伊都要避开。

有一次，他去镇上，看见酒店里坐着两个人正在吃酒，他就挨上去又想吃白食。那两人看见伊，想躲也来不及了，于是就合计了一下，打算出出他的洋相。见吃白食老兄坐了下来，便开口对伊话："今朝我俚三人吃酒有个条件，要每个人做一首诗，每首诗里还得带有'来来去去，只去不来'这两句话，谁要是做不出，这酒钿就由他来付。"吃白食老兄心想：再难堪的场面我都经历过，这做首小诗有啥难，便一口答应了，不过提出要那两人先说。想拔拔伊俚苗头。那两人也不推辞，其中一人先说道："来来去去梁上的燕，只去不来弓上的箭，手里要是无铜钿，莫要厚皮进酒店。"另一个人接着也来了首："来来去去机上的梭，只去不来海里的波，兜兜里面没有货，哪有脸皮进酒铺。"两人说完，相对一笑，心想：刚才我们诗中有话，话中带刺，看他怎样对付。哪里想到这家伙眼乌珠一转，微微一笑，说："下面轮到我来献丑了。"只听他一字一顿地说："来来去去鼻头里的气，只去不来屁股里的屁，老子受惯小人欺，今朝再受王八气！"那两人一听，气得面孔都发了白。

一毛勿拔 ※

讲述：潘德祥
记录：姜明田
1986年6月采录于四甲乡

从前有个姓张的人喜欢吃白食，人家叫他张白水。张白水名气大

※ 另一说不同处：张白水急啊，不停地抓头摸耳，无意间发现台上有两根从头上掉下的头发，一下子像捞到了救命稻草……（以下同）。

哩，八仙里的吕洞宾和铁拐李也晓得他的厉害，两个仙人相约，去会会那人。

两个仙人变作生意人，借住在一座叫"圣贤堂"的庙里，这里是张白水到镇上去的必经之路。他们弄点酒菜先吃起来。勿多一歇，张白水来哉，这家伙鼻子特别灵，老远就闻到圣贤堂里有酒肉香。进去一看，果然有两个陌生人在喝酒。张白水走上去，双手抱拳，拱了拱说："两位仁兄，今朝恕我来迟，失礼失礼，我愿罚酒三杯！"一边说，一边捧了酒瓶灌了三大口。两个仙人想：这家伙果真厉害，怪勿得名气这样大。

两个仙人说："既然是朋友，那就请坐吧。"

张白水见这两个人好说话，坐下来就大吃大喝起来。吕洞宾说："哎，老弟，今朝我俚初次碰头，勿能吃闷酒，要讲讲吃吃，热热闹闹。"铁拐李插嘴说："还要做做输赢，啥人输脱，就请回酒钿。"张白水心想：我能言善辩，吃惯白食，从来就勿曾有人难住过我。拍了拍胸脯说："好，闲话一句，啥人输脱回酒钿！"

吕洞宾指指圣贤堂说："圣贤堂，圣贤堂，今朝吃酒呒菜上，我割只耳朵当菜上。"说完拿出一把尖刀，揪牢自己的耳朵，"咔嚓"一声，一只耳朵割了下来，鲜血淋淋，他把耳朵往盘子里一丢，招呼大家吃。

张白水看了，有点担心，哟，这人倒辣手！看来今朝这顿酒勿是好吃咯。

铁拐李接着也说了："圣贤堂，圣贤堂，今朝吃酒呒菜上，我割只鼻子当菜上。"说完用快刀把自己的鼻子割了下来，丢在盘子里让大家过酒吃。

下面要轮到张白水了。张白水心里急呀，要死，今朝碰着两个勿要命的，一个割耳朵，一个割鼻子，我可赔不起哟。肚里一急，办法倒来哉，只听他摇头晃脑地说："圣贤堂，圣贤堂，今朝吃酒呒菜上，我拔根汗毛当菜上。"说完从大腿上拔了根汗毛，朝盘子边上一搁。

两个仙人见了说："这勿算咯，我俚硬碰硬是鲜血淋淋的真家伙，你一根汗毛啥算数！"

张白水眼睛一瞪说："你们耳朵、鼻头是真的，难道我这汗毛是假的？老实说，今朝为仔你们弄得鲜血淋淋，我才肯拔根汗毛，平时我与别人吃酒是一毛勿拔的啊！"

说文言的先生

讲述：达夫 71岁 农民 小学
记录：瞿仰祖
1986年3月采录于四甲镇同德村

有个先生姓古，在外教书。年底回家，家里没有柴烧了，老太婆让他到镇上买担柴。老先生走到一座桥头，见一个人挑着一担柴正在过桥，忙跑过去问："担薪之人，其价若干？"挑柴的人不懂他在说啥，头也不回朝前走了。老先生没有买到柴，老太婆只得自己去买。一次，她让老先生去淘米。老先生年纪大了，脚力不足，跑到沟滩头一个趔趄，把米泼了。回到家里，老先生举起淘箩对老太婆说："不慎失足，米去箩空。"老太婆只好自己去淘米。米淘好后，吩咐老先生烧火，她去镇上买盐。

老先生烧火时不当心，火星掉在草堆上，烧了起来。一歇辰光，火烧到了屋顶。他连忙跑到邻舍家去借梯子救火。他告诉邻舍："星星之火已上屋梁矣，向贵府借节节而高乎。"等到邻舍弄懂了老先生的意思，借给他梯子，房子已经烧光了。

同镬子一起买的

讲述：杨炳石
记录：黄企成

一次，一个穷人到一个穷朋友家去做客。穷朋友见他难得来，就把坛里的一小把白米倒出来烧饭给伊吃。客人因多时没吃到白米饭，一小碗白米饭几口就吃光了。主人这时却不来添饭，自己去添又勿好意思，就想了个办法，用筷敲着碗问主人："你哩这只碗是啥辰光买咯？"主人早就见他碗里空了，也晓得他敲碗的意思，可又实在添不出饭来，灵机一动，便把煮饭的空镬子拎出来说："喏，喏，喏，同这只镬子一起买的。"

"吉利"话

讲述：张汉溪 41岁 工人 中专
记录：张秀高 35岁 农技员 高中
1986年8月采录于正余乡大安村

从前有户人家，当家的最讲究忌讳，连剃个头，洗个澡，破个土，出个门都要先翻翻皇历。

一天，他拣了个黄道吉日，打算出门看朋友。一大早就换了身干净衣裳朝外跑，跑到天井里，一看，鸡窝门还没开，弯下身去开鸡窝门。大公鸡跑出来抬头一望：太阳红彤彤的，蛮高兴，伸长脖子就叫："火火火。"当家的一听，不高兴了："别乱叫，哪里来的火！"哪晓得，跟着鸡跑出来的鸭子不识相，在后头直问："哪块？哪块？哪块？"当家的来火了："去！多嘴多舌。"还没骂完，最后出来的呆头鹅回答了："家——里，家——里！"当家的一听，气死了："畜生，一大早就尽说不吉利的话，我把你们都宰了！"

他朝着鸡、鸭、鹅直追，一脚踩在狗腿上，狗痛得直叫："旺！旺！旺！"当家的急得双脚跳："畜生，你存的什么心，家里起了火，还要叫烧得旺哩？"

他一赌气，不出门了。回到屋里，气不平，又翻开历书，嘿，上面明明写的是大吉大利嘛！看来这历书也靠不住，一气之下把它撕得粉碎。

两糊涂

讲述：陈汉豪 53岁 农民 初小
记录：李翔
1986年5月采录于正余乡刑柏村

有个人出门时穿错了靴子，一只底厚，一只底薄，走路一脚高一脚低，很不适意。他奇怪了，心想：我今朝的腿为啥一长一短呢？恐怕是路不平的缘故。转而一想：不会一路都不平的，怕不是我穿错靴子了吧！忙叫家人回去拿靴。家人去了很久，空手来了，对主人说："不必换了，家中那两只，也是一厚一薄的。"

瘟官审案

讲述：蒋音佳
记录：李青云　陈汉康 46 岁 文化站站长 高中
1986 年 7 月采录于三厂镇

旧社会的官，可以出钱买。啥人有钞票就可以买个官做做。

一个乌子[①]，一字不识，却有万贯家财，他就花了一笔钱，买了个县官。

上任头一天，乌子县官上堂断案了。正巧，有两个人吵架，拉拉扯扯来见县官。衙门口差役向里传报："老爷，案子来了。"怎审法呢？乌子县官头痛了，想了想，回话说："今朝本官头一天到任，不审案！"旁边师爷话了："不可以呀，老爷，有案子来总得审啊！""好好好！不过，我字识得勿多呀。"乌子县官讲老实话了。师爷说："识勿多也勿要紧，逐个逐个慢慢念好了。"乌子县官想想也是，就硬着头皮审起案来。

吵架的两人，一个叫金末，一个叫卞丢。

乌子县官喝道："全来。"他把金末念成全来了，金末和卞丢听到喊"全来"就一齐上了堂。乌子县官大怒，拍着桌子说："我是叫你们一个个的上来，喊着啥人就啥人上来，怎么一点都不懂！"金末和卞丢叫道："是老爷叫我们全来的。"乌子县官说："你们不是有一个人叫全来嘛！"金末禀告说："小人不叫全来，叫金末。"乌子县官见名字念错了，就接着往下看，见还有个卞丢，心想这"下"字肩上头多一点，那个"去"字上头又多了一撇，就又喊："下去。"两人一听又都下去了。

乌子县官一看两人又都下去了，益发来火了："勿听话咯统统给我打！"两个差役拿了棍子上来问："老爷，打多少呀？"这时，乌子县官酒瘾上来了，也无心审案了，随口说："打三斤！"两个差役举着棍子不好下手呀，"老爷，这打人怎么可以算斤数啊？"乌子县官不耐烦了，挥了挥手说："勿好算就不要打了。"卞丢和金末心想今朝碰着瘟官哉，嘴巴里随着小声骂了一句："瘟棺材！"不想被乌子县官听见了，他问："师爷，他们刚才说啥？"师爷想：你反正是个瘟官，今朝就寻寻你开心："回老爷，他们说'瘟棺材'。"

---

① 乌子：傻子。

"'瘟棺材'是啥个意思?"

"'瘟棺材'就是恭喜你发财。"

"哦!那么你也'瘟棺材'吧!"乌子县官想:今朝是当官头一天,好口彩大家得得。把师爷弄得哭笑不得。

"呆虫"卖药

讲述:黄国栋 70岁 农民 初小
记录:丁士凤
1986年采录于汤家镇

有一爿药店,老板与妻子有事外出,叫儿子看店,这个儿子不太聪明。

有个人来买药,看看店堂里是个孩子,就问:"令尊呢?"老板的儿子看了看药柜,回答说:"没有!"那个又问:"令堂呢?"老板的儿子又在药柜里找了半天,回答说:"也没有。"那个人骂了声:"呆虫!"就走了。

晚上,老板夫妻俩回来了,儿子就把白天的事告诉了父亲。老板对儿子说:"令尊,就是我;令堂,就是你娘;骂的呆虫,就是你。"儿子点了点头说:"懂了,懂了。"

过了几天,老板夫妻俩又不在店,仍由儿子看店。有人来买药,问:"令尊呢?"老板的儿子回答道:"就是我。"那人又问:"令堂呢?"老板的儿子回答道:"就是你娘!"那人骂道:"呆虫!"老板的儿子忙接口说:"就是你!"

为难陪娘

讲述:陈导舟
记录:黄启明
1986年采录于平山

有个粮户人家的千金,十八岁那年,许配了夫家。

小姐有个暗毛病,就是一弯腰就要放屁,而且熬也熬不住。小姐的娘想:女儿嫁到夫家拜天地的辰光总要弯腰,一弯腰就放屁,三亲六眷看了像什么话,应该想个办法才是。

成亲那天，小姐娘请了个能说会道的陪娘，同她说："小姐拜天地时要是放屁，你给讲讲好话，千方百计要使大家开心。"陪娘点头答应，便跟小姐的花轿一起去了。

拜天地了。第一拜，新娘就放了个响屁。站在一旁的陪娘忙说："新人一屁，公婆欢喜。"公婆在旁边听得眉开眼笑。

拜第二拜时，新娘子又放了一个屁。陪娘马上接口高喊："新人二屁，黄金铺地。"公婆听了心里交关舒服。紧接着，第三拜时新娘子又放了个屁，陪娘忙高叫："新人三屁，状元及第。"公婆一听家中要出状元，自然变得更加高兴，亲眷朋友也齐声叫好。

这时候，新娘子有点人来疯了，她想我连放了三个屁，公公、婆婆这么开心，我何不再多放几个？于是她头也勿抬，弓着腰一个接一个地放屁。这样一来，把一旁的陪娘难住了。要死哇！我只准备了你放三个屁的话呀，现在你放起了连环屁，我脑筋哪里转得及啊！

放屁媳妇 ※

讲述：顾祯岐
记录：郭建人
1986年8月采录于瑞祥乡

有一个丫头，自小在娘家和小官头子一道比尺屁①。娘对伊话："现在嫁人了，勿要在夫家屋里随便瞎尺屁。"

在夫家，婆婆见伊一直面黄肌瘦，问伊："你这两天啥勒一直面黄肌瘦，有啥勿适意？""吭啥病，不瞒你娘话，我有个暗毛病。""啥个暗毛病？""放屁呀！""有屁末你就放喔。""我放屁，蛮厉害咯！""咯末你到东隔壁磨房里放去吧！"

婆婆帮伊拿磨房里的磨子、藤盘、筛子搬脱，让伊关紧门尽管放屁。

放屁媳妇一个人关在东屋里真个放屁了。婆婆在西隔壁只听到东屋里

※ 另一说稍有不同：公、婆、媳三人在磨房磨粉，屁媳妇放了屁将磨子冲起，在空中旋转，磨子说："停停屁，歇歇屁，让我磨子着着地。"公老爹抱住磨盘脚大喊："停停屁，歇歇屁，让我公老头子透透气。"

① 尺屁：放屁。

"呼呼扑扑"地响。老太婆在猫洞里看着，哎哟，一只畚箕在屋里掼上掼下满屋里转，原来是放屁媳妇的屁把畚箕也冲出来了。正在向里偷看，只听一声响屁从猫洞里冲出来，把婆婆的一只眼睛也冲瞎了。这还得了，屋里人硬话是媳妇打瞎了婆婆的眼睛，放屁媳妇硬话勿是个，是放屁造成的，于是就一张状纸告到了县太爷那里。

县太爷坐轿来到发案地察访，勿相信放屁能将眼睛冲瞎。放屁媳妇话："你勿相信，今朝就到荒田里去试试。"

来到荒田里，县官坐在轿子里看，放屁媳妇"嘭嘭"几个响屁一放，拿县太爷连轿子冲到天空，甩上甩下，将县太爷抛得晕头晕脑。上勿着天，下勿着地。县官急了，连叫："停停屁，息息屁，让我老爷着着①地。"

放屁媳妇停住了尺屁，县官的轿子也就停到地上了。放屁媳妇对县太爷话："怎么样？"

怕老婆

讲述：龚炳球
记录：朱映球　杨秉伊
1986年采录于秀山

有个村庄，凡是成婚的男子都怕老婆。有个县官新上任，听到这个传言，不太相信。他想，整个村庄，总有个把不怕老婆的吧。

一天，县官亲自来到这个村，并下令吃过中饭后，凡成婚的男人统统在场上集中。中午刚过，县官先到了那里并在场中画了一条线，把场地分为东西两半。等人到齐后，县官宣布："凡怕老婆的统统站到线东边，不怕老婆的站到线西边。"一声令下，只见人群像潮水一样涌到线东边，西边只剩一个人。县官心想，到底还有不怕老婆的，于是上前说："你倒有骨气，是男人中的硬骨头，我要重赏你，还要请你介绍不怕老婆的经验。"那人一听，立即吓得面如土色，说："大人，这个千万不能，如果被我老婆知道后就不得了啦！"县官说："那你为啥一个人站在这里？"那人说："我老婆叮嘱我，今后不论到哪里，都不许我到人多的地方去。"

---

① 着着：落下。

端了就跑

讲述：徐少熙
记录：徐维苹
2008年11月采录于刘浩镇徐宅

从前，有两个老汉都怕老婆，这一天王老汉对赵老汉说："我老婆最近越来越厉害了，大清早还要我倒马桶。"

赵老汉一听，把袖子一卷，大为不平地说："这事也太有点不像话了，要是我啊……"

话还没有说完，赵老汉的老婆从屋里头走出来，用手指着赵老汉的鼻子说："要是你怎么样？"

赵老汉舌头一转："要是我，端了就跑！"

为了多吃一只圆子

讲述：尹福庆 58岁 干部 小学
记录：崔桂成
1986年8月采录于树勋乡

老早，有一对夫妻，好吃懒做，一天，家里呒得吃哉，夫妻俩只好趴在床上熬。隔壁张二婶盛了一碗荞麦菜心圆子送过来。夫妻俩马上爬起来，一数圆子一共十三只，各人分六只还多一只。夫妻俩都想多吃一只圆子。男的说："我出个主意，从现在起我哩两个人不准说话，也不准动一动身子，啥人动了就算输，圆子让赢的人吃。"女的满口答应。于是夫妻俩面对面坐着，一动也不动。

有一条小虫落到女的头颈里爬上爬下，痒痒的，她为了多吃一只圆子，只得硬熬着。隔了一歇，一只胡蜂叮在男的面孔上，痛得头上青筋直冒，男的也不动。天快黑了，一个小偷正好从这里经过，看见这个人家门开着，屋里黑洞洞的，就进去偷东西。夫妻俩看见了也不响，小偷想：这两人大概是哑巴吧。小偷见呒啥值钱的东西可偷，就壮着胆子去抱那个女人。男的再也熬不住了,大声话:"贼骨头,胆倒大透。你偷东西我不响,你又偷起我娘子来哉。"扑上去就打。小偷一看苗头不对,放下女的拔腿跑了。女的笑着话:"好哇,你先说话,先动手,你输脱哉。"说着抢过圆子就吃。

皮匠与和尚

讲述:施秀芳 68岁 农民 小学
记录:孙建豪 34岁 文化站站长 高中
1986年9月采录于其林乡施宅

从前,杭州城里有一个粮户,家里有一个独生女儿。粮户一心想要为女儿招个有文才的女婿,但是一时又找不到。女儿呢,眼看一年大一年,粮户心里十分着急。

一天,有个手下人对粮户说:"老爷,这招女婿的事,你不用着急,包在我身上,三天之内保证帮你找个好女婿。"

那个手下人,在一张大白纸上写了一百个字,贴在大门口,并且讲明啥人能理解上面文字的内容,就可以当粮户家女婿。纸头一贴出,立即招来很多人看。第一天没有人能理解,第二天,仍然没有人理解。那个手下人倒有点着急了。等到第三天,门口来了个小皮匠,也挤在人群中看热闹。小皮匠问那个手下人:"上面写点啥?"手下人说:"你自己看呀。"皮匠说:"我是一字不识。"手下人来劲了,心想一个字勿识,那么其他字都识的,这不要紧,不识的那个字,以后可以慢慢教他,因此也不管三七二十一,拉着小皮匠就跑。

从此,小皮匠就成了粮户家的女婿。时隔不久,这桩事体被庙里的一个老和尚晓得了。老和尚不服气,心想我四书五经读过无数,难道不及你一个小皮匠?就找上门来,要与小皮匠比试比试。

小皮匠见来了个老和尚,就拿出酒菜热情招待。老和尚说:"今朝我们边吃酒边打手势,看谁赢?"小皮匠感到这倒蛮好白相,就说:"好个,你先来。"老和尚先用手指指天,小皮匠用手指指地;老和尚伸出三个手指头,小皮匠伸出五个手指头;老和尚伸出四个手指头,小皮匠胡乱地划划手。老和尚站起身来,说了句"贫僧认输了",就回庙里去了。

回到庙里,小和尚问老和尚:"粮户家的女婿到底怎样?"老和尚说:"了不得哟,我指天,说明懂天文;小皮匠指地,说明他不但懂天文,而且还懂地理。我伸出三个指头，表示熟读《三国》，他伸出五个指头，说明不但读过《三国》，而且闯过五湖四海。我伸出四个指头，表示四面包围；他就来了个伸手乱打，表示统统打光。我处处败在下风。"

再说老和尚走后，小皮匠的娘子问男人："今朝你们打手势，我怎么一点也看不懂，老和尚指天，你为啥指地？"

"和尚指天，是问我修不修伞，我指指地说明是修鞋的。"

"老和尚伸三个指头，你为啥伸五个指头？"

"和尚说修一双鞋出三角，我说要五角。"

"后来和尚伸四个指头，你为啥乱打？"

"这和尚不爽当，讨价还价，我来火了，就打他的手。"

乌女婿拜寿

讲述：施祖珍
记录：汤燕
1986年采录于江心沙

丈人六十大寿。乌女婿夫妻俩挑着寿面，拎着寿礼，到丈人家拜寿去。路上，娘子叮嘱男人："吃饭的辰光要客气点，不要一个劲地搛菜，说话要带'寿'字，不然人家要笑话咯。"她还在男人脚上系了一根细线，商量好，"我拉一拉，你就搛一筷儿菜。"

到了丈人家，其他拜寿的人已经开始吃饭了。乌女婿拜过丈人后，也捧起饭碗吃起来。开始的辰光，娘子拉一下线，他就搛一筷儿菜，娘子勿拉，他就勿吃。也算巧，一只老母鸡在台底下找食吃，脚被线绊住哉，不停地扑动。起先，乌女婿只当娘子催他搛菜，就一筷儿接一筷儿地吃。后来鸡越扑越快，线也越拉越快，乌女婿搛菜勿及了，他乌有乌法，将头上帽子一脱，把满盘子的菜全倒在了帽子里。他的娘子见鸡不停地扑上扑下，弄得满屋子灰尘，就出来赶鸡。鸡被线绊住脚已经吓昏了头，又经人一赶，吓得飞上了屋顶，在屋顶上"咯咯"乱叫。丈人出来赶鸡，不小心绊倒了一根锄头柄，锄头柄靠在屋檐上，敲下一片瓦，正好落在丈人光头上，丈人抱着头，痛得蹲在地上。女儿看见了，忙问爹爹蹲着做啥。乌女婿抢着说："喏，寿鸡飞到寿屋上，寿丈人绊倒寿锄头柄，寿锄头柄撞在寿瓦上，寿瓦落在寿头上。"

戆婿闹寿

讲述：张宝富
记录：张潮江
1986年采录于新余

早前，有户人家，生活过得蛮宽裕，可惜生个儿子戆头戆脑，人家都叫他戆大。

戆大长大成人后，攀了一门亲。这年，丈人就要过六十大寿了，戆大爷①想：唉，儿子勿聪明，到了那天奈去结识新亲眷呢。于是就想了个办法：拿出六两银子，叫儿子出去学话。

戆大带了银子，大清早就动身了。跑不多远，看到一个笆匠，在用新芦头补旧笆，一边补一边说："新芦补旧笆，空处插一花。"戆大听了，感到蛮稀奇，便缠住笆匠要跟他学那句话，笆匠见有银子得，就教会了他。

戆大学会了一句话，心里蛮欢喜，来到一条河边，看到一个捉鱼人，面对河里的鱼自言自语："眼看河里鱼打花，手里无网又无叉。"戆大听了，忙掏出一两银子请那打鱼人教会了那句话。

戆大两句话学会哉，又走了一段路来到一间小草屋前，只听有人在大声说："瘟猪，见食不吃，'吱里哇啦'叫什么！"戆大听了，又出了一两银子学会了第三句话。

戆大走到一块竹园边，听见竹园里有人说："黄莺不放，放只猎狗追。"他觉得蛮稀奇，又出一两银子学会了它。

走过竹园，戆大看见一个人在河里捞水桥板，嘴里还说："一根烂木头，余了去又拖回来。"戆大出钱又把它学会了。

太阳落山了，戆大匆匆赶回家，又经过这块竹园，竹园里百鸟"叽叽喳喳"叫个不停，一只黄莺飞过，竹园里就没声音了。有个人说："竹园里百鸟啾啾啾，看见黄莺吓得抖。"戆大从口袋里掏出最后一两银子，求那人教会了他。

---

① 爷：指父亲。

戆大学会了这么多话,心里高兴得不得了,丈人做寿那天,他带着父亲帮他备好的厚礼到了丈人家。

吃中饭了,大家见这个新女婿戆头戆脑,就故意不喊他吃。里头一张桌上坐了七个人,戆大记得昨天学的第一句话,便说:"新芦补旧笆,空处插一花。"话未说完,屁股已坐到东北角的座位上了。大家觉得这新女婿说话还可以。分筷子了,有人想考考他,故意没给他筷子。戆大见七个人都有筷子,就自己没有,想起昨天学的第二句话说:"眼看河里鱼打花,手里无网又无叉。"别人听了觉得怠慢不得,连忙把筷子给了他。酒席台上,人们又说又笑,很少吃菜,戆大等不得了,把昨天学的第三句话又说了出来:"瘟猪,见食不吃'吱里哇啦'叫什么!"客人一听,这新女婿怎么骂起人来了,有几个人气得立起身来要跑。主人晓得后,急忙出来打招呼。戆大见了又说:"黄莺不放,放只猎狗追!"他丈人也顾不得同他讲啥,先把客人拖了回来。戆大说顺口了,又说:"一根烂木头,余了去又拖回来。"这时满屋的人都觉得这个女婿太过分了,大家议论纷纷。戆大又说:"竹园里百鸟啾啾啾,看见黄莺吓得抖。"客人们再也耐不住,全都起身走了。

呆女婿拜寿

讲述:徐少熙
记录:徐维苹
2008年11月采录于刘浩镇徐宅

以前有个富翁,没有儿子,只有三个女儿已出嫁,大女婿和二女婿是富家子弟,小女婿是个种田汉,戆头戆脑。

这天富翁六十大寿,三个女婿都来拜寿。正厅上挂满了红绸子,客人欢聚一堂,很热闹。

大女婿和二女婿,晓得三女婿是个笨蛋,看不起他,所以他俩商量了一下,想弄个难题,叫他当场出丑。

于是入席之时,大女婿提议说:"今天是岳父大人的寿辰,我们必须吟诗作对,谈谈吃吃,才有意思。"

富翁和众亲友听了,异口同声赞同,小女婿也只好点头答应。

大女婿见院内有一棵槐树,就以槐树为题,毫不思索地吟道:"一棵槐树庭中站,青枝绿叶真好看,招来乌鸦喜鹊不少,老鹰飞来一齐散掉。"众亲友听了称赞道:"很好!很好!"

二女婿早已想好,接着说:"一座米仓庭中站,五谷杂粮真好看,招来麻雀老鼠不少,花猫跑来一起逃掉。"说毕又是一阵鼓掌。

这时轮到小女婿说了,但他东看看西看看,却没有一件东西好说,心中非常着急,他的丈母娘来看热闹,被他看见,灵机一动,即把她作为题目,随口说道:"丈母大人庭中站,面孔身段真好看,招得光棍汉子不少,丈人走来统统跑掉。"

三个女婿赞快马

讲述:毛文瑞 57岁 农民 初小
记录:周静兰 许冠谦
1986年9月采录于江滨乡

从前有一家财主,有三个女儿,都已出嫁。大女婿是状元郎,二女婿是教书先生,小女婿家里虽有钱,但没有学问,大家叫伊"乌大郎"。

一天,丈人出门经商,买回一匹快马。这匹快马日行千里,夜行八百。丈人非常高兴,为此摆了一桌酒,请来三位女婿,对他们说道:"你们每人各做一首赞快马的诗,如何?"三个女婿同声答应。

大女婿说:"灯盏火上烫鹅毛,丈人骑马到南傲;再从南傲回头转,鹅毛还没被烫焦。"

二女婿说:"拿根铁棒沟中扔,丈人骑马到南京;再从南京回头转,铁棒还未向下沉。"

三女婿不学无术,哪里做得出诗?急得眼睛滴溜溜地转。正在这时忽听丈母娘放了个屁,他马上说道:"有了,有了。丈母娘娘放个屁,丈人骑马到余西,再从余西回头转,丈母娘娘屁眼还未闭。"

丈人听了哭笑不得。

三个女婿

讲述：陆士冲
记录：沈裕辉
1986年3月采录于新海乡陆宅

有个人家有三个女儿，都出嫁了。一天，丈人六十岁生日，三个女婿一起来祝寿。吃中饭的辰光，你一杯，我一杯喝着酒勿热闹。有人提议要谈谈讲讲喝喝，这样才开心，议定各人找个题材做首诗，推大女婿先说。大女婿东看看西望望，看见丈人家庭前的一棵梧桐树，便道："爹爹妈妈门前一棵梧桐树长得笔直，树上鸟儿足有几十，看见老鹰飞来一只吭得。"大家拍手称好。

二女婿想了一歇，也答道："爹爹妈妈住个房子椽子头戳出，瓦轮里老鼠足有几十，看见猫咪逃得一只吭得。"大家也称赞很好。

轮到三女婿，抓头摸耳，一时想不出来。忽见小阿姨站在门槛前，便道："小阿姨两只奶奶戳出，孤佬①足有几十，看见爹爹妈妈逃来一个也吭得。"

丈人、丈母娘听了勃然大怒，小阿姨扑过来要打伊，这位小女婿吓得落荒逃走。

呆女婿学话

讲述：徐少熙
记录：徐维苹
2008年11月采录于刘浩镇徐宅

传说有一财主，人称李百万，所生两个女儿，大女儿已出嫁，小女儿年方十八，早已许配王家，可是王家这个孩子是个呆子，李百万想赖婚。这消息被男方晓得，想不出对策，想想自己孩子确实太笨。正在这时呆孩子从外面进屋，看见老爷子长吁短叹，呆子忙问："爹爹为啥叹气？"爷话："你可晓得，你的丈人要赖婚！"呆子又问："为啥？"爷说："他家说你是个呆子，连说话也话勿来。"呆子想了一会儿，说道："他家嫌我笨，我不怕。只要你

---

① 孤佬：野汉子。

给我一些银子，让我到外头去学点话，到时也可与他家比试比试。"于是，呆子收拾些银子，匆匆离家。

他也不分东南西北走了半天，看见池塘边有两个渔夫在那里闲谈。他们说："池塘水儿碧清，可惜鱼虾全无。"呆子听到了，马上走过去，请他们教会这两句话。还说："只要你们教会了我这两句话，我给你们银子。"渔夫一听有银子就拿这两句话教会了他。付了银子，各自走了。

呆子又走了一程，遇见两个打猎的人在芦苇荡里打鸟，听见他们二人说："你在东来我在西，你我二人莫客气。"呆子连忙上前请他们教会这句话，给了银子，又走了。

正走时，忽见一个人在走独木桥，边走边说："双木好走，独木难行。"呆子听到此话，也照样上前请教，学会了这句话，也付了银子。

这时快要傍晚了，见从官府里走出来两个差役，分手作别时说："明天会，明天会，明天衙门里面会。"给呆子听到了，他抢步上前，招呼二位，学会了这句话，呆子也给了银子。

呆子在外转了一圈，总算学会了八句话，高高兴兴地回家，告诉父母，学会了许许多多的话，往后可以与岳父家较量。

事有凑巧，李百万家做寿请客，请了呆子。主要想看个究竟，假如真的是个呆子，那么就在酒席台上赖婚。这天，呆子去岳父家做客，只见三亲六眷，非常热闹。众亲友见呆子来了，就分外注目，立即有人送上茶水。呆子一看，别人茶杯中都有茶叶，我这杯中是白开水，呆子立即说："池塘水儿碧青，可惜鱼虾全无。"这句话一出口，倒茶者本想戏弄这呆子，忽听话中有话，连忙上前打招呼，加上茶叶。

一会儿排桌吃饭，众亲友都很讲究礼节，哪位是首席次席……大家都请大女婿坐首席，根本没有人理睬呆子。呆子又想，我可用猎人两句话试一试，他便对着大女婿说道："你在东来我在西，你我二人莫客气。"众亲友一听，小女婿很有礼节。大家坐下后，呆子发现每个人面前都放着一双筷子，而自己面前只放着一只筷子，岂不是在戏弄我，就说："双木好走，独木难行。"众亲友一听，见他面前只放着一只筷子，马上有人补上。大家都想：小女婿不但不是呆子，而且能出口成章。这时呆子的岳父听了也觉得奇怪，根本不敢提赖婚二字。

等到席散，呆子回家了，他向岳父拱拱手，并说："明天会，明天会，明天我们衙门里面会。"他岳父一听，大吃一惊，忙说："不，不，不，我不与你去衙门，小女儿一定许配给你。"

秀才买鱼

采录:蔡春

从前有个秀才,整天只晓得闭门读书,读成了个书呆子。

有一天,他家来了一个客人,妻子说:"家里没有小菜,你到河边上看看可有弄鱼的,买两斤鱼回来。"秀才跑到河边一条渔船上,硬要拣一条正好两斤重的鱼。左挑右拣,哪来这么凑巧呢?卖鱼人被他缠的没有办法,就趁他不在意的辰光,在一条鱼肚子里塞了一块小石头,正好凑足两斤。秀才这才高高兴兴地回家了。

秀才的妻子先刮了鱼鳞,然后举刀一剖,只见金星直冒,刀口也缺了一个角,气得直翻白眼。秀才却在旁边高兴地说:"哎呀,今朝我才晓得,原来鱼是吃石头长大咯。"

"斯文"话

讲述:徐守仁 42岁 农民 初中
记录:茅秀鹏 45岁 文化站站长 高中
1986年8月采录于临江镇东圩村

陈师爷听人说小女儿嫁个男人不太聪明,决定过两天告假回乡看看。这个消息很快传到了亲家公耳朵里。亲家公晓得自己儿子肚里是一团糟,怕他见了丈人要露底,打算先教他几句客套话,到时也好搪塞搪塞。

爷把儿子叫到跟前说:"儿啊,听说你丈人要来看你,我先教你几句斯文话,到时派派用场。"儿子说:"好咯。"爷说:"看到你丈人从桥门头进来,马上走到你丈人面前,一躬到地说'岳父大人在上,小婿拜见岳父大人!'你丈人总要说'贤婿请起',这时你就起身,让你丈人走在前面,你跟在后面。走到墙门口猪圈旁,你丈人看见我哩养了许多大猪,一定要夸赞,你就说'畜生之类,何足道哉'。你丈人总要问起我到哪里去了,你就说'在南山同老和尚弈棋,胜者回来,勿胜就与老和尚同榻'。你丈人必定要问起我家有多少房屋田产,你就说'这由老总管保管,与小婿无关。'其余你勿要再说。这样,你丈人会喜欢你的。"说完,自己出门去哉。

儿子坐在屋里,定心默背爹教的几句斯文话,功夫不负有心人,两天后倒也背得差不多了。

那天,丈人真的来哉,女婿连忙跑到桥门头,一躬到地,大声背诵:"岳父大人在上,小婿拜见岳父大人!"

陈师爷一看,女婿彬彬有礼,心想:耳听是虚,眼见为实,我女婿还算可以嘛。心里蛮高兴,笑着说:"贤婿请起。"

女婿让丈人走前面,刚走到墙门口,陈师爷勿见亲家公出来,便转身问女婿:"贤婿,令尊大人可在家?"女婿接着背诵:"畜生之类,何足道哉。"陈师爷听了一惊:亲家公一定做了见不得人的事了,父子不和哉,但又不好细问。到了堂屋里坐下,陈师爷又问:"贤婿,令堂可在家中?"这是问他娘在不在。女婿马上背诵第三句:"到南山同老和尚弈棋去哉,胜就回来,勿胜与老和尚同榻。"陈师爷心想:成何体统!接着忙问:"那我小女呢?"女婿把最后一句照背不误:"这由老总管保管,与小婿无关。"陈师爷这时明白了,这是一个标标准准的乌女婿,好好的一朵鲜花,插在了牛粪上,气得差点背过去。

进士之家

讲述:徐守仁
记录:茅秀鹏
1986年8月采录于临江镇东圩村

相传清朝的辰光,常州县城里有一户姓柏的人家,这户人家老老少少为人刁钻刻薄。

这年,正逢朝廷大试,柏家父子都去赶考,恰巧双双中了进士。这下不得了,婆媳俩都被封为诰命夫人。柏家父子更是不可一世,眼乌珠长到了头顶上。为了显示一下自己的门第高贵,特意在大门上贴了一副对联,上联写:"父进士子进士父子双双进士",下联写:"婆夫人媳夫人婆媳个个夫人",横批是:"进士之家"。村里人看了都不服气。

有天夜里,不晓得啥人在对联上添了几笔,把"士"字下面一横拉长了;"夫"字左上角加了一撇,"人"字上头加了两横。这样一改,大门上的对联意思就变了,成了"父进土子进土父子双双进土,婆失夫媳失夫婆媳个个失夫",横批是:"进土之家。"

　　第二天,村里很多人指着柏家大门上的对联议论纷纷。柏家父子出来一看,气得直翻白眼。

半个"鲁"字

讲述:李俊忠
记录:李翔
1986年8月采录于正余乡

　　有对结拜兄弟,经常喜欢做做戏法,相互寻寻开心。一天,老兄送了一张请帖给老弟,上面写着:"×月×日×时,半鲁候叙。"老弟见了帖子,不解其中的意思,到了那天就去赴约了。

　　到了老兄家,老兄端出一盘鱼来招待老弟。酒吃到底也不见第二盘菜端上来。老弟就问:"老哥,今朝可有其他菜?"老兄说:"我不是在帖子上写明白了吗,'半鲁候叙','鲁'字一半就是一个鱼字,我照帖子上办的。"老弟没有话说,肚里有数哉。

　　过了几天,老弟也送了一张帖给老兄,帖子上也写"半鲁候叙"。老兄到时去了,只见院子当中摆了一张空台子,外头烈日当空,晒得热辣辣。老兄问老弟:"今朝老弟请我来,怎么不见酒菜?"老弟说:"我是照帖子上办的,前几天上半鲁被你用,今朝我只好用下半鲁,下半鲁是个'日',我的老哥,你今朝只好晒太阳了。"

买大饶小

讲述:陆再新
记录:张善新
1986年采录于三厂

　　有个贪财粮户,他不管买啥东西都要饶一点才罢休。

一天，粮户的老娘去世了，他叫佣人到棺材铺买棺材，佣人买了一具后，对老板说："我们东家不管买啥都要饶一点，不这样，我们回去要挨骂的。"老板说："可我们这里除了棺材，其他没有什么可饶的呀。"佣人说："就饶一只小棺材吧，让我们回去好交账。"老板心想，从来没听见过买大棺材还要饶小棺材的，觉得蛮有趣，就答应了。

佣人把两具棺材扛到家，粮户一看大发脾气："啥人叫你们买两具棺材的？"一个佣人说："老爷别急，那具小的不是买的，是饶的。"粮户说："别的都好饶，为啥饶棺材？"佣人说："棺材铺里只有棺材，别的没有呀。"把粮户气得直翻白眼。

老实人

讲述：李俊忠 30岁 工人 高中
记录：李翔
1986年8月采录于正余乡

老早，有个先生喜欢吃酒，想要找个不会吃酒的书童。

一天，朋友给他介绍了一个孩子，先生问："黄酒又叫什么酒？"孩子马上回答："绍兴酒。"先生一听，不好，这孩子连黄酒的别名都知道，肯定也是个好酒之徒，这人不要。

过了几天，朋友又给他介绍了一个孩子，先生又拿上次的话问他，这孩子连黄酒和白酒都辨不清，先生很喜欢，就收下了。

一天先生出门，临走时关照书童说："厨内有火腿，院内养肥鸡，你要小心看守。房内有二只瓶，一瓶白砒，一瓶红砒，万万不可动，如果吃了，一定身亡。"再三叮嘱后，先生这才放心走了。

先生跑了以后，书童就杀鸡煮火腿，老酒喝得精光。先生回来一看，书童躺在地上，酒气熏天，院内的鸡、厨里的火腿全没了。先生大怒，把书童弄醒拷问，书童哭丧着脸说："先生走后，我在家里小心看家，后来，来了一只猫，拿火腿衔走了，我去赶猫，又来了一只狗，把院内鸡赶跑了。我想想呒法，只好寻死。你交代过，红白二砒很毒，我先喝白砒，不见动静，再喝红砒，仍不见死去。现在我是头晕脑涨，不死不活啊。"先生听了，只得自认倒霉。

一场虚惊

讲述：黄成其
记录：朱映球　杨秉伊
1986年采录于秀山

从前，有个财主的老婆得了病，请了一帮人做佛事。哪晓得这帮人只有十二人，不够，要十三人才算一班。带班的看到一个小伙子空闲在家，便对他说："今天跟我们出去做生意。"小伙子说："我不懂，怎么能去？"带班的说："不要紧，只要你站在后排边角，嘴里瞎说几句，人家不会在意的，混一天也给你工钱，你放心去好了。"小伙子一听就跟着去了。

到了财主家，那小伙子站在后排边角上，嘴里老是念着："快点好特，快点好特。"财主的老婆躺在屏风后面床上，耳朵里只听到一声声："快点好特，快点好特。"越听心里越舒畅，一下来了精神，病也好了许多。

晚上佛事收场了，财主的老婆对丈夫说："今天这场佛事蛮灵光，我的病还真好了！我看每人赏三尺六布，让他们做一双袜子、一块洗脸布用用，你去拿尺来。"丈夫说找不到尺。财主的老婆说："不要紧，你去拿根跌时①来，跌时不是长一尺八寸吗？每人两跌时就够了，那个年纪最轻的小伙子要加倍奖励，给他四跌时，你快去办。"那个小伙子在屏风外面听错了，以为被财主识破要挨四跌时，好汉不吃眼前亏，便偷偷地从后门溜了。

狗肚皮里的事情

讲述：顾松林
记录：姜明田
1986年12月采录于县文化馆

从前，有姓张的和姓李的两个人打官司。姓张的晓得老爷欢喜吃茶，更喜欢贪铜钿得小利，便通过师爷送他一包好茶叶，茶叶里加了二百两银票。

---

① 跌时：木质短棒。

在老爷坐堂的辰光，师爷把茶叶送上去说："老爷吃茶。"老爷打开茶叶包一看，是包好茶叶，还有二百两银票。他把惊堂木一拍，道理全到姓张的身上去哉。

哪知姓李的更有高招，他早就打听到老爷最喜欢狮子狗，便托老爷的心腹役头送上一只漂亮的狮子狗，狗肚皮底里绑有四百两银票。老爷见了狗，再摸摸狗肚皮有数哉，惊堂木又一拍，理由又转到姓李的身上了。

姓张的一看勿对头，就丢眼色给师爷，让他把准备好的第二包茶叶送上去。师爷会意，连忙捧出茶盘说："老爷请再吃茶。"老爷不耐烦了，斥道："混账！你只晓得叫老爷吃茶，吃茶，你可晓得老爷狗肚皮里的事情啊！"师爷目瞪口呆。

馋先生看帖

讲述：王德彰 65岁 教师 中师
记录：顾振虞
1986年8月采录于常乐乡

有个先生特别馋。有个人家的儿子结婚，请他吃喜酒，发来了请帖，他高兴得不得了，从封筒里抽出请帖一看，哦！是初一喜日。他头天晚上和当天早饭都没有吃，肚里存货出出空，准备中饭狠命吃一顿。不料日上三竿，还未见主家差人来复邀。再等，仍不见来人。他赶忙抽出请帖再一看，嘿，原来是看错了眼，喜日是初二，他只好空着肚皮上床。第二天呢，又是从早到晚饿着肚子空等了一天。他赶忙抽出请帖再一看，嘿，原来请帖上写着喜日是初三。这位先生为了吃一顿喜酒，活活饿了两天。

牛皮王与马屁精

采录：姚文冲
1986年9月采录于三阳乡普新村

一天，牛皮王与马屁精同几个朋友在一起聊天白相。牛皮王说："前天我看到一个人钓鱼，钓到一只鸭蛋。"大家都勿相信。马屁精这时忙讨好说："我也看到伊确实钓着一只鸭蛋。因为他钩子下去钩着一只蒲鞋，蒲鞋里有一只鸭蛋。"牛皮王听了蛮高兴，接着又说："更有奇怪事，我今天看见一个人骑一匹白马，正飞奔时，被一个强盗拦住，强盗对准马使劲一斧头，马被拦腰砍断，前半匹跑得太快，一会儿勿见了，救了那个人的命。"大家又勿相信。牛皮王希望马屁精再为他说话。这次马屁精却一反常态，勿作声了。牛皮王盯着马屁精问："你怎么勿作声呢？"马屁精说："马屁股都砍掉了，叫我拍什么呀？"

一字之差

讲述：陆俊兰 55岁 农民 初中
记录：徐淑生 35岁 文化站站长 高中
1986年8月采录于刘浩乡

有个人家，儿子在外头做工。一天，父亲接到儿子的来信，拆开信一看，信里写："来信无别，儿子在店里工作没有命，有命带命来，无命带钱来买命。"父亲接到这封倒霉的信，连忙去城里看望儿子。

当天下午，父亲到了儿子做工的糖果店。老板看到伙计的父亲急成这个样子，就问是什么事情。老人上气不接下气，说："儿子信中说没有命，叫我带钱来买命。"老板哈哈大笑："哪有这桩事体，你儿子在我店里身体好好的，怎么说没有命？"这时候儿子掮着货物袋从门口走过来，一看到父亲来了，非常高兴。"爹爹！你来得这么快，伞带来没有？"父亲说："儿子，你怎么写这种信，差点把我急煞了。"说着从衣袋里摸出信念了一遍。儿子一听也很来火，说是此信请测字先生写的。两个人气呼呼地来到糖果店附近的测字摊头，测字先生一看苗头不对，不等老人拿出信来，就招呼打在前头："两个高抬贵手，因我识字浅，信中有一个'伞'字写不来，用'命'字来代替了，当时认为一字之差无所谓，现在误了大事，对不起。"老头子气得不得了，对测字先生说："你这个糊涂先生，一字之差差点把我的老命也急煞哩！"

三句不离本行

讲述：顾松林
记录：姜明田
1986年12月采录于县文化馆

从前有一户人家，屋里有老小两对夫妻，爷是补镬子咯，娘是打莲花咯，儿子做僮子①咯，媳妇是唱戏咯。

这天是年三十夜，全家团聚在一起。儿子提出："我俫都是吃跑码头饭的，明朝是大年初一，大家要做到讲话勿'露相'。"大家都说这个容易。

一夜过去，第二天天一亮，爷先出来，伊叫媳妇烧早饭，亮出补锅喉咙喊："烧早饭啰！烧早饭啰！"媳妇听到哉，连忙起床问："婆婆呀，时间勿早要烧早饭，要多少米下锅，放多少水成功？"全部是戏腔。婆婆讲："儿媳妇呀，你听着，三分米来么七分水哟杨柳青儿哪！"伊唱惯打莲花咯，用的是莲花调。儿子在床上听到哉，他来火了，昨天还说过，叫大家今朝头勿要露相勿要露相，看，又露相哉！他从床上出来，台子一拍："日前吾小僮子怎样关照你俫来的，为啥今朝又露相？"一激动，也终于露了僮子相。

说大话的亲家

讲述：瞿培先 74岁 农民 小学
记录：瞿仰祖
1986年3月采录于四甲乡同德村

有两个亲家，只要聚到一块就吹牛皮说大话。有一天，亲家公两个又聚到了一块，男亲家公说："昨天我到江南跑了四个来回。"女亲家公问："哪来的这么快？"男亲家公说："我养了一只牛，这只牛大哩，牛头伸到江南吃青草，牛尾巴在江北竹林里调呀调，吃光了江南的草，再调过头来吃江北的竹。趁牛吃草的辰光，我从牛背上到江南去了四次，总共只有半天工夫。"

---

① 僮子：神汉。

女亲家公说:"勿快!大前天我从南京步行到北京,跑两个来回还不到一天辰光。"

"我看见过一种米,粒粒有拳头那么粗呢。"

女亲家公说:"这有啥稀奇,我看见一个人的嘴巴大得出奇呢!"

"多大?"

"这张嘴巴开开来,上碰着天,下靠着地。"

"这样大的嘴巴成啥用啦?"

"有两种用处,一是吃你这拳头大的米,二是说大话。"

"那这个人的面孔呢?"

"勿要了!"

它在听笑话

讲述:刘兰亭 58岁 职工 初中
记录:崔桂成
1986年采录于树勋乡新富村

有一个人过生日,他的女婿为了讨丈人欢喜,把祝寿用的、吃的都置办齐了。最后,他按照龟寿长年的好口兆,打算买一对乌龟送给丈人。他到市场上转了半天,只买到一只大乌龟。一只乌龟怎么送法呢?他左思右想,终于想到了一个办法,他叫雕刻师傅仿照买来的乌龟式样刻了一只大乌龟,这样正好并成一对,随后便把两只乌龟放在篮子里,挑着礼物,欢天喜地地到丈人家去了。

丈人家宾客交关,热闹非常。丈人一看女婿送来了这么多礼物,特别是送来了一对乌龟,心里十分欢喜,他把乌龟看成是福星、寿星,亲手接了过去,放在厅堂正中的花缸里。来客看主人如此宠爱乌龟,就以乌龟为题,又是猜谜语,又是说笑话,整个大厅里笑语不绝。中午时辰到了,吃过寿面、寿酒之后,举行放生仪式。丈人亲手把买来的虾、蟹、鱼、螺倒到了池塘里,又把两只乌龟也放了下去。一只真的乌龟马上游到池塘底下去了,另一只木雕的乌龟却浮在水面上不动。看的人都说:"这只乌龟怎么不游下去个呀?"女婿话:"这只乌龟不肯游下去,它是在听你哩说笑话呀。"

偷了"七两七"

讲述：范仁山 31岁 干部 高中
记录：周殿文
1986年8月采录于平山乡为群村

从前有个做生意的人，脑子交关灵活。一次乘船，他把七两漆故意放在身背后，假装打瞌睏。

一个小偷不知生意人带点啥东西，找机会把这七两漆偷去了。这时生意人装着醒了，大喊："我的八两银子被偷了。"说着拉了小偷去见县官。县官立即开堂审案，生意人说："回大老爷，他偷了我八两银子。"小偷大喊冤枉："没有，我只偷了七两漆。"县太爷一听，哈哈大笑："好狡猾的小偷！偷了八两，还喊只有七两七。"吩咐拉下去打五十大板，赔八两银子。

瞎财主买盆子

采录：崔桂成
1986年采录于树勋文化站

从前，我俫咯地方有个又贪财又吝啬的瞎财主，明明看不见，却要装亮眼，专门请人从苏州买了一副墨镜，一天到夜戴在鼻梁上。伊还死要面子，不准人家话伊瞎子，不准提与瞎子有关的事。

一天，有一个卖瓷器的小贩推了一车盆子从瞎财主门口经过。瞎财主要买盆子，小贩看伊是个瞎子，就说："我车上的盆子是江西景德镇的上等货，不相信你摸摸看。"瞎财主一听叫伊摸摸，火冒三丈："操你奶奶的，你当我是瞎子。"一边骂一边用拐杖"乒乒乓乓"把一车盆子打得粉碎。小贩急得双脚直跳，做小本生意的，一车子盆子被敲碎，以后的日子怎么过？想想没有办法，就要跳河寻死。正好一个人从那里经过，连忙把他拉牢仔问原因。小贩哭着一五一十说给这过路人听。过路人想了想说："你不要伤心哉,我教你个办法,你把这些碎盆子拾起来装在车上,明朝仍旧推到伊门口去卖。你不要叫伊摸,要叫伊看看,包你卖到好价钱。"小贩半信半疑,依计而行。

第二天一早,瞎财主听见又有人来卖盆子,就跑了出来。小贩看见瞎财主来了,就改了腔调话:"先生,你看我车上的盆子,纯是景德镇的正宗货,包你称心满意。"瞎财主听了交关高兴,连忙话:"好货,好货,我全包了!"

秃子住店

讲述:宋宝山
记录:朱映球　杨秉伊
1986 年采录于秀山乡

清朝光绪年间辰光,镇上有个人名叫看情况,老婆早已去世,眼前只有一个女儿,十六岁,名叫乐英,一个儿媳妇,是个寡妇,名叫随便。看情况在这镇上开了一爿旅馆,生意不太兴隆,只够三个人糊口。

有一天夜快,忽然来了个戴罗头巾的官人要住宿。看情况就接待下来,安排了客人夜饭和铺位。哪晓得这个戴罗头巾的客人是个油灰头癞子,满头癞疤累累,浓血淋淋,而且腰无半文。睡到半夜,他动脑筋了,怎样才能赖掉饭钱和房钱呢?终于想出了一个办法。他用两手抓破了头上的癞疤,弄得满枕是癞疤血。半夜里他大声呼叫:"老板,老板,你太不负责任,你家这么多老鼠,把我的秃药都吃掉了,还把我的头咬得血淋淋,快起来给我讲讲道理。"看情况只好爬起来,很抱歉地说:"客人,对不起,有事好讲。"秃子说:"我的秃药新从通州买来,价钱很贵,现在给你家老鼠吃掉了,怎么办?"看情况说:"客人,对不起。我们是个穷客栈,生意很轻,你的秃药钱,就在房宿饭钱里扣罢!如不够我可再如数找给你钱,请你原谅。"秃子肚里想:我就要这样。他说:"老板,我也是出门人,懂得道理,既然这样嘛,我们就两下对销吧!"看情况也不再计较,只好自认晦气。

从此以后，看情况关照媳妇和女儿，今后凡是秃子来住宿，一概不接待。戴着帽子和罗头巾的都要仔细看清。

一个雨天的夜快，又来了个戴凉帽的客人要住宿，当时看情况在内室，随便在店堂里。他见客人戴了凉帽进来，就说："把凉帽脱下！"那人把帽子一脱，也是个秃子！随便大声说："凡是秃子，我公公规定一概不给住宿。"那秃子说："这样大的雨，就不是客栈也当行个方便，怎么，你家一点不讲道理？"随便说："只有秃子不讲道理，我家是讲道理的。"那秃子见说到他的短处，就大发脾气。看情况听见了，连忙从内室出来问："什么事？"随便说了一个大概。看情况便说："对不起，不是我们不行方便，内中是有原因的。在不久以前，有个秃子来住宿，因我家老鼠多，吃掉了他的秃药，咬坏了他的头，我是小本经营，实在是赔不起。所以你还是另想办法吧！"秃子说："老板你不要多心，我是一个正经的人，不比你说的那个秃子油头滑脑的。我现在就把房饭钱全部付清，我也没有什么秃药，所有一些零星东西，我自己负责，请老板放心吧！"看情况见他说得有道理，也觉得不好再扳价了，就接待了下来。但考虑到知人知面不知心，画龙画虎难画骨，就又到屋里与乐英、随便商量此事如何是好。随便说："公公你出去对秃子讲，今夜要委屈他一点，把睡铺四面弄空，不着墙壁，以防老鼠咬头，偷秃药吃，并且还要通宵点灯，派人轮班保卫客人。"看情况对客人讲了。秃子心想：外面大雨倾盆，只要可以安身，也不管三七二十一就答应了。

秃子当地搁张床铺就睡下了。看情况又唤了媳妇和女儿，问她们如何轮班。女儿说："嫂嫂上半夜，我后半夜。"女儿去睡了。嫂嫂给秃子头边点了一盏灯，她拿了一架纺纱车，离秃子三尺远一面纺纱，一面看秃子。到了半夜子时，姑娘来换嫂嫂。姑娘不会纺纱，只好面对青灯坐着，样子很像看死人守头边一样。她想这成什么体统，还是把灯吹熄了，隔一歇到秃子头上摸一摸，隔一歇又摸一摸看有没有老鼠。

再说那秃子心想：这算啥名堂？前半夜弄个女人点了灯在头边纺纱，后半夜灯熄了，又来个姑娘，墨盾漆黑还时常来摸一摸我光头，她要是再来摸的话，我倒要寻寻伊的开心。他就把屁股搁在枕头上，把"洋伞柄[①]"备好应用。

[①] 洋伞柄：暗指阳具。

过了一歇姑娘又来摸了，一摸，吓了一跳，大声叫唤："爹爹、嫂嫂快起来，不得了，老鼠把秃子的头吃掉了，只有一根烟管，搁在枕头上。"看情况与媳妇点了灯，那秃子已调头睏好。看情况已一目了然，但面上不动声色，说："丫头家家，半夜大惊小怪，这不是烟管。"女儿说："定然是烟管。"看情况说："烟管不烟管，你们丫头家懂啥？应当文雅点。"

脸值多少钱

讲述：徐少熙
记录：徐维萃
2008年11月采录于刘浩镇徐宅

张三、李四、王五、赵六一同出门时，同时发现一文钱。张三没吱声，紧走几步，弯腰去拾。

李四忙说："我看见的，归我！"

王五也不示弱，说："我先看见的，应该归我！"

他用脚踩住二人的手，赵六更凶，一屁股坐在三个人手上，说："应该归我！"四个人吵吵闹闹，争执不下，最后去找县官评理。

县官是个出名的财迷，他也想把这文钱弄到手，便眼珠一转，说："既然是你们一同看到的，那么每人以'穷'字为题，做一首诗，谁说得最穷就断给谁。"

张三抢着说："大老爷，我先说，我最穷。茅屋露着天，炕无半块砖，日无鸡啄米，夜无鼠聚餐。"

李四说："我比他还穷。天地是我屋，月亮当蜡烛，盖的肚囊被，铺的脊梁骨。"

王五说："我比他更穷。饥饿整三年，河里饮清泉，垂死一条命，指望这文钱。"

赵六说："我穷得更可怜哩。进出三十年，从未见过钱。到底是何样，是方还是圆？"

县官一听，糟糕，钱要跑掉，先把钱拿到手里，说道："你们谁也没我穷。离家二十年，早该把家回，只是没盘缠，就等这文钱。——退堂！"

四人一听，心里恨啊，互相递了个眼色说："大老爷是个好清官，我们每人送你一句诗吧，给你留念！"

张三说："千里来做官。"李四说："为的吃和穿。"王五说："要钱不要脸。"赵六说："脸值多少钱。"

哥儿仨争烟

讲述：徐少熙
记录：徐维苹
2008年11月采录于刘浩镇徐宅

从前有三个人，喜欢吸烟，就结拜了干兄弟，可是，他们谁也不买烟，光铲别人的烟吸。一次，哥仨恰好在赶集的路上相遇。

老大说："二弟快给我装袋烟吸，来的时候着了慌，忘记带上，真把哥哥难受死了。"

老二摸了摸衣袋说："哎呀！我也忘带了，我也急着想吸，这可怎么办？"

老三接着说："不巧，我也三天没有吸烟了。"

兄弟三人越说越想吸，连连打哈欠，老大出了个主意说："我们把烟袋翻转，倒点烟末子凑凑吸吧。"

三人凑了凑，勉强凑了一烟斗，可让谁吸呢？

老大点子多，说："我们每人做首诗，谁说得最穷，就给谁吸，你们意下如何？"老二、老三都说："这个主意很好，请你先做吧。"

老大说："我家只有半间房，烧火棒头做正梁，头枕胳膊把觉睡，盖着一件破衣裳。"

老二接着说："我家根本没屋住，天当被子地当褥，睡觉石头当枕头，盖着几根肋旁骨。"

老三听了说："我就住在半空间，不着天地七八年，阎王留我一口气，专为吸这一口烟。"

老三说完就点着烟吸了。

赎驴的

讲述：徐少熙
记录：徐维苹
2008年11月采录于刘浩镇徐宅

一个乡下老头骑着小毛驴进城，路过一爿小饭店，听到里边有两个先生模样的人，正在那里边点菜边谈论什么。

他听了一阵，记下了"贵庚""令尊"两个词。他想，这两个人一个吃贵庚，一个吃令尊，这样的名菜，我还是第一次听说。心想，我也得尝尝。于是他一本正经地把跑堂叫来，说要吃"贵庚"。跑堂惊奇地看了他一眼，又问："还要些什么？"他又说："再要一个'令尊'。"

跑堂说："我们这里不会炒贵庚、令尊。"

"怎么？"老头儿一瞪眼，"刚才还有人在此吃贵庚、令尊的，难道你看我吃不起吗？"

跑堂的就跟厨师说，厨师一听，就变着花招炒了两个菜，给他端上去。吃完饭，跑堂向他报账说："贵庚八十，令尊三十。"

他一摸身上只带四十文钱，就对店主说："老板，我今日带的铜钿不多，明天给你送来行吧？"

店主说："这里你一个人也不认识，必须有个担保才行。"

他只好把小毛驴押在店里，明天带钱来赎回去。

第二天他一早到了城里，可惜记错了门号，竟走到一家卦铺门前喊了起来。算卦的正睡在床上，听到有人敲门，以为有人找他算命，赶紧起来开门，把他请进屋里，并问："你贵庚？"

老头儿一听，想起了价钱，连忙回答："八十。"

算命先生一愣，心想，他大概说他父亲的年纪吧。又问："令尊？"

老头儿又回答："三十。"

算命先生觉得更奇怪，又问："你是属什么的？"

老头儿说："我是赎驴的。"

算命先生一听，说："这十二生肖中哪有属驴呀？"

老头儿说："是赎驴的。"

算命先生大声说:"没有属驴的!"

老头儿急得罚神赌咒起来:"哪个龟孙不是赎驴的!"

牧童得妻

讲述:徐少熙
记录:徐维苹
2008年11月采录于刘浩镇徐宅

某富翁的女儿,今年十五岁,生得十分漂亮,她不但会描龙绣凤,还会吟诗作对。因此,看到她的人,都十分爱慕。

富翁因为有这宝贝女儿,便常常拿伊来激励下人。他时常对管账先生说:"管账先生,假使你能把账管得好,那么我的女儿将来就嫁给你。"

富翁又常常对教书先生说:"先生,你要是把我的子女教得好,将来我的女儿一定嫁给你。"

富翁又时常对牧童说:"好孩子,你好好地把牛养好,将来你长大了,我的女儿一定嫁给你。"

管账的、教书的、牧童听了主人的话,个个做起事来非常认真卖力。

过了数年,富翁的女儿已是十八九岁了,富翁想把女儿嫁给他们,可是三人都是一样的好,他不能决定把女儿嫁给谁好。没法,只得去问女儿。女儿说:"爹爹,你先叫他们三个人在厅上等着,我自有办法解决。"

富翁依了女儿的话,便吩咐他们三个在大厅里等着。一歇歇,他的女儿来了,对着三人说:"你们三人要我做妻子,可以。不过,每人要做一首诗,谁做得最好,我就嫁给谁。"

他们三人一听,都喜出望外,便齐声问道:"小姐叫我们作诗,不知以何字为题?"

富翁的女儿说:"以'尖、圆、好吃、值钱'为题。"

管账先生看见池中荷花,便作诗道:"荷花池中藕芽尖,荷叶圆,莲子好吃,藕粉值钱。"

管账先生说毕,教书先生看见门前的绿竹,他略加思索,立刻出口成章:"小姐门前的竹林竹叶尖,竹节圆,毛笋好吃,毛竹值钱。"说完摇头晃脑,自以为了不起。

教书先生说完，轮着牧童说了。牧童虽然聪明，毕竟胸无点墨，哪里会作诗呢？他只得呆呆地望着富翁的女儿。说也怪，富翁的女儿偏偏喜欢牧童，见他情急心慌的样子，忙把自己的脚往上一提，暗示了他。牧童会意，便不慌不忙吟道："小姐脚儿尖，乳头圆，奶奶好吃，一笑值钱。"

富翁的女儿听了，笑盈盈地说道："管账先生的诗，果然做得很好，但只能将池内荷花嫁给你。教书先生的诗，也做得不错，但只可把门前的竹园嫁给你。只有牧童哥哥的诗，做得最好，我应当嫁给你。"

说酒令

讲述：徐少熙
记录：徐维革
2008年11月采录于刘浩镇徐宅

某老翁有四个女儿，都已出嫁了，前三个女婿都是秀才，唯独小女婿是农夫，所以前三个女婿都看不起小女婿。

有一年的新年，四位女婿都到丈人家里来拜年，丈人心里非常欢喜，便办酒给他们吃，酒吃到一半，丈人说道："今朝我有一个酒令，请你们四位来说，先将一个字拆成两个字，并指出两种东西相同的颜色，再把两种意思相贯通，这个酒令你们赞成吗？"

大女婿不假思索地说道："回字拆开两个口，颜色相同水和酒，不知哪个口里是水，不知哪个口里是酒。"说毕，丈人大笑说道："大姑爷说得很好，请喝一杯酒。"

二女婿略加思索，也开口说道："朋字分开两个月，颜色相同霜和雪，不知哪个月里下了霜，不知哪个月里下了雪。"丈人听罢笑盈盈地说道："二姑爷也说得很好，请喝一杯酒。"

三女婿的酒令早已想好在心里，接着说道："出字分开两座山，颜色相同煤和炭，不知哪座山里出煤，不知哪座山里出炭。"丈人听了，说了一句："很好。"也斟了一杯酒给他喝。三人均高兴异常，互相畅饮，鼓掌而笑。

小女婿心想，你们的酒令，很平常，何必为此骄傲，我非要羞辱你们一番，方消我叫你们平日看不起我的心头恨。他沉思了一会儿，说道："川字分开三个一，颜色相同乌龟、王八、鳖。"他指着大女婿说："老大是乌龟。"

指着二女婿说:"老二是王八。"又指着三女婿说:"老三就是鳖。"

三人听罢,均面红耳赤,不欢而散。

白字县官

讲述:徐少熙
记录:徐维苹
2008年11月采录于刘浩镇徐宅

从前有个县官,常念白字,人们叫他白字县官。

有一次,他审问一个名叫冉佳俊的人。冉佳俊走上堂时,县官把他的名字叫成了"再往后"。

冉佳俊一听,便往后退了两步。县官见他没有吱声,就大喊道:"再往后!"冉佳俊一听,又往后挪一挪。县官一看他还不吱声,气得眼乌珠一瞪,拿起惊堂木狠狠拍下,高声叫道:"再往后,你聋啦?"

这时,冉佳俊已经退到墙壁了。他说:"老爷,再往后就是墙了。"

"我叫你的名字!"冉佳俊明白了:"老爷,我的名字不叫再往后,叫冉佳俊。"

县官听了脸"刷"地红了,但过了一会儿,他蛮不讲理地说道:"俊?什么俊,看你一脸疙瘩……"

懒汉

讲述:徐少熙
记录:徐维苹
2008年11月采录于刘浩镇徐宅

有一天,张三老婆的一只小猫儿生病了。老婆对丈夫说:"你起床呀,到街里去买点肉或鱼给猫儿吃。"老婆说了半天,张三勉强在床上翻了个身,说:"上街做嗲①去呀,在我身上割块肉不就可以了嘛。"

---

① 做嗲:干什么或为什么。

老婆又气又恨，拿把刀就朝他屁股上去割。

张三疼得咬紧牙关，黄豆大的汗珠直往下流。老婆问他："疼吗？"

张三咬着牙点了点头。

老婆又问："疼你做嗲不说呢？"

张三拿头往枕旁边一歪说："你固①晓得我懒得开口呀。"

白痴学字

<small>讲述：徐少熙
记录：徐维苹
2008年11月采录于刘浩镇徐宅</small>

有位县官的儿子是个白痴，但县官夫妇却把他当成掌上明珠，天天望子成龙，还专门请了一位先生教他读书。

这位先生辛辛苦苦教了整整一年，这个白痴终于认识了一个"被"字了。

县官夫妇很高兴，他们宴请亲朋好友为儿子庆贺。

席间，高朋满座，先生把白痴领出来，写了一个"被"字，当众叫他认，谁知这白痴一着急，竟忘记怎么念了，先生启发说："你晚上睡在哪里？"

白痴说："我睡在床上。"

"床上有什么？"

"有棉花胎？"

"棉花胎上面呢？"

"是我娘。"

"你娘上面呢？"

白痴想了一会儿，昨天夜里……"我娘上面是我爹。"众人哄堂大笑，县官夫妇的脸涨得通红。

这时先生也气坏了，心想一不做二不休，接着又问下去："你爹上面呢？"他琢磨着，这回总该说"被"字了？可他没料到，白痴回答说："我爹上面是娘的手！"

---

① 固：可，可知道。

不要性命

讲述：徐少熙
记录：徐维革
2008年11月采录于刘浩镇徐宅

张三请李四吃饭，只煮了一碗豆腐汤，吃饭时，他对李四说："这豆腐就是我的性命，许多好菜都比不上它的味道。"

过了几天，李四请张三吃饭，李四想起了张三爱吃豆腐就买了点豆腐，再买些鱼和肉招待张三。哪知道张三专挑鱼肉吃，而对豆腐他看也不看。

李四就问张三："你不是说过豆腐就等于你性命吗，怎么今朝却一点也不吃呢？"

张三说："你不晓得，我一看见鱼肉，连性命都不要啦！"

观棋不语

讲述：徐少熙
记录：徐维革
2008年11月采录于刘浩镇徐宅

有个读死书、死读书的书呆子，十分呆板，不管做什么事都喜欢循规蹈矩，用他的话说，叫做"不违古训"。

有一天，他家中失火了，嫂嫂气喘吁吁地对他说："二弟，快喊你哥哥回家救火，他在邻居三爷家下棋。"

书呆子到了邻居三爷家，看见哥哥正在专心致志地下棋，他便默默地立在哥哥身旁观看，等到一局棋下完，见哥哥还要下第二局时，他才摇头晃脑慢慢地说："哥哥，家里失火了，嫂嫂叫我喊你火速回去救火。"

他哥哥一听，气得浑身发抖，骂道"你……你这混蛋，在这里立了半天，怎么不早说？"

书呆子指着棋盘上的字说:"哥哥,你难道没有看见,那棋盘上写得明明白白'观棋不语真君子'么!"

哥哥见他还在摆斯文,气得一巴掌扇过去,骂道:"书呆子!"然后向家奔去!

呆子擀面

讲述:张泽忠
记录:张林
2008年11月采录于正余镇文化站

从前有一个呆子,他干起事来总是小心眼,很不大方,每次做饭都叫人吃不饱。有一次老婆要出门干活,呆子在家。老婆说:"今天中午擀面吃,你要多做点人儿面!"说完老婆就去干活了。老婆说话的意思是叫他多擀点面,不要弄得饭也吃不饱。

到了中午,呆子擀面做了一台子的人儿面,下到锅里煮到滚开时,发出"咕嘟,咕嘟"声。呆子说:"你们这些小人,我还没有把你们煮熟就要来骂我,我会吃掉你们,我要打死你们!"于是,呆子就用拳头朝锅里打。拳头碰到滚烫的水,是钻心的痛。呆子说:"哎呀!你们还敢咬我呢!好!我一定要把你们打死。"于是从房门后头拿起钉耙就朝锅里砸去。这一砸,把锅砸坏了,锅里的面人儿都落到了灶膛里,水泼到灶膛里发出"吱吱"声。呆子说:"现在轮到你哭了,还骂不骂我啦?"正在这时,老婆从地里回来了,问呆子:"中午叫你擀面吃,多做点人儿面,你做好了吗?"呆子说:"做好了,做好了!我做了一大锅呢。"老婆听了今天应该吃得饱了,心里蛮高兴。等她掀开锅盖一看,锅底都没了,还哪有什么面条呢?她问呆子:"你说面做好了,在哪里呢?"呆子说:"我做了一台子的人儿面,放到锅里煮。开始人儿面骂我,我就用拳头打他,他咬我,我就用钉耙砸,结果都躲到灶膛灰里'吱吱'哭去了,再也不骂我了。"老婆听了又好气又好笑,看看呆子,又拿他没办法。

原来这样算

讲述：徐少熙
记录：徐维萃
2008年11月采录于刘浩镇徐宅

李某结婚才三个月，老婆就生下一个娃娃，老实巴交的李某既惊讶又纳闷，他问老婆："人家都说女人怀胎九个月才养，你怎么三个月就……"

"我看你这个人真笨，连肚算都不会！"老婆平静地反驳："我问你，我们从结婚到现在已经几个月了？"

"三个月。"

"我在你们家里住几个月了？"

"三个月。"

"我怀孕几个月？"

"三个月。"

"对呀，三三得九，不正好是九个月吗？"

"原来是这样算的啊，这么一算就对了。"憨厚老实的李某开窍了，心里也高兴了，望着新生的儿子笑了。

省得麻烦

讲述：徐少熙
记录：徐维萃
2008年11月采录于刘浩镇徐宅

从前，南方有一位风水先生，来到北方骗钱。因第一次见到下雪，觉得很稀奇，于是，反复观察，背剪着双手吟起诗来："天公下雪不下雨，雪到地上变成雨，雪变成雨多麻烦，何不当初就下雨。"

旁边有一个十岁孩童，见风水先生如此神态，也学着在后边吟道："先生吃饭不吃屎，饭到肚里变成屎，饭变成屎多麻烦，何不当初就吃屎。"

风水先生听了，羞愧而去。

剥刀※汤

讲述：邱笑岳 66岁 山歌剧团副团长 高中
记录：丁秀发
2008年11月采录于丁宅

东村有个张三，西村有个李四，小个辰光曾在同一个私塾里念过书，所以自小就要好。

那天，两个人正好一起去镇上，同时到肉台买肉。肉台前买肉人蛮多。"张三哥你买肉？""李四老弟你也买肉？"交关热络。"我买二斤。""我也买二斤。"肉台老板也认得伊俫两个人："两位老兄，今朝买肉的人多，我把你们的肉斩在一起，省我点功夫。"两个人说："好好，停歇我俫自家分。"老板"啪"一刀下去，一称四斤还鲜巴巴①。两人各自付了钱，拎仔肉回转。

来到三岔路口。张三说："要分路了，我俫把肉分一下。"李四说："我去借刀。"说完朝路旁边一家人家的一个娘子手里借仔一把剥刀，顺手又在路边摘仔几个芋艿荷叶。李四拿肉朝芋艿荷叶上一放，眼睛瞄瞄，用刀口量了个印子，"啪"一刀下去，剥刀太钝，斩勿开。看看刀口，嘿，刀口上还有七八个缺口哩，赛过钩子②。于是就"叽咕，叽咕"硬伽硬劈，费了九牛之力，总算分仔开来。两个人交关客气，看看差勿多，就各自拿仔一块肉用芋艿荷叶包包，李四拿剥刀还脱，就此分手。

再说这乡下娘子接过剥刀一看，喔唷，剥刀上油水准足，缺口里还有许多肉粒屑。娘子一想：交关日脚勿曾吃肉了，今朝可以煞煞馋头，哪怕弄点肉味道尝尝也好咯。于是就拿剥刀放进镬子，舀仔两勺水，放点盐，小菜田里拔仔几棵葱，汰汰一放，盖上镬盖，灶肚里点上火，算是烧"笃肉汤"哉，实际应该叫"笃剥刀汤"。

一歇歇，男人从田里回转，门还勿曾进就喊："娘子，今朝烧点啥小菜，奈恁香？"娘子笑眯眯话："猜猜，你猜猜？"男人等不及，急忙把镬盖一

※ 剥刀：菜刀。
① 鲜巴巴：秤梢微微向上，意思分量稍多。
② 钩子：锯子。

揭，一股香味直朝鼻头里钻，立即馋得口水直拉。看看油花余满，斋斋①汤下面一把剥刀。勿管伊，拿仔一只碗，舀出来就喝。男人回头问娘子："这剥刀汤真鲜，奈个话头？"那娘子就一五一十讲仔有人借剥刀分肉的事体话还勿曾讲完，男人一个巴掌扇过去："乌屎！就只舀两勺水？为啥勿放在水缸里，也可以多吃几天！"娘子掩牢仔面孔说："照你话法，应该丢在宅沟里；一生一世吃勿通！"

连襟四个吃肉

讲述：邱笑岳
记录：丁秀发
2008年11月采录于丁宅

农忙头里，连襟四个看看自家屋里生活②都做好了，很牵挂丈人和丈母娘，勿晓得老两口儿田里生活何曾做完？如果勿曾做好，就脱伊做脱点；如果做好了，那么"干枯佬佬，丈人家跑跑"弄一顿吃吃。于是就由大连襟牵头，定下日子一起到丈人家去。各人还带点好货色上门。

连襟四人从桥门口进去，丈母娘拿手里生活一笃③就笑着迎出来了："奈能好，四个女婿今朝头一道来哉！老头子，快弄点小菜准备准备。"四个女婿见过丈人和丈母娘，要紧问："姆妈，田里还有啥好做？今朝我俫特为一道来帮你做生活格！"丈人和丈母娘听仔焐心啊，四个女婿真正孝顺。丈母娘开心得不得了，忙说："呒啥做，坐！坐！"

四个连襟坐仔下来东聊西聊。老两口儿在灶头上忙忙碌碌。丈人跑到厨房对老太婆说："红烧肉烧好哇？""老早好哉！""停一歇盛一碗，只要盛三块。"老太婆朝伊眼睛一白："瞎话连天！啥事体？是舍勿得？你倒话得出口呀。""哎呀呀，勿是个，我是有话头咯！"

四个连襟也忙碌了一番，端凳咯端凳，揩台子咯揩台子，抽筷端碗，老白酒倒好，坐仔下来。一歇歇，红烧肉端上来哉，四个连襟八只眼睛盯牢仔

---

① 斋斋：看看。
② 生活：活儿，工作。
③ 一笃：一丢。

肉碗，肚皮里都在想："什么意思，只有三块肉？个人一块一，也要有四块哇？"丈人开口哉："肉镬里还有。今朝开心，要吃肉也弄点花头。"四个连襟一起问："啥花头？"丈人说："我俚也学学念书人的做法，诗做勿来，各人顺口溜弄一段，不过每段顺口溜里都要嵌数字个。话得好，吃肉！话得勿好，只能看看。""好好！"四个连襟都同意。

大女婿话："二九一十八，弄块肉嗒嗒！"攥仔一块肉放进嘴里，还笑嘻嘻地话："五花肉好吃。"

二女婿说："三六一十八，要二块一道嗒！"攥了两块朝嘴里就塞，还说："甜津津，肉皮凝，好吃！"

三女婿想：你这赤佬勿是末事，本来我还轮着一块，你倒好，两块一吃，叫我吃啥？望望碗里，哎，肉汁勿错，油花亮晶晶，红糖糖，厚笃笃，弄点肉汁呷呷也好个。于是开口哉："六八四十八，弄点汁呷呷。"端出碗来，"呼啦"一口，也勿怕烫，一道呷脱。呷好还嘴巴一抹："好吃，滋味全勒①汤里。"

小女婿一看。吔！这算啥名堂。我本当想肉轮勿到吃，肉汁总归我来来，现在台上只剩一只空碗。哎！仔细一看，碗边上还有肉汁厚笃笃粘在上面，碗底里还有几粒葱花，就开口哉："十三对开六个半，只好弄点碗舔舔。"说完捧牢仔碗，伸出尺把长的舌头，四边一绞，舔得滴光爽滑。

丈母娘捂着肚皮哭笑不得，半天才拍拍胸口话："小女婿最好，小女婿念见②我吃力，连搭叫我碗也勿要汰哉。"

万千一

讲述：陆士冲
记录：沈裕辉
1986年3月采录于新海乡陆宅

有个人家姓"万"，儿子七岁了，就把他送到附近一所私塾读书。先生给孩子取个学名叫万千一。第一天教他一个"一"字。第二天第三天教他

---

① 全勒：都在。
② 念见：舍不得。

"二、三"字,这孩子想:识字很容易的。上了三天学就识了三个字,今后也不用上学去了。"四"字肯定是四横,五不就是再加一横吗?这样,这孩子就停学了。先生见他不来学,很奇怪,便上门去唤。先生说:"你怎么学习无恒心,这样哪能识字念书?"孩子回答说:"先生,我不用你教了,我自己也会识字写字。"先生说:"好吧,现在就请你写写自己的名字吧。"这孩子马上从房里拿来一张大白纸。先生说:"先写万字吧!"孩子用笔画了半天的"一"字,数数还不到一千,手也酸了,太费事了。于是就拿来了他母亲梳头发的木梳,蘸了墨汁在纸上画,这样一次就能画出几十个"一"字。但也不行,画了半天,数数也不满五千个"一"字。还有"千一"呢!不知要画到什么时候呢?想想还是上学去吧!

一人打杀百条牛

讲述:邹廷栋 78岁 农民 小学
记录:郭建人
1986年8月采录于瑞祥乡

两个老头子,欢喜谈天说地,一天,伊勒两个又在一道话起大话来。

一个话:"我年轻个辰光,力气大来交关,曾经一个人一连打了四张台子的人(四八三十二个人),个个拨我打来哭个哭,逃个逃,鼻涕眼泪一作生①。"

另一个问:"倒来事个,那这些是奈样子人呢?"

"顶大个八岁!"

另一个话:"倌本事也不差,喏,小孩点②一个人一措头③打死一百条老牛。"

一个问:"奈打法?"

"一脚踏杀十几条牛,一拳头冲杀七八条牛……"

"乖乖,这些牛拨你打杀,养牛人家总要告你吃官司,你要赔啰!"

---

① 一作生:一起淌。
② 小孩点:小时候。
③ 一措头:一下子。

"吃啥官司？"

"奈啦？"

"这些都是跑到我菜田里来的呀！"

"打死了总要赔呀！"

"赔个屁！"

"奈？"

"这些都是爬在我种的菜叶上的蜗牛啊！"

两人肚里都记了一本账回家了。

样样加个"寿"字

讲述：许玉廷
记录：郭建人
1986年8月采录于瑞祥乡许宅

有个粮户的娘娘要吃面了。这种人家有财有势，有许多人要拍伊马屁，凡认得点个都要来送面个。粮户的娘娘对一个长年伙计话："明朝我吃面，你要叫我寿太太，随便一样啥末事，都要加个'寿'字，听见没有？"

伙计想，我穷一点，把我像啥看待？娘触魂①，拨点颜色伊看看。伙计帮她在厅堂里打扫，理理清爽。看见有一具寿材也在厅堂里，伙计计上心来，马上去问娘娘："寿太太寿棺材放勒哪里？"这个连柄话，差一点把娘娘气个半死。但能把伊吭奈！

这家粮户四厅宅沟吊桥。亲眷朋友来送面，勿小心把面泼在吊桥上。这伙计又马上问娘娘："寿太太一把掸帚奈寻勿着啦？""倨也勿晓得。你要伊咋啦？""你这寿太太奈个勿晓得？有个寿亲眷来送寿面，担寿面泼在寿桥上，我要拿寿掸帚掸寿面（与'短寿命'谐音）。"娘娘听仔气来狠勿得断肠。不过，这是自己教伊这样子话是话，真是话勿出个苦处。

---

① 娘触魂：他妈的。

呆子寻娘子

讲述：张泽忠
记录：张林
2008年11月采录于正余镇文化站

从前有一个呆子，寻①了个娘子，可他就是不懂得过夫妻生活。夫妻结婚后，每天各人睏一头，新娘子又不好意思睏到他一头去。这样结婚一个月天天如此，新娘子万般无奈，总算熬到回门的那一天，一见母亲就哭诉了这件事。娘听了也很不是滋味，想想我的女婿连这种事都不懂，以后小夫妻的日子怎么过呀！她就把这事告诉了老头子，老头子听了直摇头，说又说不出口，骂又骂不出声，怎么办呢？后来老头子对老太婆说："只有写信给女婿看看是否有效。"老头子急忙拿出文房四宝，写道："夫妻同床不同枕，我要打你二百棍。"写好后给女儿带回去了。呆子看了说："噢！岳父大人叫我们晚上睏在一头，否则，要打我二百棍。就照岳父说的办吧！"到了晚上，呆子果然与娘子睏到一头。但他就是没有任何动静，各睏各的。

过了几天，娘子回娘家，母亲问："他与你睏一头了没有？"女儿说："睏是睏在一头了，可他就是这样呼呼地睏着，一点不理我。"娘听了又去告诉老头子，说上次写信有点效果，但作用不大。老头子听了说："我再写信给女婿。"他写道："夫妻同枕不伏肚，下次我要打你二百伍拾棍。"又叫女儿带回去给呆子看。呆子看了说："岳父大人叫我晚上睏觉伏在你肚子上，否则要打我二百伍拾棍，就依他老人家说的吧！"到了晚上，呆子真的伏到娘子身上，但就是一动也不动，伏得娘子叹不过气来，天天一身汗。

过了几天，娘子又回娘家告诉母亲。母亲听了没办法，又去告诉老头子："你上次写的啥呀，呆子伏在女儿身上一动不动，伏得女儿气都叹不过来。"老头子说："噢！我再写。"写道："夫妻伏肚不落槽，我要送你去坐牢。"又让女儿带去给呆子看了。呆子说："上头两次叫我和你睏

---

① 寻：这里是娶的意思。

一头我睏了,叫我睏在你肚子上我也睏了,这次叫我要落槽,槽在哪里呢?否则,要送我去坐牢呢!唉!怎么办呢?"娘子说:"不要愁,到晚上再说吧!"到了晚上呆子伏到了娘子的肚子上,问槽在什么地方。这次娘子主动了,就帮呆子找到了槽,并且叫他怎么动作,就这样呆子懂得了怎么过夫妻生活。

呆子尝到了甜头,他书也不读了,每天围着娘子要。

有一天,娘子带着呆子一起去娘家拜见岳父母。走在半路上,呆子又向娘子要"那个"。娘子说:"到家我给你。"但呆子偏要,娘子拗不过他,就拣了一个长着草的坟墩旁,夫妻俩就做了起来。呆子正干得高兴的时候,有一个打猎的人从坟旁经过,看到坟上的草一动一动的,以为碰到了一只猎物,走近一看,竟是这种事,心里顿时感到晦气透了。于是就大声说:"谁叫你们在我家的祖坟上干这种事,冲了我祖上怎么办?"呆子一听,跳了起来。娘子红着脸不敢作声。打猎的人说:"你们说怎么办?"呆子说:"我们不知道这是你家的祖坟,哎,现在做也做了,你说怎么办呢?"打猎的人说:"也给我干一回。你看着,如果我的屁股在动,就是冲了我祖上,我要你烧利市;不动就算没有冲。"呆子的娘子也没办法。开始之后,打猎的人问:"我的屁股在动吗?"呆子说:"不在动,不在动!"就这样给打猎的美美地干了一回。

事情过了之后,呆子一路上还想要,娘子接受了教训,再不敢在路边上给他了。但呆子缠着她又不放。娘子想了一个办法,乘呆子不注意的时候,在路边捡了一块砖头放在篮子里,等到过桥的时候,把那块砖头丢到了河里。呆子看到了,问:"你拿什么丢到河里去了?"娘子说:"是你要的那个东西。你不但在家要,还在路上要,我如果不把它丢掉,你再像刚才那样多丢人哪!"呆子哪里舍得丢掉,就立即跳到河里去摸。尽管河水冷,呆子也不在乎。这时,有个过路的看见呆子在河里摸东西,问呆子:"你在摸什么呀?"呆子说:"摸好东西。"过路人听了呆子在摸好东西,也就脱掉衣服去摸好东西。摸啊摸的,摸到了一只虾,他就吃了。呆子看见了问:"你吃什么?"过路人说:"我没吃什么。"呆子说:"我的好东西肯定是你吃了。"过路人说:"没有呀!"呆子说:"还没有呢,毛还在你嘴里呢!"

其实过路人吃的虾芒还在嘴里,没有吐呢!

瞎子管娘子

讲述：张泽忠
记录：张林
2008年11月采录于正余镇文化站

有一户人家，瞎子靠算命挣钱，娘子田里做活，日子过得还可以。

一天，瞎子算命回来，一位离家不远的老大妈在村口告诉他说："你的娘子最近和东村的一个鳏汉好上了。每次你前脚出门，他后脚就到你家里。我实在看不惯，今天我憋不住了才告诉你，你要小心哪！"瞎子听后心里气呀，但有什么办法呢？自己眼睛瞎，即使鳏汉子躲到屋里，我也看不见呀！他连忙对老大妈说："我晓得了，慢慢再说吧！"瞎子这几天生意好，本来蛮开心，听到这个消息，气得昏头转向，一路上恍恍惚惚，跌跌撞撞摸到了家里。娘子看到瞎子回来了，连忙盛夜饭，并问："今朝生意怎么样，寻到几钱呀？"瞎子说："蛮好，蛮好，比昨日多。"饭后，平时总要说说话。今朝过了半天瞎子才对娘子说："在路上听别人说外地生意还要好做，我想明天出远门做做看，你帮我多准备点路饭。"娘子说："好的呀！"

第二天一早，瞎子带上路饭上路了。娘子心里也巴不得瞎子跑远点。其实瞎子并没有跑远，他弯弯曲曲跑到了老大妈家，请老大妈帮忙看着点，看他们今天是否相会。

到了中午，鳏汉果真钻进了瞎子家里，当即就把瞎子的老婆朝房间里拖。女的说："外面晒了一桁小麦，鸡要吃麦的，还是在堂间板凳上弄吧，这样好赶鸡。"就这样，他们以为做得人不知鬼不觉，却给老大妈看了个一清二楚，并把事情的经过告诉了瞎子。

傍晚，瞎子回到家。娘子仍然客客气气地对瞎子说："今朝出远门生意奈话呀？"瞎子说："跑得远，门路不熟，生意不顺趟，钱没寻到几个，但我学到了一个本事。""啥本事？说说看。"瞎子说："不能告诉，特别是女人。""哎哟，连我都不能告诉，难道还有什么秘密不成？"瞎子说："你一定要听，我就说给你听，但你不能说给别人听。""快说吧！"娘子催他。瞎子说："我只要一搭脉，就知道她正经不正经。"娘子心里"咯噔"一下，难不曾瞎子怀疑我有外遇吗？看他有啥本事。"来，给我搭搭脉，看你说什么？"瞎子装腔作势，给娘子搭了脉，半天不说话。娘子催他快说。瞎子说："不对呀，哪有这样的事啊？不会吧！"娘子还是催他快说。瞎子说："对与不对，你不要怪我，我就说了。""我不怪你。""你一脉高来一脉低，板凳上钩蟛蜞，跷腿来赶鸡，嗯哩嗯哩。"娘子立刻大骂起来："瞎千年，瞎千年，你瞎嚼人家，该派你做瞎子！"就这样，瞎子被骂了一顿，也没作声。

过了几天，那个鳏汉瞄准瞎子出了门，就又来了瞎子家。娘子对鳏汉说："你从今往后不要再来了，我家瞎子在外头学到一个本事，只要给女人一搭脉，就知道这个女人正经不正经。上次我们的事，他一搭脉就说我们板凳上钩蟛蜞，跷腿来赶鸡，嗯哩嗯哩。算了，算了！要是没吃饭就在这里吃点，吃饭后你快点跑吧。"那个鳏汉吃了两碗饭，抹抹嘴就跑了。这些当然被老大妈看到了，又告诉了瞎子。

晚上瞎子回来，夫妻俩吃了夜饭上床睏觉，开起了玩笑。娘子底气十足地对瞎子说："今天你再帮我搭搭脉，看你再瞎嚼点啥？"瞎子装模作样给娘子搭了脉。一会儿，瞎子说："很好！"娘子问："好在哪里？"瞎子说："你一脉快来一脉慢，蟛蜞钩子朝外掼，弄掉两碗粞子饭。""瞎千年，瞎千年，你造咕①，你造咕！"娘子又把瞎子一场骂。

嗨！瞎子的这一办法很有效，从此娘子再也不偷汉了。

染布店里的小姐

讲述：邱笑岳
记录：丁秀发
2008年11月采录于丁宅

黄桥镇东市梢有一爿染布店，店里有个姑娘，人码长得呒啥，十七岁这年，西市梢的媒婆帮伊说合，许配给一爿铜匠店里的小伙子。姑娘心里开心啊，连走路也搞啊搞②，轻飘飘。

眼看结婚日脚越来越近，哪晓得这姑娘却突然不高兴起来，一天到夜心事重重，爷娘问伊，伊就是勿开口。明朝要出嫁了，姑娘变得更加心慌意

---

① 造咕：糊说。
② 搞啊搞：扭啊扭。

乱,六神无主,脸上没有一点笑模样。于是娘就叫媒婆来劝劝伊。姑娘经不住媒婆再三追问就说出了原委。

原来这姑娘十五岁那年就和人家来去过,她生怕同房的辰光被男人家发觉,所以心里着急。媒婆一听哈哈大笑,说:"我当是啥个大事体嘞?嗨!小事一桩。你家勿是开染布店咯哇?更加好弄哉!"

"教教我奈弄法?"

"啊呀,你奈脑子勿转弯个呢?你只要在上轿之前,在你店里的颜料家生里抄一点点颜料,用纸头包好,藏在身上,等拜好堂进洞房到床上,趁男人家勿得知,事先弄这颜料朝老末事上一拓,就万事大吉,包你勿出问题。"姑娘听完,做促洛①面孔一侧,笑得眼泪也淌出来了。

姑娘说:"好,好,这办法好,谢谢你,人家送十八只蹄膀,我送二十只,不过你要替我保密。"媒婆一口答应姑娘放心哉。

第二天,天还勿曾亮,小铜匠气狠狠地一把拿媒婆拉到新房里,新娘子还在被窝里哭哩。小伙子拿新被头一掀,用手一指:"看看,看看,这是什么东西?"媒婆一看,裤子还勿曾着勒,一大摊绿颜色。媒婆心里明白,拿错颜料了!媒婆急中生智,回头就朝小伙子眼睛一瞪,两手一叉腰,破口大骂起来:"你这小鬼做生活也要轻轻叫,缓缓点啊!啥末事性急麻花,虎粗粗,勿管人家死活,拿新娘子苦胆也顶破脱啊!还好意思话得出来!"

小伙子被骂得眼睛一眨一眨的,像淋雨癞狗巴②。

---

① 做促洛:假装。
② 癞狗巴:癞蛤蟆。

附录一　故事家小档案

徐少熙

1932年生，海门刘浩镇人。读过私塾，退休工程师，常春社区艺术团导演。出生在通东艺人之家，耳濡目染，特喜爱民间艺术，京、沪、越、锡、甬、吕剧、评弹等都能唱上多首。其记忆力特强，过耳不忘，从小善说书，讲故事，尤其是民间小段子，绘声绘色，常常逗得人捧腹大笑。创作的通东号子、利市、民间故事、民间歌谣等作品有25篇选入《中国海门山歌集》，有769篇选入《通东民间艺术荟萃》。

方人伟

1935年生，初小文化，住海门开发区，曾当过乡粮管干部。记性好、口齿清晰。幼时听来的故事，至今仍能有声有色地讲述出来，自己还能动笔编写。这里收集的民间故事《言龙桥的传说》《蟋蟀的来历》《母鸡生蛋咯咯咯》等就是他讲述和记录的。

陆士冲

（1921—2002），读过私塾，初中文化，海门镇人。小时候喜欢听民间故事，成人后，也喜欢讲民间故事。方圆一带称他是民间故事大王。《银河边上的星》《偷牛贼骑虎》《县太爷劝贼》《鱼干龙王庙》《耙灰的故事》《叫尸》《三个女婿》等十多首民间故事，都是他讲述或回忆记录的。

顾祯岐

（1915—1988）海门市德胜镇人。自幼家贫，只读过两年私塾，一生以做豆腐为业。记性特好，喜欢讲故事，是乡里小有名气的故事家。他讲的故事跌宕起伏，悬念迭出，常让听者前俯后仰、捧腹大笑。本书中的《钝女婿》《张邋遢》《大盗比本事》等故事在乡间广为流传。

许玉廷

（1912—1995）海门德胜镇人。初小文化，农民，从小离开父母外出谋生，饱经沧桑，听得许多街谈巷议、民间传说，可谓装有一肚子的笑话、民间故事。回乡后，子承父业，做起了混竹竹匠。他讲述的故事，声情并茂，活灵活现，总给人一种享受，一种快乐。《聪明的三弟》《挖风根》《县官跪门外》等多首民间故事就是他讲述的。

附录二　民间文学工作者小档案

沈裕辉

1954年生，海门镇人。海门市民间文艺家协会副理事长。现任海门市海门镇文化站站长。从20世纪80年代起着手民间文学的采风工作，曾代表海门市参加南通市民间文学三套集成工作经验介绍，被江苏省宣传部、文化厅评为先进个人。共收集民间故事、民间山歌70余篇（首），民间谚语200多条。代表作有《银河边上的星》《鱼干龙王庙》等。

徐维萍

女，1963年生，海门刘浩人。海门市民间文艺家协会会员。现任海门市刘浩镇文化站站长、常春社区艺术团团长，是海门市"十佳"文艺工作者。工作之余，收集整理了许多民间故事、民间笑话，主编出版了《通东民间艺术荟萃》。创作歌曲《不会忘记你》荣获中国第四届群众创作歌曲大赛银奖。

陈伟功

1941年生。1963年毕业于江苏戏曲学院。三级导演。曾供职于海门山歌剧团。后历任海门市文联副秘书长、秘书长、副主任科员。是中国民间文艺家协会、省戏剧家协会、吴歌学会会员。先后编著出版了《海门童谣》《海门文学50年选萃》，收集整理的叙事山歌《摇船郎》被收入《南通民间歌谣选》。《海门山歌的传播与发展》等多篇论文、《海门童谣》等多篇散文发表于各类杂志报纸，是中国ISBN中心出版《中国戏曲志·江苏卷》撰稿人。

姜明田

1945 年生。中国舞蹈家协会民族民间舞蹈研究会会员，江苏省民俗协会、民间文艺家协会会员、检察学会会员，南通市民间文艺家协会、舞蹈协会、法学会会员。转业军人，先后在海门市文化馆、检察院工作。1983 年开始从事民间文学、民俗学与民族民间舞蹈研究。收集整理的《跳财神》被收入《中国民族民间舞蹈集成》（江苏卷），22 篇民间故事、100 多首山歌在各级刊物上发表。

丁士风

1938 年生，海门市汤家镇人。海门市民间文艺家协会会员。曾任《海门文艺》、南通市、海门县革命史料编辑室编辑。40 年来坚持利用业余时间进行民间文学的收集整理工作，已发表民间故事、歌谣共计 1000 多篇（首）。代表作有《民兵英雄顾大头》《江海革命歌谣选》《少年儿童字谜选》等书籍。个人业绩被载入《世界名人录》《国际名人录》《中华创业英才》《中国专家大辞典》《新时期杰出共产党人》等 60 多种大型珍藏典籍。

李茂富

1935 年生，余东镇人。南通市民间文艺家协会会员、南通市江海文化研究会会员、海门市民间文艺家协会会员。对通东历史颇有研究。自 1998 年起，每年有 10 多篇历史故事和民间传说在报刊上发表。2000 年起，专门收集整理"凤城"的民间文学故事、民间习俗等。

郭建人

1949 年生，海门市德胜镇人。大专文化，机关干部。自青年时代起就热心于民间文学的收集整理和文学创作，20 世纪六七十年代，是区文化站中心创作组成员和县文化馆的业余作者。曾在当时的区、县、地、省各级报刊上发表过多篇作品。

后记

海门市，长江口的泥沙淤积而成。位于长江入海口北岸。东临黄海，南倚长江，西枕南通狼山，北接广袤的江海平原，素有"江海门户"之称，是开放城市南通的组成部分。全市面积1001平方公里，现有人口103.5万。在海门中段偏北，有一条横贯东西的老海界河，稍南3～4公里，又有一条几乎与此平行的新海界河，这两条河弯弯曲曲，蜿蜒向东，见证着海门这块土地几经坍涨的历史。老海界河以北为老土，居住着老海门人，称"江北人"（通东人）；新海界河以南为"沙地"，居住着江南迁来者，称"沙地人"；两河中间地块谓之"夹沙江"。"江北人"与"沙地人"不仅方言不同，且在生活习惯、民俗民风上也有很大程度的区别。

海门成陆于唐代末年，于五代后周显德五年（958）设立海门县，明代中叶至清代初，屡遭风潮侵害，海门土地大片坍没，民间有"搬沙鬼作祟"的传说，夜静更深可听到搬沙鬼们"吭唷吭唷，搬到金沙"的号子声。清康熙十一年（1672）海门县被逼撤销，未坍没的土地划通州管辖。经百年江潮折腾，后又涨出大片新土，于清乾隆三十三年（1768）复建海门县，大批崇明及江南句容等地的农民纷至沓来，围垦造田，这就是新海界河以南的"沙地人"。他们不仅带来了吴地的方言习俗，也带来了吴地的文化艺术。这样就与老海界以北的"江北人"（通东人）形成了海门民间文化的两条主脉，即通东民间文化与沙地民间文化。

一个地区的民间文艺总是与这个地区人民的生产劳动、思想情感、生活习惯、民俗民风联系在一起的。海门地区的通东人，属江淮语系，"他们在公元7世纪初，这一带的先民即已来到这里从事盐业生产。"（1996年《海门县志》）他们长期与大海接触，捕鱼捉蟹，与海潮、风浪、坍没所带来的灾难搏斗而求得生存。他们憧憬太平，幻想能有除恶攘灾的神仙来保佑他们。本卷收集的"文蛤与玉斧""龙王斩将""奶奶庙"与"百子堂"等故事均展示了这方先民的思想情感和浪漫主义色彩，有很强的艺术魅力。同样，"沙地人"是清代乾隆年间大批迁入的江南吴地人，属吴语系，先民们在这块沙洲上筑堤围垦，一边造田耕耘，一边抵御风潮，他们同样向往风调雨顺，追求安居乐业，本卷收集的"言龙桥的传说""青龙港""狼山大圣的由来"等故事均反映了先民们艰苦奋斗的顽强意志及热爱生活的美好情怀。

幻想故事是具有较强的幻想因素的民间故事。随着社会生产力水平的不断提高，人们对劳动和生活有着不断的渴望与追求，他们通过虚幻的形式把理想的愿望寄托在一个非现实的环境中，如"一面小铜锣""金畚箕""仙鹤图""卖香屁"等，我们从这些故事里可以清楚地了解劳动人民的审美观和道德观，在讲述中具寓教于乐的效果。

在海门民间文学的海洋里，积聚了大量的传说故事。在"人物传说"中有赞颂贤明帝王乾隆，足智多谋的诸葛亮、包公，本地区的清末状元张謇、胡长龄，还有机智人物曹秀珍、杨圣岩等，歌颂了他们识才举贤，抱打不平，惩恶扬善，很具历史性、可信性、传奇性，有较强的社会教育价值与艺术价值。

在"地区风物传说"中，内容非常丰富，有花鸟鱼虫的传说，如"凤仙姑娘""蚌姑姑""面鱼烧香""蚊子的来历"等。风俗信仰的传说有"清明节插柳""六月六吃面饼""狗咬吕洞宾"等。这些传说，虽说是一种人们幻想的产物，表现的却是现实的生活情景，有其积极的方面，我们需要用历史唯物主义的观点加以正确分析和评价。

在这次收集汇编中，有很大一部分是反映社会现实的生活故事，这些故事具有鲜明的人物形象，生动的典型事件，跌宕的情节安排。"巧妇型"的有"挖凤根""巧妇妙胜恶和尚"等，"长工斗恶型"的有"王小二过年""粮户脱地皮"等。这些故事爱憎分明，歌颂了劳动人民的智慧和才能。

笑话是以讽刺、批判、嘲笑的手法，暴露了社会现实中和人们心目中的丑陋可恶的反面人物。如贪官污吏、守财奴、懒汉、说大话、拍马屁、吃白食等。特别是"乌女婿"（憨女婿、傻女婿）可说是海门的地方特产，很大一部分均是人们茶余饭后、劳动小憩时的笑话。它诙谐幽默、滑稽可笑，尽管短小精干，但人物形象生动，性格鲜明，听之捧腹大笑。这些笑话，流传性很广，在海门地区可说是妇孺皆知。

根据中国民间文艺家协会关于编纂《中国民间故事丛书县卷本》的细则要求，尽量做到"全""真""实"。海门市民间文艺协会（成立于1951年1月，除在"文革"期间停止活动外，长期以来，民协会员在收集整理海门山歌、海门民间舞蹈、海门谚语、海门童谣、海门民间艺术、海门民间故事的工作中做了大量的工作。现在有会员18人，设理事长1人，副理事长2人），在1988年收编的《海门县民间故事选》的基础上又开展了大量的调查发掘工作，查漏补缺，认真筛理库存资料。市文化局、市文联再次发动文化站干部深入农村、广泛采集，在内容上打破了"封建迷信""低级趣味"的框框。在大家的努力下，《中国民间故事丛书·江苏南通·海门卷》终于编纂完成，这是海门民间文化工作者心血与汗水的共同结晶，在这里向你们表示衷心的感谢。

这卷海门民间故事，共收集了274篇，均保持了民间故事员讲述的原汁原味，难懂的方言土语均作了注释；同一内容而不同讲述记录的故事也作了加注或附录，力图使之成为名副其实的最全面、最丰富和最有价值的县卷本。尽管这样，书中仍是有不少遗漏及误讹，敬请读者批评指正。

这是一枝未被修饰的玫瑰，更是一块未被镌刻的碧玉。我们能为抢救民间文化遗产作出贡献而高兴。

编者

2009年2月25日

图书在版编目（CIP）数据

中国民间故事丛书·江苏南通·海门卷/罗杨总主编.—北京：知识产权出版社，2016.5
ISBN 978-7-5130-2990-2

Ⅰ.①中… Ⅱ.①罗… Ⅲ.①民间故事—作品集—海门市 Ⅳ.①I277.3

中国版本图书馆CIP数据核字（2016）第031771号

责任编辑：孙　昕	装帧设计：研美设计
文字编辑：孟　卿	责任出版：刘译文

中国民间故事丛书·江苏南通·海门卷

中国民间文艺家协会　组织编写

总 主 编　罗　杨

本卷主编　丁秀发

出版发行：知识产权出版社有限责任公司	网　　址：http://www.ipph.cn
社　　址：北京市海淀区西外太平庄55号	邮　　编：100081
责编电话：010-82000860 转 8111	责编邮箱：sunxinmlxq@126.com
发行电话：010-82000860 转 8101/8102	发行传真：010-82000893/82005070/82000270
印　　刷：北京科信印刷有限公司	经　　销：各大网上书店、新华书店及相关专业书店
开　　本：720mm×1000mm　1/16	印　　张：18.75
版　　次：2016年5月第1版	印　　次：2016年5月第1次印刷
字　　数：317千字	
ISBN 978-7-5130-2990-2	定　　价：46.00元

出版权专有　侵权必究
如有印装质量问题，本社负责调换。